アジア学の宝庫、東洋文庫

――東洋学の史料と研究

東洋文庫【編】

勉誠出版

まえがき

昨年（二〇一四）、東洋文庫は財団創立九十周年を迎えました。来る二〇一七年には、当文庫の蔵書の礎石となったG.E. Morrison博士旧蔵の「モリソン文庫」を、岩崎久弥氏が購入してから一〇〇周年、二〇二四年には、同じく岩崎久弥氏が土地、建物、基金など一切を含めて財団法人東洋文庫を創設した年から一〇〇周年という、大きな記念の節目を目前に控えています。この九十周年には特別に大きな周年事業を催したわけではありませんが、去る二〇一一年秋にミュージアム、大講演室を付設し地上七階建ての壮麗な新館が落成したこの機会に、蔵書の公開と普及にもいっそう力を注ぎ、ユーザーに身近な研究図書館として江湖の広い輿望に応えるという意味合いをこめて、二、三の行事を行いました。

斯波義信

たとえば、昨年の八月から十二月にかけて、「岩崎コレクション：孔子から浮世絵まで」と銘打った展示を開催して好評を博しました。さらに勉誠出版から東洋文庫の復刻本シリーズとして、『東洋文庫善本叢書Ⅰ～XII』（全十二冊）が九月以降次々と刊行されて、国宝、重文を中心とした稀覯蔵書本に絞った原寸原色による複製を開始し、既に六冊が出版されています。ほかにも二つの出版を企画しました。一つは『記録された記憶：東洋文庫の書物からひもとく世界の歴史』と題して、山川出版社から東洋文庫が所蔵する逸品九十点を選び、その個々について詳しい解題を付した図録が最近刊行されました。もう一つの企画が本書『アジア学の宝庫、東洋文庫』と題する編纂です。勉誠出版のご好意によってここに刊行の運びとなりました。内容は（一）東洋文庫の戦中戦後の歩みと現時点での課題と抱負を語り、（二）主要なアジア学の貴重資料の意義と特色を語る、という二部で構成されています。（一）は当文庫近年の歩みを回顧し補綴しつつ、座談会とエッセイによって現時点で直面している課題を浮き彫りにしています。（二）は研究員各位の執筆に係る十四篇のエッセイを収録して、主要な所蔵資料をジャンル別または個別の角度から、稀覯であり貴重でもある秘宝群が、どのような特色を備え、どのような研究の対象として収集され、どのような価値を秘めているのかを解説しています。

本書を企画するに当たって、当文庫と歴史や性格もかなり近く、親密な提携関係にもある米国ハーバード・エンチン研究所/図書館が、二〇〇三年にその創立七十五周年を祝う展示とともに刊行した大冊、Treasures of the Yenching（三四七頁）を参考にしました。この大冊の論考は、館長以下十二人の研究所員、図書館員が執筆し、沿革の略史、漢籍善本および中国近現代稀覯資料の展望、日本江戸期の名所図誌考、朝鮮善本逸品の解説、満州文・蒙古文コレクションの成り立ちとその白眉、中国地方誌の分析、中世日本の土地文書考、中国の挿図と文章の関わりの考察、B.Petzold コレクション中の日本神道・仏教の軸物考、中国キリスト教関連の諸文献、ハーバード/エンチン図書館およびピーボディ博物館収蔵の近現代中国関連の写真資料集成、終章には中国関係 Ephemera 史料と題して、ビラ、パンフ、ポスター、電文、切り抜きから写真、名刺などに至る、瑣末に見えながら近代の歴史資料として超貴重なコレクションの解説が収まり、その冒頭にはなんとG.E.モリソンが、義和団が北京の外国公館区域を攻囲した時に、Times 社に打電した救援要請の電文（一九〇〇年七月十四日付）が載っています。全体として、書誌的にまた版本的、審美的に稀覯・稀少な書物、資料が「秘宝」であることは常識ですが、一方、何を以て貴重と位置づけるかは、研究の角度により、実証性との関わりによっても規定されてくることを、この周年冊は語っています。

本書の（一）では、戦中・戦後における東洋文庫の運営の跡を、収書の流れ、蔵書の疎開をめぐる星斌夫先輩の奮闘譚、終戦直後の混乱期を体験した山根幸夫先輩の思い出の記、辻直四郎理事長の南アジア研究と人となりをめぐる原實理事の追憶、一九六三年からの一時期を飾った東洋学文献センタープロジェクトの顛末と実績をめぐる竺沙雅章研究員の回想、で綴ったあと、現時点の東洋文庫の活動の様子に移り、山川尚義専務理事、濱下武志研究部担当常務、田仲一成図書部担当常務、平野健一郎普及展示部担当常務および文庫長（斯波義信）を交えた座談会によって、当面の目標と課題を語り、合わせて一九九四年以来進めてきたデジタル化の経緯とその実績の様相を、田仲一成図書部担当常務が紹介しています。

本書の（二）では、東洋文庫が所蔵する重文ジョン・セーリスの『日本渡航記』の解題にはじまり、敦煌関係文献の展望、地理・地図学関係の資料の展望、満洲語・満洲文関係資料の展望、朝鮮本関係資料の展望、訳語関係書の考察、蘭学関係文献の考察、清代の司法と深層社会の関わりをめぐる資料群の探訪、モリソンパンフレットに収まり清末のアヘン吸飲論議を詳しく伝える英文雑誌資料の紹介、日本の興亜会・アジア協会関係資料に見る「華北」問題の推移、ヴェラム装契約書資料群を通して見たイスラーム研究資料考、文庫に蔵するトルコ学の基本文献の展望、といった資料のジャンルに即したテーマに従って、文庫に所在する「秘宝」の内容を分かりやすく、具体的に掘り下げて論述しています。

企画の立案から完成までの期間が比較的に限られていましたので、盛りこむべくして果たせなかったジャンル、テーマも多々あります。他日を期したいと思います。東洋文庫自体に関心を寄せて下さる方々、蔵書資料や研究の個々に興味を持たれる方々が、本書をどの角度からでも「読み物」として一読して頂ければ幸いに存じます。たいへんご多忙の時間を割いて貴重な力作を執筆して下さった執筆者、寄稿者各位のご好意に深く感謝いたし、また勉誠出版のお力添えに深甚の謝意を表する次第です。

公益財団法人東洋文庫文庫長　斯波義信

目次

まえがき　i

第1部　東洋文庫の過去、現在と未来

戦中・戦後の東洋文庫　斯波義信　3
東洋文庫蔵書疎開雑記　星 斌夫　23
東洋文庫冬の時代　山根幸夫　47
辻直四郎先生の南アジア研究　原 實　55
東洋文庫と東洋学文献センター　竺沙雅章　59
座談会　東洋文庫の現在と未来
斯波義信・田仲一成・濱下武志・平野健一郎・山川尚義　63
東洋文庫図書資料のオンライン検索及びデジタル化の歩み　田仲一成　87

第2部　東洋学の宝庫、東洋文庫へのいざない

奇跡の書
——東洋文庫蔵ジョン・セーリス『日本渡航記』の書物学的考察　平野健一郎　107
東洋文庫の敦煌吐魯番文書研究　池田　温　129
東洋文庫の地図学史関係資料　海野一隆　135
東洋文庫所蔵「北京全図」について　渡辺紘良　139
「大明地理之圖」を模写した細矢玄俊と細矢（細谷）家　細谷良夫　159
清朝の満洲語、満洲文字、北京官話、満洲語文献
——東洋文庫の清代満洲語文献類が持つ資料価値理解の一助として　石橋崇雄　179
東洋文庫所蔵朝鮮本について　藤本幸夫　193
『譯書考異』
——新型華夷譯語の発現　西田龍雄　215
東洋文庫の蘭学資料　片桐一男　219
清代のアウトロー「光棍」とその取締り法　山本英史　237
The Friend of China より見るイギリスのアヘン貿易反対運動　新村容子　253

仁礼敬之の『北清見聞録』と黎明期のアジア主義　久保　亨　269
海を渡った皮紙（ヴェラム）文書
——モロッコの契約文書コレクション　三浦　徹　285
東洋文庫所蔵のオスマン語及び欧文稀覯書の白眉について　鈴木　董　303
執筆者一覧　325

アジア学の宝庫、東洋文庫——東洋学の史料と研究

第1部　東洋文庫の過去、現在と未来

戦中・戦後の東洋文庫

斯波義信
SHIBA Yoshinobu

東洋文庫の沿革については、以前に、三冊本の創立八十周年の記念冊子『東洋文庫の八十年』（東洋文庫刊、二〇〇七年）の第一分冊、「東洋文庫の名品」の冒頭（七〜三十六頁）で、〝財団法人東洋文庫の八十年〟と題してその概略を述べました。今回は、戦中・戦後の逸話・逸聞を中心に、前著では盛り込めなかった部分を補足させて頂くことにします。

1. 初期の蔵書をめぐって

東洋文庫は岩崎久弥氏によって大正十三年（一九二四）に財団として設立されて誕生しました。

その七年前の大正六年（一九一七）に、久弥氏は大英断をもって、また巨費を投じて、北京に在住していたG．E．モリソン博士が、営々二十年をかけて築き、当時のアジア関連のコレクションとしては随一と世界で評価された「アジア文庫Asiatic Library（G．E．モリソン文庫）」を購入しました。購入された蔵書は、丸の内の「モリソン文庫仮事務所」に収まり、財団設立までの七年間、船荷で到着した当夜半の暴風で受けた一部の水損の修復や、モリソン博士自身が作っていた目録を刊行する準備、そして、譲渡条件のひとつであった同文庫の「増補拡充」が行われました。

増補拡充によって「モリソン文庫」は譲渡時の約二万四〇〇〇冊からみて倍以上になりました。幸いに購入した書名を記した記録の大部分が残っていまして、最近、そのDBが東洋文庫の図書部の手で成り、ホームページで公開されています。この記録は重要です。なぜかというと、増補された書名を見れば、拡充の間に示され、後年にもつがる東洋文庫の蔵書の収書の方針が読み取れるからです。さらに、「モリソン文庫」を核とするが、「保存図書館」としてではなく、今後は「研究図書館Research Library」として歩んでゆくという将来像がそこにすでに現れているからです。財団創設時の「定款」に〝東洋ニ関スル図書ヲ蒐集シ東洋学ノ研究及其ノ普及ヲ図ルヲ以テ目的トス〟と、事業目的の要諦が明言されていますが、行く行く東洋学に関する史料拠点となる方向性は、すでにこの仮事務所時代から打ち出されていたといえるでしょう。

もうひとつ、後に昭和七年（一九三二）に正式に岩崎久弥氏から寄贈されることになる「岩崎文庫」も、仮事務所の設置（一九一七〜一九二四）と同時にここに「寄託」され、その中の国宝七点の内、三点が仮事務所から覆刻刊行されています。岩崎家の初代弥太郎氏、その弟で二代の弥之助氏、弥太郎氏の長男で三代の久弥氏はすぐれた愛書家として世に聞こえ、四代小弥太氏も東洋の美術・文化に深い造詣がありました。初代の蔵書「岩崎文庫」は久弥氏が引き継ぎ、格段に充実させました。その時期は久弥氏がペンシルヴェニア大学への留学から帰り（一八九一）、三菱合資会社の社長に就任していた（一八九三〜一九一六）ころでしょう。「岩崎文庫」のコンセプトは、日本における書籍・印刷・文字の文化が、古くは百万塔陀羅尼の印刷仏典に始まり、ついで隋唐いらい将来された古籍を抄写し訓読する間に考案された句点・読点が仮名文字、仮名文学に発展し、鎌倉・室町から江戸、明治初期に至る間に和漢の書籍文化が絢爛と開花して、製版・活版、挿絵・浮世絵と出版の技法も多彩化し、広く上下士庶の間に普及した日本独自の様相を、精選しぬかれた標本を時代順に並べて一望にできる仕組みになっています。選書の諮問に与った人は、鉱物学者としても、また屈指の書誌学者としても高名であった和田維四郎博士（号雲村）です。和田氏が大正九年（一九二〇）に亡くなったあと、久弥氏は故人の蔵書のうち、和韓漢籍を中心とする「雲村文庫」を「岩崎文庫」の中に編入しました。これも仮事務所の時です。さらに、久弥氏は収書の枠を大きく東洋に広げました。社長時代に英国オックスフォード大学のインド学者、マックスミューラー博士の旧蔵書を購入して東京帝国大学の附属図書館に寄贈し（一九〇二）、次いで社長の任を岩崎小弥太氏に譲った直後に「モリソン文庫」を購入（一九一七）、これを蔵書の母体として財団法人東洋文庫の設立に及んだと言う経緯がたどれます。この過程を見ると、久弥氏の収書の関心は自家の「岩崎文庫」において〈日本の書籍文化の流れ〉を跡づける一方で、目を広く東洋に及ぼして、インドを含めたアジア文化全体を展望する収書へと膨らんできた、と考えて良いのではないでしょうか。「岩崎文庫」自体においても三点の重文〝切支丹本（天草本）〟や同じく重文〝ジョン・セーリスの航海日記〟、B．チェンバレンの〝英王堂文庫〟が収まっていますが、収書の方針の広がりという文脈から頷けると思われます。ともかく、「岩崎文庫」は東洋文庫の創立と共にここに「寄託」されていたのですが、昭和七年（一九三二）になって、久弥氏は正式に財団に寄贈され、さらに昭和十八年（一九四三）に第二回目の寄贈がありました。「岩崎文庫」の内容の具体的な来歴についての調査は近年に始まったところです。

仮事務所から創立草々の間の蔵書を眺めますと、洋書についてはは日本、インド、東南アジア関係の書籍が大幅に補充される一方で、新たに漢籍や満州、朝鮮、蒙古、チベットなどの書籍・資料が加わりました。漢籍の選定は和田清先生、洋書などは白鳥庫吉、羽田亨先生らが洋行の折りに直接書店を訪ねて求め、石田幹之助先生は目録で発注し、また新村出先生も英国で天草本などを調べ複写もしました。和田先生から伺ったことですが、漢籍を増補するとき、その重点として、貴重本の経書（古典）は必要程度にとどめて、「経部」では説文、字書、音韻、目録に力を入れ、「史部」では伝記や地方事情の資料を充実させるため、地方誌、族譜、各種の政書、地図、および類書に着目し、「子部」では各種の技術書を重んじ、「集部」では叢書を極力集めました。一方、辺境問題を詳しく調べるために各種の「方略」の類、「華夷訳語」（写本）など諸言語の訳語辞書を重んじました。商業帳簿（老賬）や保甲冊、判例といった珍しい資料も昭和初期の収書です。「モリソン文庫」では手薄だった日本、朝鮮、満蒙、アルタイ諸語の資料について、洋書だけでなくそれら諸言語のオリジナルな書籍・資料が極力集められ、日本在来の漢籍に偏した収書とは趣を異にしていました。分類整理では、「モリソン文庫」の分類法は、モリソン氏が作成した目録が創立時に刊行（二冊、一九二四）されていますので、欧文、和文書の分類と配架はその枠組みを生かし、漢籍は「四部分類」に従っていますが、その収書の重点の置き方は自ずから東洋文庫独自のものとなった訳です。漢籍の収集では書店のほか昭和四年から十五年（一九二九～一九四〇）まで、在北京の日文紙、順天時報社の編集員の松村太郎氏が、和田先生の依頼を受けて書籍を集め送る役目を果たしてこられました。ところでモリソン氏旧蔵の「モリソン文庫」の総冊数ですが、パンフレットや地図や銅版画については一冊ごとでなく概数で示され、定期刊行物も一タイトルが一点とされていました。東洋文庫が発足してから一般の図書整理方式でこうした冊数をカウントするようになりました。大正六年から十三年（一九一七〜一九二四）までに増補を加えた書籍は、総数を正確には掴めません。たぶん創立当時の蔵書の実数は優に六万冊前後だと思えます。

昭和九年（一九三四）が創立十周年に当たりますので、記念の事業が計画されて、書庫の増築と並んで『十年史』の編集と創立以来の蔵書の目録の刊行が考えられていました。たまたま昭和七年二月（一九三二）に初代の理事長の井上準之助氏が不慮の急逝をとげられ、昭和九年二月に図書部主任の石田幹之助先生が辞任されたりという事情で延期になり、昭和十四年（一九三九）に刊行された岩井大慧図書主任編の『東洋文庫十五年史』によって創立当初の経過のあらすじが分かります。蔵書総数は昭和十三年末（一九三八）で、和漢書十六万四二二〇冊、洋書七万八六八三冊、合計二十四万二九〇三冊です。

その中には諸大家からの旧蔵書の寄贈のほか、たとえばハノイ総領事の永田安吉氏からのヴェトナム史籍、入沢達吉医学博士の斡旋による、日独文化協会から複写したシーボルト文書の寄贈などが相当数含まれています。こうした寄贈書は『十五年史』や榎一雄先生著の英文書『Dr.

G.E. Morrison and the Toyo Bunko』(東洋文庫、一九六七)、『東洋文庫の六十年』(東洋文庫、一九七七)で詳しく分かりますのでここでは省いて、必ずしも広く知られていない高価な購入本を中心として補いながら、主な収書の状況を見ていきます。当時の物価にして三〇〇円前後からそれ以上が高価本ですが、そのころ若手教員の月給は七十円ぐらいでした。チベット大蔵経『デルゲ版カンジュール』一〇三套、蒙古蔵外『ツォンカパ法句集』二十套、蒙古大蔵経『カンジュール』一〇八套(以上昭和六年)は、昭和十五年の河口慧海師のチベット大蔵経の寄贈に先立つものです。虞世南の『帝王略論』(昭和七年)、『耶蘇会士書簡集』二冊(昭和八年)、『ハルマズーフ』『日蘭辞典』(昭和九年)、『蒙古仏典』二二五種(昭和九年)とつづき、さらに故井上準之助理事旧蔵の和洋書一〇〇〇冊が遺族より寄贈され(昭和十年、十一年)、原田積善会からチェンバレンとラフカディオハーンの往復書翰の寄付(昭和十一年、追加購入十二年)、『満文驤紅旗檔』(昭和十一年)、ハーグのオランダ古文書館の史料二万五〇〇〇冊の複写購入(同年)、故上田万年理事の旧蔵書の寄贈(昭和十三年)があります。終戦近くには外国からの書籍や史料の購入は困難になりました。その中で書店を通じてL. F. von Pastor, Geschichite der Päpste, 1929, P. A.van den Wyngaert, Sinica Franciscana,vol.1, 1929. N. Karamshn, Geschichite des Russischen Reiches, 1833(昭和十八年)、Emile Licent, Comptes Rendus de Dix Années(1914-1923) de séjour et d'exploration dans le bassin du Fleuve

Jaune et autres tributaires, tom I, 1924、『慈水魏氏宗譜』（昭和十九年）などがありました。

2. 空爆と疎開——昭和十九〜二十四年

戦局が激化したころ、研究活動や「東洋学報」の定期刊行はなんとか続いていましたが、海外からの情報、書籍の入手、人的交流などは格段に減ってきました。研究生や職員で応召や徴用を受け、その中に戦死や戦病死する方々も出ました。二十年（一九四五）二月から文庫の界隈に本格的に空襲が始まります。爆弾の直撃は幸いにありませんでしたが、南の隣にあった理化学研究所が標的にされたのか、理研を含めて主に焼夷弾がこの界隈に落下しました。一回目は二月二十五日、二回目は三月八日。三回目は一番激しくて、四月十二日の夜半でした。そのとき、六義園に落ちた爆弾の爆風で本館のガラスがみな割れてしまいました。書庫棟の屋根にも焼夷弾が落ちて、火の粉が入ってきたのを、二人一組の宿直に当たっていた岩井大慧図書主任と箕輪友吉文庫員が、懸命に消火につとめて何とか事なきを得ました。大変な苦労だったと思います。

疎開先については、昭和十九年（一九四四）に天理図書館に依頼しようかという案がありましたが、沙汰止みになりました。昭和二十年（一九四五）に入って急に焦眉の問題になりました。

その四月、和田清先生と加藤繁先生をリーダーとして、文庫の創設から続いていた「歴代正史食貨志研究会」の月例会が東大の文学部で催されていた折りに、疎開先も話題になりました。メンバーで明清時代の交通史の大家だった星斌夫先生——そのころはまだ三十歳ぐらいですけども——が自分の郷里を疎開先として提案され、これが本決まりとなりました。星先生の家は大きな地主でして、宮城県加美郡中新田《なかにいだ》町の山寄りに、自家の農業倉庫二棟を持っていました。その話が急に進んで、疎開作業に入りました。満州、蒙古、チベット関係の書籍は新潟県の下関に向けて疎開を計画し、その他の大半の書籍は宮城県に疎開させました。文庫側では、岩井先生以下、当時研究生だった榎一雄、白鳥芳郎両先生、司書の久野昇一さん、文庫員の箕輪さんが、荒縄や菰を買い込み、梱包して秋葉原から十八噸貨車延べ十四両で次々と宮城に送り出すことになりました。星先生は駅で到着次第、荷下ろし、搬送、知人からの借り上げを含めて全て八棟の倉庫への搬入作業一切をご自分で指揮されました。戦争の末期ですから、トラックの手配、梱包の上げ下ろしの運び手も極端に不足するなか、運送と収納の苦労は想像を絶するものだったに違いありません。一番遠い倉庫は市街地から四十キロも離れていたそうです。一方、新潟への疎開書籍は終戦になったとき、秋葉原駅構内の貨物車一両の中にまだ発送されずに置かれていたので、これはすぐに回収しました。しかし宮城県に送った疎開書籍の回収は難事でした。

終戦直後にGHQの財閥解体命令や金融特別措置を受けて文庫は財政危機に直面し、これに輪をかけて物価が数倍以上に高騰しました。宮城県の倉庫の賃料は、約束どおり東洋文庫から折々に送金していましたが、物価が急に上がって、戦中のレートでは意味がなくなりました。星先生は間に立って随分苦労しました。また進駐軍も倉庫を調査する始末で、どうも満鉄関係の資料ではないかと憶測したようで、随分厳しく調べられたりもしました。この間の星先生の苦労は同先生が随筆として記録された「東洋文庫蔵書疎開雑記」（星斌夫先生退官記念事業会編『禿筆漫録』所収、一九八〇、四十三〜五十八頁）がありますので、記録に残すために本書に輯録しました。結局、宮城の疎開書籍は、昭和二十四年（一九四九）五月二十六日にかけて、四ヶ月を費やして回収されました。

3．戦後の再建に向けて――昭和二十〜二十五年

終戦とともに東洋文庫が陥った財政の窮状と立て直しの経過は、〝東洋文庫の八十年〟に書かれています。全面的な再建の第一歩が刻まれるいきさつについては、昭和二十二年から二十六年（一九四七〜五二）、時の衆議院議長の要職にあった幣原喜重郎氏が、理事長に就任されたこと

をまず挙げるべきでしょう。幣原理事長は終戦直後第二代の総理大臣でした。氏は台北帝国大学長、東洋学者でもあった幣原坦氏の弟で、岩崎家の姻戚につながる方です。昭和十年(一九三五)から文庫の評議員、十四年(一九三九)から理事を歴任され、文庫の目的、内容も熟知されていました。経営を立て直すべく、財界からも新役員(俣野健輔、磯野長藏氏ら)を委嘱し、昭和十二年(一九三七)から監事であった坂本正治氏(当時東山農事常務)を文庫初の専務理事に委嘱しました。新任役員の寄付があって、これで疎開書籍の回収ができて、昭和二十四年(一九四九)十月から洋書を皮切りに閲覧を再開しました。ちょうどこの前後、東洋文庫の将来をめぐって、国立大学(東大)に併合する案、設立準備中の国立国会図書館に寄付委譲する案、などが打診されていました。昭和二十三年(一九四八)に開館予定の、同館の初代の館長に擬されていた憲法学者の金森徳治郎氏は、昭和二十年(一九四五)の第一次吉田内閣では憲法担当の国務大臣でしたが、幣原理事長も首相在任時に憲法草案に関わり、右の吉田内閣で無任所の国務大臣を務め、政界、官界を通じて互いをよく知っていた間であったと思われます。このお二人が協議を重ねられた結果、次のような両機関の提携案がまとまりました。東洋文庫の図書部は国立国会図書館の(十一ある)支部の一つとする。国会図書館側は東洋文庫の図書を保存し整理し公開する図書業務を管理し、図書職員(当時五名、のち八人)を館長が任命する国会図書館職員に移籍し、文庫主事(岩井氏)を支部東洋文庫長（国会図書館参事）と改める。財団法人東洋文庫の保有する財産（建物・地所・蔵書）は財団が所有し、研究部の事業を含む財団の運営は財団の管理に属する。この協議案は契約書の文面に整理され、国会図書館当局と財団理事会の双方で承認されました。以後、平成二十年度末（二〇〇八）の契約解消まで、国立国会図書館支部としての契約による提携関係はつづき、東洋文庫は六十余年にわたって国会図書館から絶大な恩恵を受けてきました。財団を解散する憂き目から寸前に救われ、戦前からの事業を継続できたことがその第一です。また、戦勝した連合国のなかに、戦時賠償として「モリソン文庫」「岩崎文庫」などの東洋文庫の蔵書を接収しようという要求があり、これも国会国会図書館の傘下に入って、事なきを得ました。また文庫の書誌目録の周到な整理とその相次ぐ公刊は、支部となって以後に一段と進捗して、この実績があったために、平成六年（一九九四）頃から急に進んできた図書館の蔵書の全国的な電子化の動きに適応することができました。さらに図書の管理が国会図書館支部に移り、財団は研究出版活動の運営により力を注げるようになったことも挙げるべきでしょう。

昭和二十三年（一九四七）、在日アジア協会が森戸辰雄文部大臣宛に、海外からの学者の来訪に対して、文庫の蔵書の閲覧再開を促す勧告を出し、この頃各種の招聘ファンドの制度も整ってきまして、外国から文庫を選んで客員研究員として数ヶ月、一年、二年と長期に研究をするケースが、昭和二十年代の後半から三十、四十、五十年代に戦前をはるかに凌ぐ勢いで増えました。例えば、英国から戦後の第一号として、昭和五十一年度（一九五〇）にロンドン大学ＳＯＡＳのＥ．プリーブランク博士（中国・中央アジア史）を受け入れ、以後、Ｗ．サイモン博士（英：チベット史）、フォン・ガバイン博士（独：中央アジア史）、Ｅ．キチャノフ博士（露：中央アジア史）、Ｌ．ペテック博士（伊：チベット学）、Ｓ．シュラム博士（米：中国経済史）、Ｐ．Ｅ．ウイル博士（仏：中国社会史）、全漢昇博士（香港：中国経済史）、曹永和博士（台：東西交渉史）、文暻鉉博士（韓：李朝社会史）、李成桂博士（韓：中国古代史）などなどです。

4．各界からの支援――昭和二十二年以降

図書部の業務は国会図書館の管理のおかげで目途がたちましたが、収書と研究・出版のための財源の工面は、財団の基本金が枯渇したこの時期には前途五里霧中で、文庫関係の先輩たちの奮闘は並大抵ではありませんでした。方向性が見えないなか、財界は戦後の処理と再生努力に忙殺され、ようやく会員組織の三菱各社グループが、「東洋文庫維持会」をつくって援助に乗り出されたのは昭和三十四年（一九五九）から、また三菱財団の助成が研究事業に対して交付される

ようになったのは、昭和四十五年（一九七〇）以降です。この間、人件費を除いて、書籍・資料を選定して収集し公開に資するために、文部省（現文部科学省）から財団法人東洋文庫に対して補助金（機関研究→特定研究と称され）が年限を付して交付され始めたのは昭和二十八年（一九五三）に入ってからで、まもなく刊行費も込められました。ほかにこれも年限付きの科研費で、折々に中規模以下のプロジェクトに対する科研費の助成もありました。大型科研費の皮切りとして大英博物館が所蔵しA．スタイン博士が将来した敦煌発掘の漢文文書を撮影し焼き付け、東洋文庫と京大人文研に備える事業がありました。このため榎一雄先生が昭和二十七、二十八年（一九五二―三）、SOASに滞在して作業の推進に当たりました。この系列に属する収書と研究の主要なものは、パリ国民図書館所蔵のP．ペリオ将来の敦煌文書、ロシア社会科学院サンクト・ペテルブルグ東方研究所支部所蔵の同文書の撮影と複写（これは主に三菱財団の助成）、チベット文献、ペルシア語古写本の複写収集、リスボンのアジューダ王宮図書館所蔵のジェスイット関係の東西交渉資料の複写などが該当します。ちなみに、創立以来、東洋文庫の研究部には十名弱の「研究員」と庶務担当の一、二名の財団専従の研究員が設けられていましたが、このうち「研究員」は実質は顧問で、大学でいえば講座主任、博士号保持者に当たり、ただし無報酬という制度です。昭和三十五年（一九六〇）、旧「研究員」（当時六名）を十名ほどの「顧問」と改め、科研費プロジェクトの推進や成果の刊行を担う同じ名前の新「研究員」を委嘱しました。今日までこの新研究員が無報酬であることは昔と変わりません。やがて補助金、科研費その他の助成に頼ってプロジェクト研究や成果刊行が活性化し、図書の購入も増えてきますと、業務を補助する臨時職員も自ずから増えてくる勢いにありました。

5. 海外からの援助と国際協力

あたかも昭和二十八年（一九五三）に、ハーバード大学のハーバード・エンチン財団から、向こう三年間の計画で、東洋文庫における近現代中国史の研究を促すためにすべて約二万五〇〇〇ドルの寄付、同年にロックフェラー財団からそのための委員会の設立と運営のため、三ヶ年計一万七〇〇〇ドル、さらに昭和三十一年（一九五六）からは向こう三か年約二万七〇〇〇ドルの大型の寄付を受けました。他機関に先駆けて研究活動の時代幅を広げ、学際研究も活性化させ、国際交流を促す上で、貴重な新風を吹き込まれた次第です。

一方、国際提携事業として重要であったのは、付置ユネスコ東アジア文化研究センターの設立です。昭和三十二年（一九五七）にパリのユネスコ本部が国際的な「東西文化価値相互理解事業十か年計画」を策定して、その拠点のひとつ、東アジア地域センターが日本の東京に置かれることになり、ユネスコ国内委員会が東洋文庫を推薦しました。昭和三十五年（一九六〇）になって東洋文庫に「ユネスコ東アジア文化研究センター」が付置されることが本決まりとなり、のちに平成十五年（二〇〇三）に付置センターが終結するまで四十三年間続きました。東アジアとはビルマ以東ですから日本ことに近代日本も当然入り、文化とは思想史・人類学・民俗学・社会学・歴史・経済学を幅広く指しました。初めの十年間、同センターはユネスコで策定された課題に沿って大規模なシンポジウムを次々と催して、文字通り学際的な討論と成果の刊行が行われ、それ以後は規模を縮小して実質的には文部科学省の助成で行われた代わりに、内容としては東南アジア史、東西交渉史、チベット史、日本洋学史などに重点を置いた研究、基本史料の覆刻や複写収集、それにアジアにおける東洋学の情報調査のセンターという、東洋文庫研究部の従来の活動に近づいた形の事業に力を注ぐようになりました。

このユネスコ東アジア文化研究センターの付置と相い前後して、昭和三十五年（一九六〇）に文庫は他の二つの国際提携事業に関わりました。一つはこの前年にあったダライラマのインドへの亡命を承けて、ロックフェラー財団が世界の七カ所の地を選んで、チベットの高僧を招く計画を助成をしました。昭和三十五年から三十九年（一九六〇～六四）にかけて、その一拠点に選定された東洋文庫は、高僧三人を招いて共同研究を始めました（この種の共同は日本では最初）。この下地として、すでに河口慧海師がチベット蔵経を寄贈して以来、文庫内に委員会を設けて、仏典の精確な理解のため、チベット古典の基礎語彙と文法を対象として「蔵和辞典」を編纂する事業があり、同師の逝去（一九四五）でいったん中断したあと、文部省の助成によって昭和三十年（一九五五）から復活していました。この助成が終わったあと、右のロックフェラー財団の事業は、文部省からの助成を受けてフォローアップされました。

別の一つは、宋代史計画 Sung Project です。日本学術会議の推薦があって、昭和三十六年（一九六二）から数カ年続きました。提唱者のパリ大学の中国経済史教授E．バラーシュ博士が構想して、中国社会経済史の研究を推進するために、国際協力によって工具類を作製し共有することが先決だと訴え、まだ人民中国は国交を開いていませんでしたから、欧米・日本・台湾・香港などの学者に呼びかけました。同博士はこれを「若手シナ学者会議」で提案したのですが、これに参加した山本達郎先生や米国の劉子健教授の斡旋があり、バラーシュ博士も東洋文庫を訪れて要請をしました。日本側の協力学者は東洋文庫を拠点にしながら、全国規模の体制で、日本人の業績のダイジェスト版、宋人の伝記、宋代の書誌の作成で協力しました。この下地として、先の疎開の話でも触れました「歴代正史食貨志訳注」事業、これをベースにした研究実績が「メモアール」「東洋学報」などを通じて欧米には戦前から知られていたことがあります。

6. 事業の一元化に向けて――昭和四十二年以後

こうして内外からの支援に呼応しながら事業運営が多彩化してきたなか、昭和四十二年（一九六七）に「モリソン文庫渡来五十周年記念事業」が挙行されました。財団創立（一九二四）ではなく、「モリソン文庫」を購入した年次（一九一七）が起点にえらばれたことは、私は事情は分かりませんが、恐らく東洋文庫のミッション、その原点を強くアピールする上で、区切りとして適当で、考え抜かれた末の判断だったろうと思われます。具体的にいうと、財源を含めてなるべく自立運営を策定する時期にさしかかり、老朽化し手狭になってきた建物を改築し、科研費の枠ではまかなえない人件費やその物価上昇による高騰に対処する計画が求められていました。この記念事業を機に大規模な募金も実行されましたが、必ずしも期待した成果が上がらず、財界からの忠告もあって、基本金を再構築する方向が探られ、所有する地所の半分、さらに貴重書籍のごく一部を文化庁を通じて他機関に譲渡売却する決断に踏み切って、ために自己財源に若干の余裕が生ずるまでに至りました。

この前後、研究部活動の運営は、すでに述べましたような助成の実情に即して、各種の助成や国際協力を実施するための受け皿として、いくつかの委員会が生まれて収書・研究・刊行までを仕切ることになり、一時期は五部門十二委員会が文庫内に組織され、研究員の数も五十人に増えるという状況でした。設置が一番古いチベット研究委員会、つづいて近代中国研究委員会、満蒙史研究委員会、近代日本研究委員会、敦煌文献研究委員会、宋史提要編纂協力委員会、近代日本研究委員会、東方学研究委員会などといった具合です。ほかに学際プロジェクトの推進から文献調査に主眼を移すようになった、昭和四十五年（一九七〇）以降の付置ユネスコ東アジア文化研究センターも、文庫内の大きな組織でした。各種委員会はやがて研究室の形で吸収され、現在の六部門十四研究班の形に落ち着いてきました。研究活動への助成の主軸に当たる文部当局サイドでも、やや錯雑した文庫からの科研費の申請を一本化させたい意向を示されたこともありますが、詳しくは分かりません。

全くのあと智恵ですが、研究を運営する組織は一歩一歩外から見ても分かり易い形に整理される方向に歩んでいます。たまたまですが、平成六年（一九九四）の前後からデジタル化の波が押し寄せ、組織を一元化してこれに対応する時勢となってきました。平成十五年（二〇〇三）には、四十三年続いてきたユネスコ東アジア文化研究センターが、その使命を終えて終結となり、二十年には過去六十年にわたって続いていた国立国会図書館とその支部としての管理契約が解消されました。平成二十三年（二〇一一）になって、かねてからの念願であった壮麗な新館が、三菱金曜会が組織する三菱各社グループの絶段の支援を得て落成した次第です。

東洋文庫蔵書疎開雑記

星　斌夫　HOSHI Ayao

一

東洋文庫蔵書の疎開が真剣にとりあげられたのは、昭和二十年、敗戦が誰の目にもはっきりうつった頃であったが、もはやその時期を失った感があり、最適と思われた長野県は疎開者のために住宅と食糧の不足が伝えられたので、関係者は毎日ひろがる東京の焼土をながめ、夜ごとにB29の爆音をききながら、ようやく焦りの色を見せていた。そして三月二十六日の午後、その日も何回目かの例会をどうやら無事にすませた東大の歴代食貨志研究会の同人が、加藤繁、和田清の両博士を中心に、雑談に興じていた時、和田博士は、この疎開話をもち出された。その時、私は、ふと、郷里の本家の米倉が二棟も空いているのを思い出し、そんなものでも間に合うだろうかなどと話したら、博士は大へん乗り気になられ、すこし遠いけれどもそれだけ安全だから、ひとつやってみないかとのお話になった。

これはまさに〝ひょうたんから駒〟の感があり、私はそんな大事業がわが身にかかって来るとは夢にも思わなかったのに、実際には引っこみがつかなくなった恰好である。そしてそのころは、誰でも、何かに追われる切迫した気持ちだったので、話ははやく、一気にすすんで、私は現地の受入れ作業の一切をひきうけ、鎌倉の寓居も一応まとめただけで、急ぎ帰郷したのは四月六日である。

私の郷里は、仙台の西北約四十キロ、宮城県中新田《なかにいだ》町である。仙台平野の西北隅、人口一万たらず、何の変てつもない農村市場で、住民の自慢は良質で名高い本石《ほんごく》米、草刈鎌、農村芸能「火《ひ》伏舞《ぶせのまい》」、そして灘の生一本にもおとらないと自負する清酒「真鶴《まなずる》」など。上野駅から東北線で約九時間、小牛田《こごた》駅で陸羽東線に乗りかえ、新庄方面に約三十分の中新田（いま西古川）駅で、さらに汽動車に乗って十分、加美中新田という駅がその玄関である。

二

帰郷した私は、まっ先に米倉を見た。一つは土蔵造り、もう一つは板造り、いずれも住居を離れ、小高く土盛した空地に立ち、杉木立に巻かれ、建築も頑丈で相当の重量には堪えられ、さすがに米の貯蔵所だけあって、災害と湿気とには十分注意してあり、それは図書の収蔵にはうってつけであったので、ひとまず安心した。つぎはトラックの手配である。町の唯一の統制会社がもつ十二〜三台だけが頼みだが、もちろん軍需・公用が優先するので、民間機関はなかなか傭えない。しかし幼なじみの赤松君がその責任者だったので、貨車が着いた時はいつでも一台を都合してくれる約束ができた。つぎは人夫の雇傭である。東北の支線の寒駅、その丸通の人夫は老人だけ僅か五人、一般疎開で混雑する荷物にかかり切りで、専用貨車の掛りではないので、私は別に人夫を傭おうとした。しかし戦争はやはり東北の屈強な若者を根こそぎ奪い去り、軒並みに頼んで歩いても無駄だった。そこで町の壮年団に話をもち込んだが、民間機関の古本の価値はわかってもらえるはずもなく、あっさり断られてしまった。窮余の一策、この町にある加美農蚕学校の全先《まつさき》校長が東大出の農学士なので、同窓などというかすかな縁にすがりついて、学徒勤労奉仕隊の出動を乞うたら、校長は快く承諾してくれた。

この間、一週間。準備完了の電報をうって、疎開図書の到着を待つばかりとなった。しかし荷物は一向到着しない。そのうち五月に入ると、空襲はいよいよ激しく、地方中小都市の爆撃もはじまった。大宮、宇都宮、小山、水戸、郡山などつづいて被害をうけ、東北への交通路も寸断の直前にある。町のトラックも仙台方面に徴発されて残り少なになったし、田植えも始って農学校の生徒は農家の援助に総出動である。こうして受入れ事情はしだいに悪化し、私はもう疎開は絶望かもしれないと思うまでになった。

しかしまた一方では、空襲が激化して東北地方も戦火にさらされると、寒村とはいえ、町並びの土地に疎開図書をおく計画にも不安をおぼえて、私はさらに安全な場所をさがそうと、町から西に約十六キロ、奥羽山脈のふもと、西小野田地方を、義兄小山勇氏の案内で部落から部落へと歩きまわった。そして小山氏の教え子吉岡氏の口ぞえで、ひとまず原部落の今野貞三郎、高橋省一両氏の土蔵を借りる約束ができたのは、のちに大きな幸いとなった。

三

六月の梅雨期に入っては、図書の輸送には最悪の時期である。しかも荷物は一つも送られて来ない。あとでわかったことだが、この間、東京では混乱がますますひどく、大量の荷物の輸送は難事中の難事で、岩井大慧主事が鉄道省に日参しても貨車の手配はほとんど不能、文庫理事の老学者たちが奔走しても、図書の優先輸送などは思いもよらぬことと断られていた。それでも文庫の数少ない人々は、榎一雄氏（現東大教授）、白鳥芳郎氏（現上智大教授）、久野昇一氏（故人）らが中心になって、疎開書のリストの作製はもちろん、時には焼野原を大八車をひいて、入手も困難なコモや縄などをさがし歩き、最悪の条件の中にあって、あくまで疎開する意欲をしめしていた。

その努力は、ついに第一輛となって私の前に現われた。六月二十七日朝のことである。丸通からの電話を受けるとすぐ農蚕学校の女生徒十九名を借りて四キロの道を駅に急いだ。青田の真只中に貧寒と立つ古びた駅、その待避線にポツンと置去られた一輛の貨車。私はかけよって封印を切った。扉をあけるとプーンと臭う、あの古書独特の臭い。コモや紙で包まれたのはまれで、多くは裸のまま、大小さまざま、荒縄でくくられ、乱雑に抛り込まれている様は、〝戦場〟東京の姿そのままと思われた。

こうしてつづいて三輛が着いた。しかし東京から発送を知らせてくる電報は、かならず貨車の到着よりおくれ、電文はメチャメチャなので、到着の前日までに手配しなくてはならないトラックと生徒との動員が都合よくできない。しかも貨車はすぐ荷卸して返さねばならない。日に日に空爆に消える貨車のやりくりには鉄道は躍起になっていて、一日の滞車も許してくれない。トラックが間に合わぬまま、貨車ホームにおろせば、田舎の駅にはこれを安全に貯積する設備はシートさえもないので、露天積に等しい。盗難は防げるとしても、恐しいのは雨である。

折よく駅の近くに空家があった。急にこれを倉庫代用として借り受け、ひとまずこれに運び入れた。しかし一包が軽くて二十数キロ、重いのは八十キロもある荷物が、五百数十個も積まれたので、床がすっぽり落ちてしまうなど、いよいよ疎開作業がはじまると、思わぬところで、ドヂをふむのであった。

四

秋葉原駅を出た貨車は、たいてい三日目に陸羽東線中新田駅につく。駅から約四キロで中新田町、さらに西方約十六キロに小野田町字西小野田の部落があり、前者に私の母の実家星勤氏所有の二棟、後者に今野、高橋両氏の各一棟、合わせて四棟の倉庫にはこぶという順序であった。しかしトラックの利用は軍用の合間だけにかぎられるうえに、あの木炭車という木片や木炭の燃焼によるガスを動力として走る代物で、荷物は一二〇個以上は積めず、二十キロの往復に三時間もかかるので、輸送力は知れたもの、しかも故障は続出した。やむなくトラックは西小野田向けだけに使い、近い中新田町へは主に牛車や馬車を用いたが、それもまた航空燃料とかに代用するという松根油をしぼるために、近郷近在の松並木などの根を運ぶのに忙しく、とくべつの工作をしてようやく備えるのだった。

西小野田では、倉庫は県道筋より二キロばかりの村道をはいったところにあった。トラックは当然この道を入るものと思ったが、かけがえのない車体を大切にする運転手は絶対にはいろうとはしないので、急に県道筋、小瀬《こぜ》部落の製材所をかりて仲継所とした。しかしここから倉庫まで移送するための人と資材は急には集まらない。農家の労力に余裕が無いのはもちろん、リヤカーや牛車もかれらの唯一の機動力、重要な生産用具なので、簡単には貸してくれない。こわれたら最後、修繕しようにも部品もなく鍛冶屋もなくなってしまったのだから無理もない。そこである時は西小野田国民学校（小学校）の児童一五〇人の出動をたのんだ。かれらは、国の宝を戦争からまもるんだという先生の話に目をかがやかし、一つ一つ先生が背負わす荷物を、めいめいがもって来た荒縄でおんぶして、青田にうねる村道を、蟻の行列のように一列につづいて行く。七月の炎天、微風にそよぐ田の面が山すそにまでひろがり、そのあぜ道に放たれた山羊の、何かけげんそうな顔つきを、今だにわすれられない。

五

七月十日夜、仙台が空襲され、中心部は潰滅した。その数日前から不安にかられた市民は、三々五々、思い思いに家財をまとめて市外にのがれ出し、その余波は中新田、小野田にも及んでいた。だから、この空襲後は、リュック、大ふろ敷、車といえば古い乳母車にまで多少の荷物をのせた難民が、ドッと流れこんできた。しかも十四、十五の両日は早朝からアメリカ機動艦隊がグラマン機で波状攻撃をかけてきて、この寒村をまで機銃掃射するので、じっと家の中にとじこもるより外はなく、十三日に着いた第四輛の荷おろしも中止する始末。そして驚いたことには、ここの住民たちもすっかり動揺して、家財は畳まで牛車などにつんで山の方へと逃げる人や、防空壕を掘り出す人も少なくなかった。

こんな情勢では、この寒村もけっして安全ではないと気づいたので、私は、今後はすべて西小野田の倉庫に運ぶことに方針を変えたが、この時すでに大きな障碍が出ていた。雨と兵隊とである。空襲をうけた仙台の予備士官学校が、急にこの地方へ疎開することとなり、軍用車がどんどん到着し、中新田駅前は兵隊に独占されてしまい、おまけに師範学校附属国民学校も、子供らとともに大挙して逃れてきたので、かれらの十数輛の荷物も着いていた。そして悪いことには、われわれの疎開も、このころが最高潮で、十六日に第五輛、十九日に第六～七輛、二十二～三日に第八～九輛が到着した。

しかも毎日小雨がふりつづき、時には豪雨をまじえた。濡れてはならぬ荷物だが、貨車積みのままで晴れ間を待つことは許されない。さきに倉庫に代用し、床をぶちぬいた駅前の民家も、すでに疎開者が住んでいて借りられない。貨車ホームにはもちろん保管設備はなく、盗難は無いとしても、雨にぬれる心配は十分であった。万策つきた私にはやはり荷卸しの延期を、関係者にたのみまわるのが唯一の残された方法であった。しかし、そんな時、奇妙なことに貨車は、いつの間にか、遠い退避線にはいってしまい、駅長の指令が〝間違った〟ために荷卸しが延期されなくてはならないことになってけりがついた。この駅長は街の考古学者で、その趣味が昂じ、早くから原田淑人先生に教えを乞うていたといい、先生もその縁でこの駅の近くに疎開されていたほどである。こうして駅長の機転で幾度か窮境を救われた。かれはそんな時、よく言った。「どんなわけか、雨の日には入れ替えを間違えるんですよ、あんまりいそがしいもんでね」と。そして頭をちょっとかいてみせるのだった。青木という駅長だった。

ようやく晴れ間が見えると、さっそく荷卸しにかかるが、軍や一般の疎開作業も活発となり、一切の車輛が徴発されて、トラックなどは一台も使えない。もはや赤松君の友情でもどうにもできぬが、しばしの晴れ間の機会は、私もこれを逃せない。

三輛の滞貨を何とかしなければならない破目に追い込まれていた私は、トラックの手配がつかぬまま、例の農蚕学校の女生徒をつれて駅に出た。しばらくは、広場一杯に作業している兵隊をながめていたが、ふと気がつくと、指揮官は若い下士官、しかも襟に丸星をつけ眼鏡をかけた幹候生、つまり学徒兵である。窮余の一策、私はかれにトラック借受の交渉をはじめた。そして私の背後には、身なりこそ農婦ではあるがはち切れる若さにあふれた十九人の乙女が三十八のすんだ瞳をそろえていっせいにかれを見つめていた。その効果かどうかはわからないが、ついにかれは一台の融通を承諾した。ホッとしたかの女たちは、いつものように、貨車からトラックまで一列をつくり、肩おくりの作業をはじめた。見る見るうちに乙女たちの顔は真赤になり、全身はほこりと汗とにまみれた。兵隊たちは机、戸棚、椅子や大箱を運ぶのに、ことさらに乙女たちの列を乱しては大声でどなりつけた。そのたびごとに乙女らは黙々としてそっと身をかわしていたが、どうしたはずみか、兵隊がどしーんと木箱を落した。中からレッテルの色も鮮かな缶詰がパッところがり出た。それは乙女たちの手がけていた古本とはあまりにはっきりした対照である。もう幾年も見ることのなかった缶詰、しかもおびただしい数量！　乙女たちは一瞬サッとざわめき、しばらくは手をやすめて呆然と見とれていた。しかし間もなく、トラックが一杯になると、かの女らの中の二人が積荷の上に乗り、途中の紛失や雨に気をくばりながら、二十キロ彼方の倉庫をさして出て行くのであった。

六

七月二十四日までにすでに十輛が到着した。はじめの計画では、新潟県の下関にも送るので、中新田へは五～六輛ときいていた私は、倉庫の収容力以上の送達をうけ、なおもこれから幾輛つづくのか、再三の電請にもかかわらず、通信の混乱のため、本部の指示がとどかないのには大いに迷った。その上、丸通支店では、一般疎開が急に多くなり、大口扱いは、これ以上とてもできないといって断ってきた。困り切った私は、それでも、丸通にはもう一輛、もう一輛と、一輛着くたびごとにたのみ込みながら、他方ではさらに適当な倉庫をと、倉庫さがしにかけずり廻った。その時の私は、もう戦況の最悪の場合を考え、宮崎、西小野田方面で、一部落ごとに一倉庫を借りて、本土決戦のときでも、一つか二つの倉庫がのこるように、兵隊の散開するかたちをとろうとした。しかし仙台空襲後の事情は一変し、条件のそろった倉庫は一つも無く、めぼしい倉庫はすべて親戚縁者の疎開荷物で一杯で、やむなく、今野氏の血縁をたよりに、長清水《ちようしみず》の下山襲右衛門氏、石山氏（のちに解約）、小瀬《こぜ》の米川友治郎氏の三棟と、高橋氏の他の一棟とを不完全ながら借り入れることとした。

　このころになると、毎日、トラック統制会社、荷馬車業組合との交渉で、軍からトラック、馬車、牛車のおこぼれをもらうのが一苦労である。時に二〜三日は全く作業ができずに終わり、時に数台のトラックにありつくなど、軍の事情に左右されるより外はなかった。しかし幸いに、もう真夏の晴天つづきで、書籍のぬれる心配はまず無い状態だったので、ぞくぞく到着する貨車も駅長の機転にたよることもなく、私は思い切って二輛分約三〇〇個を貨車ホームに卸して積み上げ、百方さがして借りたシートで覆って、黒い小山をきずき上げ、不寝番をつけた。そして一方では、これが軍へのささやかな示威にでもなれば、なお都合がいいと思ってもみた。こんな風に行き当たりばったりなので、作業は思うようには進まず、駅前の丸通倉庫の別棟には、つねに二〜三〇〇個、西小野田の製材所には五〇〇個と、滞貨は増す一方で、しかも貨車はなお新たに、この頃はもう何の予報も無く到着した。最後の第十四輌が着いたのは八月七日朝であった。

間もなく八月十五日、敗戦の日、一切が虚脱し、日本の機能が停止した。作業も当然、その余波をうけた。そしてこの仮死状態に、やがてショックを与えたのがアメリカ軍の進駐である。九月十二日、隣り町の古川にも進駐して来て、その中の十名はこの町にもやって来るといううわさがひろまると、人びとはまだ見ぬ米軍におそれおののいた。

たしかに私もその一人であった。まず気になったのは中新田倉庫の洋書類である。もし米軍の目にふれたら、いらぬ紛争を起こさないとも限らないと思い、九月十九日、夜明け前、五台の馬車に四〇〇〇冊の洋書を積み、コモでしっかり覆いつつみ、人目をさけて、間道から間道へと西北に向かった。行先は、さきにあまり山奥のために借りずにおいた広原村上多田川《かみただ》の木村友吉氏の倉庫であるが、急ぐあまり連絡の方法もないので無断の決行である。中新田町の西北約二十キロ山狭の部落で、途中の道路はまるで泥沼、大きな穴が一ぱいで、馬子の風体で先頭の馬車に乗っていた私は、右に左にふり落されそうになり、ゴットンゴットン鉄輪のひびきは腹の奥までかき乱すかと思われた。ただ初秋の早朝、外気はさわやかで、やや黄ばんだ田園の風景がすぎると、道の勾配はしだいにひどくなったが、右は切り立つ山また山、左は溪谷のせせらぎ、鳶か鷹か、悠然と空に弧をえがく、自然はあくまで静かであった。

七

帰途についたころ日はとっぷり暮れ月も昇りはじめていた。しかし私の心にふっとかすめた影はしだいにひろがった。突然の搬入をこころよくいれてくれた木村氏の好意で、洋書の安全はまず大丈夫という安心感にひたる一方では、資金の欠乏した私が、倉主に一銭の謝礼をも置けなかったことが、ひどく心にかかって来たのである。

もちろんこの疎開の費用は、おおよその予算に従って支出され、通信の混乱のために送金ができなくなってからは、多くは使者がもって来てくれた。本部の白鳥芳郎氏、箕輪友吉氏などは、現地における私を助けるためにも、殺人的に混乱した列車で、真冬にもデッキに立ち通し、真夏には機関車の炭庫の上に乗ったりして、幾たび東京と現地との間を往復したことか。しかし敗戦前後のドサクサに、荒れた人心をとらえ、荷物の安全を期するためには、公定の値段でくまれた予算を、そのまま守ることはできず、時には心付、謝礼、立替などの応急措置が必要であった。しかもすべて現金払いでなければ一切は動かないので、予算は赤字につぐ赤字。時に私の軽い財布をはたき、親戚に無心して切り抜けたことも一〜二度ではなく、時に使途を領収書で表せないために会計係に迷惑をかけたことも少なくはなかった。そしてこの日も、馬車代を支払えばほとんど余裕がないので、素手で四〇〇〇冊をたのむより名案はなかったのである。

それでもこのようにして、ひとまず疎開作業は終わった。すべて十四輌、約五三〇〇梱は八つの倉庫に収蔵された。これを運んだトラックは延べ三十八台、馬車三十二輌、牛車二十二輌、リヤカー十四輌で、トラックは一台六十円、馬車は三十円、牛車は二十円から二十五円、人夫は一日五円から六円と、ヤミ値ではあるが、なお通貨価値はまだ安定していたので、現地における総費用は一万二〇〇〇円余であった。当時、現地では、白米は一升三円から五円、倉庫借入料は月五十円から一二〇円で八棟の総額は六一〇円、私の給料が一五〇円であったから、この総費用は巨額なものであった。

しかし翌二十一年になると、事情は急に変わりはじめた。東京の本部は幸いにも完全に残ったものの、経済界の大変動で財団法人の実質は失われ、さらに、巻き起こったインフレの波のため、その日の費用にも事欠く始末となったが、その大きな波は、また現地の農村にもおよんで、従来、一俵二〜三円の木炭は十五円、白米一升は二十円に暴騰した。西小野田には未整理の耕地が多いので、農家には供出後の手持ち米が多く、ヤミ米の仲買人は、それを目あてに、東京はもとより、名古屋方面からも入り込み、古川から出る西小野田行のバスは、いつも大風呂敷、リュックなどをかついた異様な風体の男女をこぼれ落ちそうに乗せていた。そのため物価は日ごとにあがり、年末には白米一升三十円、人夫代一日三十円が相場となったので、私が毎月定期的に倉庫を巡回する時に持参する倉主への謝金はそのたび毎に価値を失って行った。倉主はもちろん値上げを要求するようなことはなかったが、一ヵ月の倉庫代が白米二〜三升分では心苦しく、私は本部の窮状を説明して、この好意に頼るのであった。

ちょうどある倉主を訪ねていた時、一見して仲買人とわかる男女二人が、威勢よく巻舌風の挨拶を投げすてながら、はいって来て、勝手を知ったように裏口に廻った。やがて賑かな酒席が、はなれた座敷で開かれた気配がしたので、あわてて暇を告げ、田圃道を歩きながら、「とうとうあの家もヤミをはじめたか」と、嘆息した後に、また「それも当然だ」と思いかえしたりして、県道筋へ出て、帰宅のバスに乗ると、途中、停留所でもない所に待ちかまえた集団仲買人のために、バスが無理矢理に停車させられ、袋やかますにはいった米がドスンドスンと音を立てて、幾個も積みこまれた。

二十二年になると、物価はさらに急騰し、白米は五十円から六十円、人夫代も六十円に上った。農家は、ぞくぞく帰郷する引揚者のためにも、軒なみに建築をはじめ、青年の髪はポマードに光り、パーマネントにちぢれ、農村景気は一変した。こうなると、倉庫代はまったく雀の涙ほども価値がなく、私は再三本部に増額を要請し、のちには本部の財政再建が成らぬ中はどうにもならないのを知りながら、要請することだけで、少しは肩が軽くなるような気分になるのだった。そしてこのころの私の倉庫巡視は、哀願が主な目的のようになってしまった。ようやく二十三年一月に一棟一〇〇円から二四〇円と、従来の二倍に上げられたけれども、その時はすでに、白米が一升七十円から八十円、人夫賃が一日一二〇円では何の足しにもならず、倉主の関心はむしろ戦後すでに三年近くになっても、返送計画が進まないことに向けられていた。ある倉主はしだいに迷惑顔を見せ、「よその人ではないから断りにくい」などと言って、私個人との関係だけで、ギセイ的に貸しているという風をあらわにして来るのであった。

八

私は資金の不足が倉主の気持ちにひびき、荷物の管理におよぼすのを最もおそれた。書籍の大敵は火と水と鼠とである。人里はなれた土蔵だから、火はまず心配がないとしても、問題は鼠と水とである。もちろん、初め、入庫のときには殺鼠剤による駆除をしたのち、穴という穴は微細なものまで板やトタンでふさぎ、窓の開閉の不完全をも修理した。しかし鼠は土蔵の扉を開いて人が出入する時に、横にかくれていて人の足もとからすべり込む場合が最も多いというので、そのためには、逆板という装置をした。入口に、幅三十センチ長さ二メートルの板を四五度に外側へ傾斜させたものを置く仕掛である。ついで虫除けをも考え、近郷近在の薬店をさがし歩いて、樟脳やナフタリンを買い集め、床板に撒布し、荷物の上にもふりかけた。

しかし梱包のまま高く積み上げて一年も過ぎたころは、そのままいつまでも放置しておく危険を感じて、もっとも条件が悪いと思われる倉庫のものの積み直しをした。その時のことである。うす暗い倉庫の中で、荷物の上に点々と散らばる黒点を発見した私は、とうとう鼠が入ったと思って、乏しい費用もかまわず、急に五人の人夫を傭って、すっかり荷物を外に出したが、荷物には何の異状もない。結局、どこからどうして入ったのか、鼠の糞と見たものが黒ゴマとわかった時には、「枯尾花も幽霊に見えるというからなァ」と、みんなで笑い飛ばし、ホッと安堵の胸をなでおろした。鼠糞ノイローゼとでもいう症状だったかも知れない。

つぎは水である。倉庫は米を納れる土蔵だったので、湿気には十分注意して建てられてあったが、二十三年秋の東北は珍しい大水に見舞われた。来る日も来る日もしのつく雨はやまず、中新田の町裏の堤防は、もうあと四十センチほどの増水で決壊するという時である。ふだんは鮎つりで賑う鳴瀬川は、すでに数百町歩の畑地を濁流と化し、出て見た時には何やら濁流一面になって流れて来た。木材や薪である。そしてこの上流が西小野田と思った瞬間、流木が書籍のように見えたので、すぐひきかえして西小野田行のバスに乗った。乗客は私ただ一人である。雨は窓をたたきつけ滝になっておちる。いつも通る県道は浅瀬のように流れ、バスはしぶきを上げて走る。橋にかかるたびに、運転手は「渡れるかナ」とつぶやきながら徐行する。終点小瀬で降りて約二キロ、すっぽり水を冠った稲田の中を荒れ狂う東南風にさらされながら、ぬれ鼠のようになって高橋氏宅にとび込むと、高橋氏夫妻は、赤々ともえる囲炉裡を囲んで、いんげんの種えらびに余念がなく、傍らに虎猫がうずくまっていた。どこ吹く風といった面持ち。聞けば数日前、農家は嵐の気配を察して一切の予防措置はすんでいたという。見れば倉庫の周囲には板囲いがしてあり、屋根にも修繕の跡が見える。これ位の嵐では心配がないと自信のほどを見せながら、この辺はかつて水の上った例がないと、話は昔物語りにはいってしまう。私はふり上げた拳のやり場に困るかっこうになってしまい「こんな時には、これにかぎるで」とぶつぶつ言いながら、「どうか一杯」と差し出された白い液体をそッと飲んでみるのだった。「なア先生！　早く嫁ごをもらうんだなア、本さばかり惚れていねえでなア」酔顔の主人は帰途につく私をからかった。

九

東京へ返送する計画は、二十一年秋ごろからぼつぼつ考えはじめられ、東京では岩井主事はじめ理事や学界のお歴々が一日も早く返送して荒廃した東京に文化の本拠を再建したいと、各方面を説き廻ったが、経済界の混乱はそれどころではなく、返送費用の捻出ができなくて、なかなか具体化はしなかった。その間、進駐軍の専門家も蔵書の行方について関心を示し、本部を訪ねる外人も少なくないとの知らせを、本部からうけたが、現地でも二十二年ころから米軍やその関係者が三～四回調査や視察にやって来た。たいていは事務的で、荷造りのまま積み重なる書籍の山を見ては驚いて帰って行ったが、二十三年初にやって来た二人の日系米人はやや念入りだった。かれらはジープを私の寓居の前に乗りすてるなり、玄関に闖入して、書籍を見せよと要求し、その態度は初めから威圧的だった。身分証明書の呈示を求めても、そんなものは警察署に示したから私には見せる要は無いという。とにかく占領軍ならば仕方があるまいと、倉庫の鍵を取ろうとして奥に引きかえすと、二～三分間も待てずに、早くせよと大声で叫び、倉庫を開くと、一人はそこに収容されている書籍の内容、数量などを矢つぎ早やにただし、他の一人は問答を記録する。私は忽卒の間の疎開で、内容や数量は各倉庫毎には知らない、詳しくは本部よりGHQにリストを出してあるはずだから、それについて見るようにと答えると、うそを言うと承知しない、自分は家宅捜索する権限をもっているぞと脅かす口調である。しかし彼らの言葉から察すると、どうもこれを満鉄所有の〝東洋文庫というコレクション〟と思い違いをしていたようである。事実、満鉄調査部の蔵書は福島に疎開しているといわれたので、その間に関係があるものと見たらしい。私はその無関係を力説すると、やや態度を改め、二時間ほど問答した後、「君がうそをついても、これを没収することになるんだぜ、いずれ近いうちに十数人でやって来る」と言って引き上げた。

　しかし五日たち十日すぎても彼らはやって来なかった。私は何か狐につままれたような気がしたが、あるいは私が、その日すぐに本部に委細を電報や速達で報告し、一方では、さきに岩井主事の案内で疎開状況を巡視した東北駐留軍の文化顧問浅井恵倫博士を訪ねて、善処方を懇請したので、東京と仙台とで効果的な諒解運動が行われたためであったろう。誤解が生んだちょっとした行き違いであるが、そのころ東京では、内外学者の返送運動がますます盛んになり、ＧＨＱもしだいに同情をよせて来たという知らせをうけた私は、あの調査はまた返送事業に援助を与えるための準備であったのかと思ってみたりもした。

一〇

二十三年の四月十八日、朝日新聞の記者がやって来た。本社の指令により、〝世界的に著名な東洋文庫〟の疎開状況を調べたいが、今、流行の隠退蔵物資の摘発には幾度もだまされたから、これも怪しいものだと思って来たという。一瞬、私は迷った。疎開は戦火をさける目的のほかに、戦後は隠匿するという意味もあったので、本部の指示では一切の公開が禁じられていたからである。しかし戦後すでに四年目、米軍の調査も行われ、GHQへの援助要請も行われているとすれば、むしろ広く一般に知ってもらう方が、いろいろの場合、都合がよいのではないかと判断し、私は一切、かれの取材に応じた。それが、二十一日のトップニュースとして、『帰れぬモリソン文庫、山のモミ倉に寝て三年』の見出しで、モリソン氏および倉庫内の写真、岩井主事の談話とともに全国に報道された。もちろん私はただちに本部から注意をうけ、今後報道機関には絶対公開せぬようとの厳命をうけた。

しかしこの報道が心ある人びとを刺激したことは争えない。間もなく朝日ニュース映画、サン写真新聞がやって来た。大きな撮影機をかついだ熱心な取材記者を断ることは並大ていのことではなかったが、本部の方針に、不本意ながら従わねばならなかった。法隆寺が焼けた直後、『サン』が、「ここにも国宝がすてられている」とかいう題で、壁の落ちた土蔵の写真とともにわれわれの疎開を解説し、私を頑迷な管理者ときめつけたのはそのためであるが、これを機に、東京における返送運動はいちだんと促進され、ついに年末には東洋文庫は国会図書館の支部として運営費をうけることとなり、返送計画ははじめて具体化した。もちろんこの間のくわしい経緯は現地にいた私は知らない。ただこの間に、現地に近い志田村（現古川市内）の出身で長く中国で政治活動をしていたという豪快な人物が、〝郷里の名誉のために〟ギセイ的精神をもって返送作業の一切を請負いたいとて本部に現われ、結局かれの輸送計画――トラックにのせた貨車型の箱にバラ積みにし、倉庫から東京まで直送することになった。こうして返送の第一・二車が出たのは、二十四年の厳冬、二月六日である。それは朝日、毎日、読売、河北などの新聞、国際ニュース映画にも報道された。しかし当時はこんな遠距離トラック輸送は至難の業で故障が絶えず、やがて相模鉄道のディーゼルエンジン付のトラックを利用するに及んでやや順調に、それでも断続しながらすべて十四往復、のべ三十六台で、一冊も余さず返送しつくしたのは五月二十六日、東北の野山もようやく初夏の緑に彩られる頃であった。

ここに至るまで四年二ヶ月、現地における総費用十二万八三〇〇円、直接・間接に東北農村の人々の多くの好意をうけた疎開作業は終わったが、さきに荷卸し作業に奉仕した女生徒の幾人かは、すでに嫁入りし、中には赤ん坊を背負って返送のトラックを見送った人もいた。

編集部注

本稿は『禿筆漫録』（星斌夫先生退官記念事業会、昭和五十五年）より転載した。なお、同書にはやはり蔵書疎開について書かれた「ある村里の文化人たち——戦中疎開の一こま」という随筆も収められている。

東洋文庫冬の時代

山根幸夫　YAMANE Yukio

戦前の東洋文庫は実に恵まれた経済条件下にあり、スタッフもかなり多かった。『東洋文庫十五年史』を見れば、そのことがよくわかるであろう。戦局が激化するにつれて、スタッフも次々に召集され、その上空爆の危険も迫った。遂に厖大な蔵書を疎開する羽目になったが、それが完了した途端に、日本は敗戦を迎えた。

その頃、図書部では和漢書目録の担当者も欠員になっていた。海軍から復員したばかりの布目潮渢君が、和田清先生と岩井文庫長に呼び出され、図書部に採用されると共に、京都の東方文化研究所への留学を命ぜられた。然し、布目君は京都へ赴いたまま、再び東洋文庫へは戻ってこなかった。

日本の敗戦に伴い、基本財産を喪失した東洋文庫は、今後の運営を如何すべきかという難題に直面した。和田先生は私たちにこう言われた。東洋文庫の生きのびる途は、東大に吸収されるか、国立国会図書館に合併されるか、二者択一なんですよ。君たちはどちらが好いと思いますか、と。私たちは答えようがなかった。結局、和田先生らの努力の末、一応東洋文庫は独立の形を保ちながら、図書部が国立国会図書館の支部になって、その財政的援助を受けることになった。和漢書には、朝鮮から引きあげた田川孝三氏が採用され、洋書には石黒弥致氏（伊東の寺院住職）が就任した。閲覧係には、満州日々新聞社の論説委員をつとめ、満州研究者としても盛名のあった園田一亀氏が、和田先生の推薦で採用された。他に適当な就職先が見つからなかったからである。専任職員ではなく、嘱託であった。暖房も全くない寒い閲覧室で、冬になると毛皮のついた立派なコートを着用している園田氏の姿を見ると、お気の毒であった。和田先生はよく私たちに、園田さんは偉い人だったんですよ、と言われた。

そのうち、和漢書室には、田川氏の下に森岡康氏が採用された。森岡女士は日本女子大学の助教授であったが、余りにも給与が低かったため転職されたとのことであった。園田氏は年令のせいもあって、地方志などの大部の書を閲覧室まで運ぶのは大変だということで、金子良太氏が助手として採用された。園田氏は既に夫人は亡く、日本薬剤師会館に住みこみで働いていた姪御さんと同居されていた。晩年、園田氏が病気で寝こまれた際、私たちはお見舞金を集めて、宇津木君が代表でそれを持参したが、園田氏の寝ておられた部屋にはほとんど何の荷物もなく、ガランとして『明代満蒙史料』が何十冊か積みあげられているだけであった、と報告した。

総務部には、中尾方一氏が三菱から出向しており、その給与も三菱が負担していた。余り仕事もないので、いつも新聞を読んでおられた。いつからか、そこに岩井文庫長の姪の中川みや子さんが勤めるようになった。一九五四年秋、宇都宮君が庶務担当者として採用された。その数年後、東大東洋史学科卒業の丸亀金作氏の娘さんの美貴子さんが、宇都宮君の下に入ってきた。

当時、東洋文庫で一番頑張っていたのは、用務員たちであったかも知れない。用務員は大抵三菱で働いていた人達が採用された。戦前から勤めていた最古参の箕輪友吉氏は、一階玄関の左脇にあった受付室に鎮座して、いつも新米者を見張っていた。東大東洋史学科の卒業生は勿論、岩井文庫長さえも、箕輪氏には一目も二目もおいていた。彼は東洋文庫の生き字引であった。郭沫若氏は東京に亡命中、文庫へ訪ねてくると、よく箕輪氏と話しこんだと云う。

受付の箕輪氏の傍をすりぬけて階段を下りると、右手に土間の用務員室があった。部屋の隅には四～五畳敷きの和室があり、用務員はそこで交代に宿直することになっていた。彼らは三日に一晩は宿直しなければならなかったから、大きな負担だったらしい。尚、用務員の熊田氏は製本係をも兼ねており、立派な腕をもった製本職人でもあった。私も何度か熊田氏に唐本の帙を作ってもらったことがあった。もう一人の用務員は勝間氏であった。東洋文庫が国会図書館支部になった当初、国会図書館の職員に採用されたのは、岩井文庫長の他、田川、石黒、箕輪、熊田の四氏であった。

用務員の土間には大きな火鉢がおかれており、冬になって暖をとることが出来たのは、この部屋だけであった。私たちも閲覧室へ行く前に、まず此処で駄弁りながら暖をとるのが習慣になっていた。一九五〇年代になって、火鉢に代わってダルマ・ストーブがおかれ、閲覧室にも真中にダルマ・ストーブが設置された。ストーブが入るまで、東洋文庫はまさに冬の時代であった。勿論、経済的にも本当に貧しい時期であった。

研究部は和田先生を中心に、榎一雄氏がこれを助けて、手弁当でやっておられたのではないかと思う。一九五三年にはハーバード・エンチン財団が、東洋文庫に対する研究助成を始め、漸く研究計画も動き始めた。その前年の五二年東大特別研究生の期限が切れて、行き場所のなかった田中正俊氏が専任研究員に採用された。その翌年には、松村潤氏も専任研究員に就任した。田中氏は編集・出版を担当し、松村氏は事務的な面を担当していた、五四年春、田中氏は横浜市立大学へ転出し、東洋大学で不当解雇された私が、和田先生の配慮によって、専任研究員に採用された。その際、和田先生は「君は研究要員として採用したのだから、しっかり勉強するように」と厳しく申し渡された。ハーバード・エンチン基金から研究費を支給され、給与ではなかった。当然、大学教員に比べると、その水準は低いものであった。年度末になると、一年間の研究成果をまとめて、ハーバード・エンチンに報告を提出しなければならなかった。然し、私の担当しなければならぬ仕事も色々あった。第一に『東洋学報』の編集・発送・集金があった。年四回の発行であったから、結構忙しかった。第二は東洋文庫論叢、叢刊などの編集・校正であった。最初に手がけたのは、和田先生の『東亜史研究・満州篇』及び『東亜史研究・蒙古篇』の編集・校正であった。当時、東洋文庫の出版物の多くは、浜松の開明堂に発注しており、神田駅傍に出張所もあった。勿論、『東亜史研究』の校正は先ず和田先生が御覧になり、私が三校・四校まで見ることになっていた。これと平行して前間恭作編『古鮮冊譜』中、下冊の校正も加わった。これは田中氏の分担であったが、進行が著しく遅れていたので、私も協力することになった。最終段階では、期限が切迫したため、浜松まで出張校正に出かけた。

第三年目には『明史食貨志訳注』の編集・校正に取りくんだ。私自身、本書の「賦役」部分の執筆をも担当していた。上下二冊、一二〇〇頁にのぼる大冊であったから、校正にも随分時間がかかった。特に共同執筆者は、松本善海氏(東大)を除き、他はすべて地方在住者であったから、連絡にも相当時間がかかった。本書が完成した時には、私も本当に嬉しかった。明代経済史の研究の上に、大きな金字塔を建てることになったからである。第四年目は『華夷変態』の編集・校正であった。本書は長崎に渡航した唐船の船長が、長崎奉行所に提出した「風説書」をまとめたもので、原本は内閣文庫に収蔵されていた。広島大学の浦廉一教授が原本の写真を撮り、広島大学のゼミの院生・学生たちに分担させて、わかり易く書き直させた原稿を、是非東洋文庫で出版してほしいと依頼されたものであった。編集を開始して間もなく、浦教授が急逝されたため、頭註をつける作業まで私が引き受けることになった。全体で三冊になる大冊であった。当時、東大の院生であった金沢静枝、藤村潤一郎、宇野俊一、明治大学の名児耶蘇節子の諸氏にも、校正の協力を仰いだ。初年度に二冊をまとめることができたが、一九三八年四月、山本先生の推薦で、私が東京女子大学に就職することになった為、最後の三冊目は後任の研究員となった堀敏一氏に引き継いでもらった。

『華夷変態』は、中国史の研究者には余り利用されなかったが、日本史の研究者には重宝がられ、後になって東方書店が影印本を製作した。然し、現在古書市場に流通している部数はごく少数で、市場価格もかなり高価である。稀に中国の研究者から購入の相談を受けることがあるが、古書価格が余りに高い為、手が出ないのが現状である。

上述したように、東洋文庫へ採用された時、和田先生が充分に研究成果を挙げるように言われた注意は、なかなか達成することができなかった。折角ハーバード・エンチン財団の奨励金を頂き乍ら、大変申し訳ないことであったと思う。然し、『明史食貨志訳注』や『華夷変態』をまとめたことは、それなりに学会へ貢献できたのではないかと思っている。

尚、私が研究員となった一九五四年には、宇都木章君や山口瑞鳳君も採用された。同年秋には、山本達郎先生や市古宙三氏の尽力により、ロックフェラー財団などから研究資金が提供され、〈近代中国研究委員会〉が発足した。今まで中国近代史関係の資料は、東洋文庫ではきわめて貧弱であったが、この委員会の発足によって、非常に豊富な中国近代史関係の資料が収蔵されるようになった。

一九五四・五五年頃から、東洋文庫も漸く冬の時代を脱却して、新しい活発な研究活動を始めることになった。冬の時代には、スタッフはきわめて少数で、困難な事ばかり多かったが、皆が互いに支えあい乍ら、この苦難を乗り切ったわけであった。今にして思えば、本当に懐しい時期であった。

（『東洋文庫八十年史Ⅱ――寄稿と各論』より転載）

辻直四郎先生の南アジア研究

原　實
HARA Minoru

辻先生が文庫長理事長として、又初代ユネスコ東アジア研究所長として東洋文庫に縁深く、多大な貢献された事は周知の事実であるが、その詳細に就いて筆者の知る所が極めて少ない。と言うのも私が東洋文庫研究員となったのは辻先生御逝去の後、榎一雄先生の御推挙によるものあったから、それ以前は一介の閲覧者として折に触れて文庫に足を運んでいたに過ぎなかった故である。それでも先生の文庫長になられた一九六二年頃から肺気腫を患って上京を断念された一九七五年まで、毎週火曜日文庫にご出勤の頃は、折に触れてお訪ねして文庫長室でお話相手をし、その後は車で東大や本郷三丁目までご一緒させて頂いた。

先生の南アジア研究貢献の詳細について筆者は既に「東洋学報」を初めとして数篇活字にした

ことがあるので、ここでは逝去後に蔵書約一万冊が当文庫に蔵置され「辻文庫」として現在一般の利用に供されている事にのみ言及し、今回は未だに忘れ得ぬ先生の学問への姿勢についての鮮烈な印象の一端について述べることとする。

私が先生の後を受けて東大に就職した一九六〇年は、折から日本において漸くインド学に国際化の気運が高まった頃であった。戦後苦難に満ちた海外留学生活を何とか終えて帰国した名大の北川秀則氏や京大の大地原豊氏は盛んにパリに日章旗を掲げるとか、エールに日の丸を立てると言って気を吐いており、私も後ればせながらこれら先輩の驥尾にふした。先輩達は今後は是までの様に日本国内を意識せず世界に向かって発信し国威発揚を心掛けるべし、その為には満遍なく学問を幅広くやるより特定分野に先鋭的な研究を外国語で発表するを旨とすべしと強調した。万巻の書を渉猟してインド学の諸分野に西洋の学問を追っていたのでは今後の国際化時代には通用しないというのである。辻先生がこれら青臭い若者達の気運を必ずしも快く思っては居られず、時に批判的な態度を取られた事もあったが、それは又或る程度時代の趨勢として致し方ない事でもあった。

或る時鵠沼に参上した折、私はこの時代気運に乗って海外の研究史のみ追う事は本格的な学者のする事でないのではないかと先生を前に暗にその学風を批判した事があった。先生はちょっと淋しそうな顔をされたが、その後で「でも好きだから仕方ないだろう」と言われた。瞬間私は恰も頭を雷で撃たれた様に感じて、自分の学問が何とも誠に浅ましく思えて恥しい気持になった。学問は「好きだからやる」と言うこの先生の姿勢こそ尊いので、それを国際化だの日章旗だのと言って自己顕示の具の如くに考えていた自分に言い知れぬ嫌悪感を覚えた。人々は辻先生をとかく「偉い」と言うが、私にとって先生の「偉さ」はこの時の純粋な「好きだから」の一言に尽きる。「古き良き時代」の学者と言えばそれ迄であるが、学問の基本的姿勢は飽く迄没価値の「好きだからする」に在る。常日頃「弟子は育ててはならぬ、育つものだから」と言っておられた辻先生から学んだものは多く広く且つ深いが、私にとってこの学問への姿勢こそ、その中の最たるものであった。

(『東洋文庫八十年史II――寄稿と各論』より転載)

東洋文庫と東洋学文献センター

笠沙雅章　CHIKUSA Masaaki

東洋学文献センターが東京大学東洋文化研究所と京都大学人文科学研究所との付属施設として開設されたのは一九六五年四月のことであったが、当然のことながら、それまでには何年かの準備期間があった。その段階では、両研究所のほかに東洋文庫も加わっていた。というよりは、はじめは東は東洋文庫、西は人文研にという構想であったとも聞いている。ともあれ、実現に向けて三者の連絡を密にする必要から、東洋学文献センター連絡協議会なるものがつくられた。多分、一九六三年のことである。筆者も一度だけ、東洋文庫で開かれたその会議に出たことがある。たしか、榎一雄、飯塚浩二、森鹿三らの諸先生が出席され、宇都木章氏が事務をとられていたように思う。

この協議会が行った事業は、三機関を中心とする所蔵文献の連合目録を編纂し出版することであった。その第一冊は一九六四年三月に出版された『日本文・中国文・朝鮮文等逐次刊行物目録』である。三機関でそれぞれの所蔵刊行物の目録原稿をつくり、それを東洋文庫図書部で取りまとめて編纂したものである。編者は東洋学文献センター連絡協議会（仮称）、代表者は岩井大慧となっている。協議会が仮称なのは「協議会は未だ充分形を整えることが出来ない状況にあったため、相互の連絡に不備な点が多かった」（序）ためで、当時、三者の連繋はまだしっくりいっていなかったようである。

第二冊は、翌年三月に出版された『中国地方誌連合目録』。これには三機関のほかに、内閣文庫のものが『内閣文庫漢籍分類目録』によって加えられている。序文には「国会図書館の収蔵書も採録すべきであったが時間的余裕がなかったので、残念ながら割愛した」とある。当の国会図書館は、六九年に『日本主要図書館、研究所所蔵中国地方志連合目録』を編纂出版した。したがって、この目録はその先駆をなすものであった。

第三冊は、六六年三月出版の『漢籍叢書所在目録』。所蔵機関は、三者に加えて国会図書館、内閣文庫、静嘉堂文庫、天理図書館にまでひろげられた。ただし、叢書の範囲や分類が各所蔵者で異なるため、その取りまとめに東洋文庫図書部は大変苦心されたようである。なお、協議会代表者は森鹿三に代わっている。

以上の三冊の目録は、三者が揃って文献センターになるために、協力関係の緊密さを世に示す必要から、急いでつくらねばならないものであった。したがって、各序文に記すように、それぞれの不備は免れなかった。それでも各年度内に形にしなければならなかったから、図書部の苦労は大変なものであったと想像される。

そのような努力にもかかわらず、文献センターが付置されたのは両研究所だけで、東洋文庫は外された。東洋文庫は民間の機関だからというのが、不認可の理由だったと聞いている。当時、文献の収集と公開という文献センターの目的にもっともふさわしい活動を行っていたのは、ほかならぬ東洋文庫であったから、その決定は意外であった。当然、協議会は解散になり、折角軌道に乗りかけていた編纂事業も頓挫してしまった。三冊の目録は、今ではほとんど利用されることはなくなったが、筆者にとっては、当時をしのぶ懐かしい書物である。なお、東洋学文献センターは、八〇年の改組によって、両研究所とも姿を消した。

（『東洋文庫八十年史II――寄稿と各論』より転載）

座談会

東洋文庫の現在と未来

斯波義信（文庫長）
田仲一成（図書部長）
濱下武志（研究部長）
平野健一郎（展示部長）
山川尚義（専務理事）

これからの史学研究と東洋文庫の挑戦

斯波　はじめにこの座談会を催しました趣旨を申します。ご承知のように、かねてからの念願でしたゆとりがある書庫のほか、ミュージアムや大講演室も付設した、最新設備を誇る新館が、三菱各社からの格別のご支援を得て、去る二〇一一年九月にめでたく落成しました。東洋文庫の長い歴史のなかでも一時期を刻む大きな盛事に当たります。文庫の定款には、創立以来、東洋学の

斯波義信

資料を収集して研究するとともに、資料・成果を広く普及させ公開することを目的とする、と謳ってまいりました。こうした目標、課題にとって理想的な環境がととのった現時点の東洋文庫が、具体的に課題にどう取り組んでいるのかについて、運営の衝に当たっておられる役員の方々から直にお話をしていただこうと考えた次第です。ここにご参加いただいた役員は、専務理事・総務部担当の山川尚義さん、常務理事・研究部担当の濱下武志さん、常務理事・図書部担当の田仲一成さん、常務理事・普及展示部担当の平野健一郎さんと、文庫長担当の私斯波義信です。それではまず、濱下さんあたりからご自由にお話をお願いいたします。

濱下　建物が新しくなり、かつミュージアムができて、また国際的な交流が強化された中で、研究部は、東洋文庫らしい史料研究はどうあるべきかということを追求しているところです。すぐに何かできるということではないかもしれませんけれども、「研究図書館」という位置づけと役割を、あらためてどう考えていくかということです。

濱下武志

東洋文庫は、モリソン文庫をはじめとして、アジアのほとんどすべての言語を網羅する非常に貴重な資料を持っています。そういう高い水準の第一線の資料と研究をどういう形で、次の世代の若手研究者に引き次いで、次の世代を育てていくかということが、取り組まなければならない具体的な課題のひとつと考えています。

加えて、いま十四の研究班がありますが、それぞれの研究班がこれまで積み重ねてきた研究蓄積の上に、地域横断的かつ現代的な視点を含めて検討するという課題があります。その意味でこの三年間、総合アジア研究という観点から、研究地域をまたいで国際シンポジウムを開催し、地域を縦割りで固定するのではなく、むしろ地域の流動、動態、相互影響という観点から広く考えています。特にここ数年来、イスラーム世界の変動、さらに中国を中心とする東アジア世界の変動ということがあり、それらをグローバルな観点から、イスラーム、中国という超域アジア研究を背景としながら、新たに総合アジア研究として全研究班が参加する地域複合の研究を試みてきました。

第一回は中央アジア地域に関連して、中央アジアと中国、中央アジアとヨーロッパ、中央アジアとイスラームという形で、中央アジアをより複合的に検討しました。第二年度目は、南アジアと東南アジアを、より広い角度で、海洋の影響も視野に入れた、国際シンポジウムを行いました。第三年度目の今年度は、イスラーム圏と中国圏という、現在の世界の変動の中で大きな位置を占めている、またこれからも影響力があると思われる両者が、さまざまな観点から対話するという方向で進めています。

それからもうひとつ、これは資料研究のひとつのかたちですが、今までの漢籍中心の書誌学だけでなく、イスラームの版本学、それから東南アジア各地の言語における資料の研究についてどのように考えるかという課題もあります。書かれた文字の内容だけではなくて、印刷された紙の作られ方、流通の仕方などにも目を向けています。例えば敦煌文書というものがありますが、敦煌で作られた紙ではなく、外部から数種の紙が入ってきていたことがわかっています。また、アジアの紙は、こうぞ、みつまたを使って、非常に古くから作られて、ヨーロッパの布をほぐして作った紙が新しい時期から出たのとは対照をなしています。そういう紙の性質をより研究することによって、資料の修復・保存にも役立つということもあり、現在、書誌学、版本学、それから本の作られ方と言うべきでしょうか、Codicologyという——イスラームの版本学から来た言葉のようですが——資料研究と講習会を行っています。参加しておられる方は図書館関係の方が多いのですが、Codicologyの講習会を通して、東洋文庫にある本の内容的な特徴と同時に、文化財としての特徴を考える方向の研究が進んでいます。書いてある内容だけではなくて、書物がどういうふうにあるかということ、文化財としての書物ということを、どのように資料的に検討するかという課題に、取り組んでいるところです。

さらにもうひとつ、宋代史研究班が進めていますす中国社会経済史キーワード検索事典といいますか、歴史的な基本概念をどういう形でたどるかという研究があります。東洋文庫のいろいろな研究領域といろいろな言葉の資料を横につなげると、どのような地域の知の表れ方があるか。東洋文庫がその横断性を発揮できる特徴的な研究です。たとえば、イスラーム研究班はヨーロッパ・西アジアの研究機関と提携して、イスラーム社会における「ワクフ」の比較研究を行っています。「ワクフ（寄進）」という言葉が東アジアで「寄進」ということばになると、宗教における寄進だけではなく、社会秩序の中でどういう意味合いになるか。歴史的あるいは政治、社会、文化的なキー概念の比較検討ということで、東洋文庫にできる強みのある研究のひとつではないかと思っています。

山川　僕は研究者ではなく民間企業出身ですが、いわゆる普通の企業では、まず組織が第一です。どこかと提携するときは、まず会社と会社が交渉して、社員はそれに基づいていろいろと交流するということになります。それに比べると、研究者の方々というのは、想像していた以上に、すごくインターナショナルで、個人のネットワークに

山川尚義

よる交流が進んでいると思うんです。逆に言うと、個人としてそうしなければならないということなんだろうと思います。ところが機関と機関ということになると、中にいる人同士は確かに専門分野でのつながりがあるでしょうけれども、意外と、機関自体が緊密というのはあまりなくて……。

平野　大学間での協力協定というのはしょっちゅう結びますけれど、ほとんど実際には……。

濱下　実態が伴わない。

斯波　以前に研究活動の組織は、取り組む対象に即して、言語や史料の別、時代の別によって編成されていましたから、おのずから地域別の研究に落ち着いていく傾きがありました。しかし近年では、現代の変動も視野に入れ、またグローバルに視野を広げることも欠かせなくなってきました。横つなぎした総合や比較、専攻領域を横にまたいだいわゆる学際視点に文庫が積極的に取り組み始めたのは、二〇〇三年頃からだろうと思います。

総合する視点の重要性

平野　さきほど濱下研究部長が研究部のいくつかの特徴をおっしゃった中に、現在はアジアについて横断的な研究が行われているということがありました。具体的には、最近、東洋文庫の研究部門になった、超域アジア研究を指しておられると思います。や

平野健一郎

はりグローバル化ということが超域アジア研究を求める最大の要請だったとは思いますけれど、現代のアジア研究は、比較の視点、関係性を考える視点のほかに、総合の視点が必要になってきているということになります。現代のアジア研究はそういうものでなければならないと私も思うのですが、具体的にどういうふうに研究するかというと、歴史研究に戻るところがあると思うのです。アジアというのは、昔から地域複合的存在だったわけで、その歴史研究ということになると、東洋学ということになるのですね。超域アジア研究がどうして東洋文庫に求められているかというと、実は現代研究だからこそ、東洋学、つまり歴史研究がベースになるのだということをいみじくも表していると思います。

斯波　いま、人文科学でも社会科学でも、細分化がどんどん進んでいます。どこかで総合に戻らないといけない。アジア研究というのは、そういうきっかけをつくるのにちょうどいい学問だと思います。学問がどんどん専門分化してしまうと、お互いに言葉も通じないという形になってしまいます。しかし、東洋文庫でミュージアムを開設して、一般の方に窓口を開けることは、総合して、まとめる視点をどう提供するかということです。総合することが大事です。

民間研究所という特異性

濱下　それから、東洋文庫は民間の研究図書館ですから、大学の研究機関、あるいは大学図書館とは異なる課題や可能性があります。民間の研究図書館としての特徴をどういうふうに生かしていくか。

山川　民間の研究機関では、人文科学というか、歴史系を専門にしている研究所は意外とないように思います。たとえば自然科学系や、経済や政治分野ですと、企業の研究所や財団法人など、結構たくさんあります。しかし、いわゆる人文系で純粋に民間組織はめずらしいかもしれないですね。

濱下　たしかに、大学ではなく独立の研究機関として、民営というのはあんまりないかもしれません。私立大学の附属研究所はたくさんありますが。たとえば、アイルランドのダブリンには、チェスター・ビーティー図書館があります。最近ダブリン市が運営に参画しましたから純粋な民間ではないんですが、このチェスター・ビーティーが、イスラムから東アジアまでずっとコレクションしています。それから、ハンティントン・ライブラリーがカリフォルニアのパサデナにあって、これもやはり民間で、ハンティントンは鉄道王ですから、そういうものに関心を持ったコレクションがあるといいます。東洋文庫も岩崎久弥氏をはじめとする人たちが系統的に集めたコレクションですので、性格が似ているこういった世界中のライブラリーと交流ができたらと思っています。

斯波　本を集めて閲覧するだけなら私立・民営の図書館もあります。しかし、研究員をこれだけ抱えて、予算規模も大学の研究機関にほぼ匹敵する、研究所と図書館を兼ね備えた施設はなかなかないでしょうね。

日本の東洋学研究の系譜

田中　日本にはアジア研究では三つの大きな機関があります。東京大学の東洋文化研究所と、京都大学の人文科学研究所、そして東洋文庫です。東洋文化研究所と人文科学研究所は、元は義和団事件の賠償金でつくられた、東方文化学院という一種の在野機関ではあったんですが、ただし資金の出所は賠償金でしたから、国立と言えなくはないです。ところが我が東洋文庫だけは違って、その中で唯一の私立・民間機関です。しかも、資料の数ではほかのふたつの機関をはるかに超えています。それから、人文科学研究所東方部の研究領域はほとんど中国だけ、東洋文化研究所は中国のほかインドや東南アジアにも比較的強いですが、カバーする範囲は東洋文庫のほうがはるかに広い。ヨーロッパ人の研究は必ずしも中国だけを見ていたわけではなく、アジア全体を見てたくさんのアジア地域に対して研究を開拓していきました。その東洋史学の伝統によると思うんですが、東洋文庫は、中国そのものよりは、中国の周辺地域に研究の焦点を絞ったんですね。

田仲一成

濱下　なお、洋書のコレクションでいうと、上智大学のキリスト教関係と天理大学のアジア関係、それに東洋文庫が、洋書資料の三大図書館となります。

田仲　いま洋書のお話が出ましたが、古い漢学は、あまりにも限られた文献しか見てこなかった。ですから、近代的な研究をやろうとすると役に立たなかったんです。要するに、四書五経ばかりやっていたわけで、四書五経の周辺文献を集めているだけでした。しかし、近代歴史学にはたくさんの資料が必要で、頭を切り換える必要があった。それで、東洋文化研究所、人文科学研究所のふたつも、叢書を中心に本を買い直して大コレクションを抱えたわけですが、しかし相変わらず中国から離れていない。

平野　さきほど濱下さんが挙げられた概念史研究は最近の学問分野だと思うのですが、これはものすごくデータが必要になります。田仲先生がおっしゃったように、周辺のデータもみんな取り込まないといけない。そしてその一方で、人も多く必要なのです。いくらデジタル化をしても、研究者が集まっていろいろ議論しないとできない分野なので、その点では東洋文庫が書籍資料を豊富に持っているということと、研究者が喜んで集まってくるというメリットがあると思っています。そこで、田仲先生にお伺いしたいのですが、漢籍の伝統というのは、今もやはりつながって生きているのではないかと思いますが、どうでしょうか。

田仲　そうですね。ただ漢籍、あるいは学問の見方がちょっと違っているようです。典型的なのは京都大学ですが、京大は中国人の発想に基づいてやっているんです。中国人がどう漢文を読むか、どういうふうに文献に向き合っていくかというふうに。それに対して東大のほうは、日本人の立場で、日本人が漢籍をどのように読んできたかという伝統を継いでるんです。だから、いわゆる日本漢学の伝統は東大のほうにあるんです。京都大学のほうはシノロジーというか、伝統中国に学んだ輸入学問ですね。東大は、やはり漢学は外国の学問ではなく、日本の学問というスタンスでした。いまは相互に交流しますから、基本的にだんだん似てきましたが、大きな違いはそこにあるように思われますね。京都大学の人文科学は清朝の中国、清朝考証学です。東大は古い漢学からなんとか脱皮しないといけないとは思っていても、ルーツが体制教学的です。少なくとも戦前まではそういう責任もあったわけです。そして東洋文庫はどこを向いているかというと、全くヨーロッパ人のほうを見ています。研究の模範はヨーロッパ人。

平野　そうですか。そういうふうに大学ごとに違いがかなりあるというお話ですが、だいぶ似てきたともおっしゃいましたね。戦後から最近はそういう方向にどんどん行っており、東洋文庫がその力になっているということは言えないでしょうか。

田中　世界的な評価でいうと、日本の東洋学研究は、欧米人から非常に尊敬されています。戦後にアメリカの教育使節団が来て、日本の学問について調査し、アドバイスしたという逸話があります。そのときに、日本人の研究は一般的にいうと第一次資料から切断されていると結論されています。西洋史にしても、法律学にしても、何であれ、第一次資料から切断されていて、ヨーロッパ人の書いたものを翻訳するなど、どうも二番煎じに近い。ところが唯一の例外は東洋学でした。特に中国の文献を読む能力。これはもう世界一流で、中国人をしのぐものがあると言うんですね。ですからヨーロッパ人は、中国を研究する場合は、まず日本語を勉強して、日本人の論文を読むところから始めています。いまはちょっと変わりましたけど、われわれの世代から上の西洋人の東洋学研究者は、少なくとも日本語の論文は読めるんです。そして、それは東洋史学のためなんです。文学や哲学になると、感性が入ってきますから、本国人にかなわないんですが、東洋史学はストレートに資料を分析するロジカルな問題だから、あまり国境の差がないわけですね。中国人が読もうと日本人が読もうと、ヨーロッパ人が読もうと、論理的な読み方にはそんなに差別はないわけです。しかも、漢文を読む能力というものは、先祖代々、ずっとDNAのようにわれわれの体に染みついていますから。訓読ですが、文章を正確に読む能力はある。論理の部分だけでしたら、訓読でも十分消化できるんですね。体に染みついている漢文読解能力。そういうわけで、日本の学問の中では最も実りの多い学問として国際的に認められていると思います。

デジタル化の推進と課題

濱下　近年では、東洋文庫の資料をより研究に役立てるという観点から、目録をデータベース化して提供することに加え、論文のデータベース上での検索を可能にするという課題も、国際的な発信を強めたり研究の基礎部分を高めるという観点から、大変重要ではないかと思っています。

平野　私は最近までアジア歴史資料センターのセンター長をやっておりました。そこでは近代日本の対アジア関係の公文書を網羅的にデータ化して公開することを行っています。それが思いがけない研究の促進につながっているということを実感しておりました。要するに、今まで思ってもみなかったような横断検索ができるようになったということです。私も自分の専門である国際関係論で、キーワードである国際関係とか、国際法とか、「国際」という言葉がいつごろ日本語になったのかを検索して調査し、小さい論文を書いてみたことがあります。デジタル化というのは、最近の研究のすごい道具になっていると思います。

山川　研究部のいろいろな研究成果も、最近デジタル化を進めていますね。

田仲　そうですね。デジタル化については、本書に詳しい文章を載せますので、そちらを参照いただければと思います。東洋文庫のデジタル化は、約二十年前の九四年から始まりました。そのころ、コンピュータ化が進んで、すべての図書館がオンライン化を導入し始めました。それまでカードで管理していたのを、コンピュータの上でオンライン検索する。そういう検索方法にどんどん切り替わってきたわけです。九四年というと、どちらかというと遅いくらいかもしれません。

平野　東洋文庫のデータベースは、アクセスがずっと高い水準を維持しています。世界的に発信できているということの証明であろうと思います。ウェブサイトアクセスは更新頻度の問題もあり、なかなかコンテンツが増えないものですから、アクセス数も伸び悩んでいるようですが。

田仲　コンテンツは次々とリニューアルしていかないと、アクセスする人が飽きてしまうわけですね。この間と同じページだったら行かないですよ。

平野　書誌データはほぼ完成したのですね。

田仲　はい。もうほぼ出来上がっている状態ですので、これ以上伸びないです。

平野　ですが、サイトアクセス数だけでなく、検索数も加味して、東洋文庫全体でのアクセス数で見ていくと、これからもどんどん増えていくという展望ができます。

田仲　ただ、検索機能については今後の大きな課題です。検索機能が充実していないと、今後データが増えてくるとますます見にくくなってしまいます。本当に探したいものが検索できないわけです。それが今後の最大の問題です。今まではとにかく、ものめずらしいからみんな見てくれました。でもこれからは検索機能がついていないといけません。それぞれの研究班で、データベースを作る組織が必要になってくるかもしれません。

それには、研究者がいなければどうしようもありません。研究者のいない図書館というのは、全く保存するだけになってしまいますから。ですから、これからはデータベースが勝負の分かれ目だとすると、研究部がもっとタッチしないと駄目ですね。図書館職員はデータベースを制作するノウハウはありますが、学問的な専門知識はありません。つまり、中身はわからないままに、とにかく入力しているだけです。そのデータを加工して、利活用に有効な検索機能までつけて完成させるのは、研究者の仕事なんです。

斯波　これまでは、書誌さえ作ればサービスは終わりと思っていましたが、話が違ってきたわけですね。図書館の業務のなかで電子化が果たす役割は、これからも若い世代の利用者を中心として広がり、さらに国際的なサービスの授受の問題にもつながってくると思われます。新館の落成を機会として公開と普及にいっそう力を入れようとしていた時期と、電子化の普及推進とが並行してきた感じです。まだ試行錯誤もありますが、アクセスの推移をみていると、だんだんとユーザーとの距離が縮まっていることをじかに実感しています。

田仲　いまは図書館で本を読む人が少なくなっていますから。東洋文庫も、これだけの規模の図書館で、一日に十人程度しか来ないんです。ところがデータベースのほうは、一日一万人、六万件アクセスがあります。ですから、これだけの世界的コレクションであるなら、電子図書館の機能を備えないと、実力が発揮できないということです。そこをどうするかには、一種の危機意識があります。

平野　利用料は取っていないわけですね。ネットに上げた資料はどんどん使われることになる……。

山川　ネット上で課金をするところもありますが。

田仲　いまは無料でやっているんです。パッケージを作って、ある部分からは有料にするというやり方もあり得るんですが、補助金をもらって公費でやっていることですので、そこでお金を取るというのは……。しかし、これからますますデータベース化や電子図書館の財政面の負担が大きくなってくると、そういうことをやらないといけないかもしれません。

平野　いま東洋文庫で刊行している研究論文も、データベース化が始まっています。ますます検索の要請が強まってくる一方で、全く無料でするというのは難しいかもしれませんね。

ミュージアムと新館で保存と公開をリードする

山川 最後にミュージアムの話ですが。

平野 ミュージアム新設の一番の意図は、専門家が独占していた良い本を広く開放するということだと思います。研究者が専門研究に使うめずらしい資料を一般の人々が展覧できるようになったことが新しいことですね。こういう資料を使って今まで研究してきたのだと一般の人が知ることだけでも、研究が新しい展開をしていくのではないでしょうか。もう少し具体的には、青少年に面白い本、歴史の深味がある本をどんどん見てもらって、未知の世界に案内する。驚きを感じてもらって、あわよくば東洋学に進む人がその中から出てきてほしいという狙いもありました。もうひとつの目的としては、東洋文庫がミュージアムをつくることで、今までになかった、言ってみればミュージアム効果というものが生まれるのではないかという狙いがあったと思います。実際、ミュージアムがオープンしたときには、かつて日本になかった、全く新しい文化空間が突如ここに出現したという印象を皆さんが持たれたと思います。特にモリソン文庫をああいうふうに集中展示したことは、素晴らしかった。今でもあれを

CMのバックに使いたいなどの申し込みがあって、思いがけない収入源にもなっているのではないかと思います。あとは、冒頭で濱下さんも言われましたが、文化財としての書物ということを、これほど感じていただけるところはないと思うのです。さきほどのデータベースのお話のとおり、いまはデジタル時代なのですが、そんな時代だからこそ、本が文化をつくり、維持し伝えてきたという、そういう歴史を再認識することができる。そういう効果が生まれていると思います。

山川　文庫は創設のときから、本を集めるだけではなく、それを活用して研究をするという理念があり、研究所と図書館を兼ねた「研究図書館」だとずっと言ってきました。そこにミュージアムが加わったわけです。いま一般的になりつつある、MLA（Museum, Library and Archive）という考え方がありますね。奇しくもそれに近づいてきたなと思います。

平野　LとAはもともと東洋文庫にあったわけですが、MLAという表現で新しいMが一番前に出ることになりました。

山川　これからの課題としては、先ほど平野先生がおっしゃった当初の目的のなかでも、若者への普及です。若い人を連れてくるというのは、なかなか言うは易く行うは難しで、実際に来てくれる方は中高年の方が多いので、これはひと工夫しないといけないですね。

平野　そうですね。小石川中学・高校などから、若い学生生徒がもっと来てくれるといいのですが。

山川　それから、ミュージアムと同時に、書庫の建て替えもしています。耐震問題もありましたし、物理的に書庫が満杯になっていて、かなり切迫した問題でした。

　こちらの目的は、何といっても貴重な図書をしっかりと保管して、次の世代につなげることです。これはもう一番の基礎的な使命です。その使命を具体的なかたちにすると建物になってくるわけです。ですから、地震や火事、盗難などの天災や人災に備えつつ、湿度や光の管理などの保存環境を整えるということが必須でした。その結果、少なくとも現代では最高水準の建物ができました。

田仲　もう十年以上も前から、書庫の状態はますます厳しくなっていました。書架の上にも間にもどんどん書籍を配架していました。窓際にもたくさん本を置いて、湿度がどんどん上がってきて、夏になると除湿器の下に水がものすごくたまっていました。それでも、書庫はもう増やせないから、書架を増すしかありません。それで、ほとんど足の踏み場もないぐらいに、あちらこちらに書架を入れました。もともと書架のなかった閲覧室にも入れたんですが、広い空間で柱がないので、設計上無理があると言われました。それでも端のほうなら大丈夫だろうと、無理矢理端のほうに入れましたが、当然ながら危険性が伴うわけです。そういうひどい時代もありました。

斯波　蔵書は毎年一万冊ずつぐらい入ってくるから、すぐいっぱいになるんです。モリソン文庫と岩崎文庫という最重要の資料と、比較的新しい資料をどうバランスよく保管するかは常に頭の痛い問題でした。書庫をきちんと建てて、整然と運営したいと思っておりましたが、今回、ようやくそれが実現しました。

平野　ミュージアム開館記念のときに「時空を超える本の旅」という企画展示を行いました。それからいままでに、八つの企画展を行いました。企画展ですが、東洋文庫のは実はすべて常設展なのです。つまり、東洋文庫の蔵書・所蔵品だけでこういう企画展が次々にできるということです。もちろ

東洋文庫で行われた企画展

1	時空をこえる本の旅
2	東インド会社とアジアの海賊
3	ア！教科書で見たゾ
4	もっと北の国から――北方アジア探検史
5	マリーアントワネットと東洋の貴婦人
6	仏教――アジアをつなぐダイナミズム
7	トルコ――日本・トルコ国交樹立90周年
8	岩崎コレクション――孔子から浮世絵まで

（2014年11月〜東洋文庫創立90周年まで）

ん多少他所からお借りしてきているものはありますが。通常ミュージアムの企画展は、たとえばゴッホ展は、世界のあちこちからゴッホの作品を借りてきて展示することになります。しかし、東洋文庫では企画展でありつつすべて常設展なのです。これも東洋文庫のコレクションの素晴らしさだと思います。そうやって東洋文庫が所蔵している書籍を公開しているわけですが、同時にそれは蔵書・所蔵品を可視化することにもなっております。可視化することによって、いままで研究員の方々も考えつかなかったような、東洋文庫の蔵書の体系的な把握があらためてできるようになってきているのではないか。それによって、新しい研究の視点も生まれつつあるのではないかと思っています。

斯波　いま皆さんがご発言をいただいた四方山の座談から、待望の新館が落成し、新装成ったばかりの東洋文庫が、研究の推進、図書の収集、公開と普及という責務を果たす上で、どういう努力に従い、どういう目標に立ち向かいつつあるかについての概要を、ひとわたりお伝えすることができかと存じます。ご参加いただいた皆様、貴重なお話をいただき、どうもありがとうございました。

東洋文庫図書資料のオンライン検索及びデジタル化の歩み

田仲一成　TANAKA Issei

1．計画及び準備（一九九四―一九九五年度）

一九九三年度末（一九九四年三月）に電算化計画を策定し実行する組織として、電算化実行委員会が発足した。メンバーは、理事長、ユネスコ・アジアセンター所長、研究部長、図書部長、総務部長、総務課長、ユネスコ研究員、同室長、文庫研究員三名、図書部司書二名、総務課広報担当職員一名、合計十四名である。一九九四―九五年度の文部省の科学研究費研究成果公開促進費の助成を受け、「東洋学情報システム」の構築に着手した。当初の目標は、通常の和文、ラテン文字とは異なるアラビア語などのアジア諸言語で表記された文献のデータベースを作成することにあった。この事業が本格的に作動したのは、一九九五年度末（一九九六年二月）からである。当時、検討された事項は、次のとおりである。

Ⅰ．設備

１．東洋文庫内のネットワークの構築：総務部、研究部、図書部に分散設置されているコンピュータをイーサーネットで統合。

２．外部とのネットワークの接続：東京大学大型計算機センターに設置されていた学術情報センターのサイネットに接続。

３．上記の事業に要する初期設備投資の費用調達の方策：科学研究費、及びユネスコ・アジアセンターの支援による。

Ⅱ．データベース化の対象

１．図書目録：刊行されている東洋文庫蔵書目録

特殊文字（アラビア語・ペルシャ語）をそのままの文字で入力する。その他の文字は、ラテン文字に一括して書き直す。

２．東洋文庫の刊行物（東洋学報・メモワール）の目次

３．文献目録、研究者名簿

III. 資料入力の方法

1. 内部入力：新規購入資料の書誌データは、図書部職員が担当、遡及入力は、臨時職員の担当とする。

2. 外部委託：蔵書目録の書誌データの入力は、外部業者に委託する。単価の設定は、和文、洋文を基本とし、特殊文字は、割り増して支払う。

IV. 公開の方法

1. CD－ROM：東洋文庫の定期刊行物の一つとして位置づける。

2. ホームページからのインターネットによる公開：ホームページが整備され次第、順次に実施する。

V. ホームページの開設

担当は、研究部とユネスコ・アジアセンターとし、下記の内容を登載する。

1. 東洋文庫の要覧、利用方法

2. 東洋文庫関係者の名簿

3. 広報：研究会、講演会、展示会、特別講演会、東洋学講座、懇談会など

4. ユネスコ・アジアセンターの記事

以上、Ⅰ～Ⅴの検討の過程で、最も重視されたのは、Ⅰ―3の設備投資の費用捻出の問題である。科研費の獲得には成功したが、設備費は、別途、調達しなくてはならなかった。この点において、ユネスコ・アジアセンターの果たした役割は大きい。

2．入力作業の着手（一九九六―二〇〇〇年度）

（1）初期準備段階（一九九六―九八年度）

以上の検討を経て、一九九六年度から、データ入力の作業を開始することとなった。作業は、次のような業務分担のもとに、実施された。

（一）目録データベース（オンライン検索）の構築。

（1）図書部

1．特殊語、及び欧文のカード目録（一部は冊子目録）から入力を始める。

（アラビア語図書、ペルシャ語図書、オスマントルコ語図書、ウイグル語図書、カザフ語図書、イン

ド関係欧文図書、辻文庫図書、東南アジア関係欧文図書、中央アジア関係欧文図書、チベット語文献など）

2．漢籍、和漢書についても新刊のものから、カードを順次、データベースに変換する。

3．既刊の和漢洋書籍の目録については、外部に委託して入力作業を進める。（岩崎文庫貴重書目録、経史子集各部漢籍分類目録、洋書目録、藤井文庫目録、朝鮮本漢籍目録など）

4．入力を担当する臨時雇用の職員は、延一〇〇〇人を見込む。謝金は、科学研究費による。

5．新規購入資料の入力は、常勤職員が担当、遡及入力は、臨時雇用の職員が担当する。

(2) 近代中国研究室

近代中国研究室収集書については、内部入力、外部委託ともに主として同研究室が担当する。

(3) 榎文庫目録編集室

榎文庫については、編纂時の入力データを図書部に提供する。

（二）研究部：研究性の高いデータベースの構築

1．書誌解題

2. 古典テキストの全文データ

（三）ユネスコ・アジアセンター：情報提供型のデータ・ベースの構築

1. アジア歴史研究者ディレクトリー（研究者名簿）
2. インド学仏教学研究者ディレクトリー
3. 中央アジア研究文献目録
4. 中東イスラム研究文献目録

（2）データ入力初期段階（一九九九—二〇〇〇年度）

上記の初期準備段階（二〇〇九年九月）において、入力したデータは、表ⅠA・ⅠBのとおりである。和漢洋書において、一一％、特殊語において、五四％という進捗率である。ようやく形を成してきたが、まだ公開できる数量に到達していない。

3. インターネットによる公開（二〇〇〇—二〇一四年度）

二〇〇〇年度に入り、入力できた範囲で、不完全でもインターネットにUploadして公開する

表IA　和漢洋書入力数（2000.9.27）

	書架分類名	入力件数	資料概数
1	洋書	3,294	66,309
2	漢籍	16,898	84,242
3	中國新学書	3,735	59,416
4	朝鮮本	377	4,145
5	和書	1,767	64,948
6	岩崎貴重書	6,000	7,953
	合計	32,071	287,013

表IB　特殊語入力数 (2000.9.27)

	書架分類名	入力件数	資料概数
1	アラビア語	8,500	15,592
2	アゼルバイジャン語	74	74
3	岩見文庫ペルシャ語	1,826	13,671
4	ペルシャ語	5,092	
5	トルコ語	6,887	11,117
6	オスマントルコ語	1,291	1,528
7	トルコ語系諸語	8	8
8	トルクメン語	31	31
9	チベット語	860	4,080
10	モンゴル語	161	1,606
11	タタール語	5	5
12	カザフ語	440	440
13	キルギス語	32	32
14	ウズベク語	64	64
15	ウイグル語	1,026	1,026
16	ウルドゥー語ヒンドゥスタン語	623	623
17	スゥインディ語	144	188
18	カルムイク語	1	1
	合計	27,065	50,086

方針に転じ、まとまりの良いものから順次、公開していった。次の段階を踏んで実施した。

（1）第一期公開段階（二〇〇〇―二〇〇一年度）

この期間、ユネスコ・アジアセンターの閉鎖などの問題が持ち上がり、公開を急ぐ必要に迫られ、入力に全力を傾注した。その結果、表ⅡA・ⅡBのように、かなりの数のデータをホームページから公開した。

榎文庫の総合と分類の重複を除くと、この間の合計、十五万七五三三件の書誌データを公開した。これは所蔵文献九十万件全体の六分の一をカバーしたことになる。これがその後のデジタル化の基礎となった。

またこの期間に江戸東京博物館において開催された『世界の中の江戸・日本』展に出品していた本文庫資料のマイクロフイルム（『展観図録』掲載画像）が返還され、これを画像データとして公開する案について検討された。またこの時期、通産省、郵政省の指導による画像公開の方針が示され、東洋文庫としてもそのネットワークに参加する方向で検討が行われた。ただ、準備不足のため、この期間中に公開したのは、刊行物『書報』に掲載された香港の次のものにとどまる。

表 IIA　東洋文庫書誌データ公開変遷表（2000-2001 年度）

年	月	DB 名称	件数	増加件数
2000	7	欧文図書検索（近中）	2,638	
				2,638
2001	2	辻文庫	7,218	
	3	漢籍オンライン	84,512	
	7	ペルシャ語図書検索	14,581	
	7	アラビア語図書検索	15,592	
				121,903
	9	中文逐次刊行物	5,078	
	9	チベット語文献（河口）	400	
	9	チベット語文献（LC 本）	3,680	
	9	榎文庫（総合）検索	9,913	
	9	榎文庫（分類）検索	9,913	
	9	韓国朝鮮語資料	4,145	
	10	モリソンII・ベラルデ文庫検索	3,778	
	11	近代日本関係日本語文献目録	6,000	
				42,907
		合計	167,448	167,448

表 IIB 東洋文庫画像データ公開変遷表（2001 年度）

年	月	全文	単独画像	動画
2001 年	7 月		香港銅版画、水彩画	

（2）第二期公開段階（二〇〇二―二〇〇六年度）

この時期に、電算化を推進してきた研究員の人事異同があり、この事業の責任が研究部から図書部に移行した。これに伴い、従来の電算化実行委員会は、廃止され、新たに発足した部長会直属の電算化委員会（委員長は理事長、事務局長は図書部長）が責任を負うことになり、その下部に設けられたデータベース小委員会（委員長は図書部長）が実務の立案、遂行に当たることになった。CD―ROMによる公開は、学界への普及効果が低いため、以後は行わないことにした。また、従来、研究部とユネスコが共同して運営してきたホームページは、電算化委員会の下に設けられたホームページ小委員会（委員長は、総務部長）が管掌することになった。この五か年間に、外注入力によって多数の書誌データベースが構築され、公開された。表ⅢAのとおりである。

この期間においては、語彙による検索だけでなく、分類による検索を付加するように努めた。また、この期間中に先に江戸東京博物館から返却された画像フイルム、及び二〇〇三年に丸ビルにおいて開催された『（創立八十周年記念）東洋文庫名品展』の『展観図録』に掲載した資料の画像フイルムに基づき、表ⅢBの画像データを公開した。

表 IIIA　東洋文庫書誌データ公開変遷表（2001-2006 年度）

年	月	DB 名称	件数	増加件数
2002	2	日本文図書検索（近中）	16,846	
	4	キルギス語図書リスト PDF	17	
	4	ウイグル語図書リスト PDF	400	
	4	カザフ語図書李リスト PDF	200	
	6	榎文庫欧文検索	5,214	
	9	現代トルコ語図書検索	11,412	
				34,089
2003	1	日本文図書分類検索（近中）	16,846	
	1	オスマントルコ語図書リスト PDF	1,375	
				18,221
2004	1	続修四庫全書	6,231	
	2	日文逐次刊行物	2819	
	3	岩崎和書貴重書	4,308	
	4	ビルマ語図書検索	665	
	9	インドネシア語マレーシア語図書検索	333	
				14,356
2005	1	藤井文庫検索	1,444	
	2	モンゴル語資料検索	1,606	
	8	洋書総合	66,409	
	9	ラテン文字資料	92,869	
				162,328
2006	5	欧文逐次刊行物	2,638	
	5	韓国朝鮮語逐刊	845	
	5	オスマントルコ語図書検索	1,754	
	5	南アジア諸語（アラビア文字）	3,693	
	5	スインディ語図書検索	188	
	5	タイ語図書検索	933	
	5	大正図書（和漢書）	1,767	
	5	キリル文字資料検索	12,895	
	5	中国語図書検索（近中）	61,621	
	5	中國語図書分類検索	61,621	
	7	アラビア語図書検索	16,052	
	7	ペルシャ語図書検索	14,581	
	7	和図書検索	66,636	
				245,224
			474,218	474,218

表 IIIB 東洋文庫画像データ公開変遷表 (2002-2006 年度)

年	月	全文	単独画像	動画
2005 年	9 月	岩崎善本		
	9 月	岩崎総合		
	10 月		中華帝国図等	
	10 月		江戸百景・風景画	
	10 月		江戸地図	
	10 月		梅原考古写真	

表 IVA　東洋文庫書誌データ公開変遷表（2007-2011 年度）

年	月	DB 名称	件数	増加件数
2007	2	モリソンパンフ検索	8,300	
	2	大正図書（洋書）	5,993	
	7	欧文分類検索	96,948	
				111,241
2008	6	漢籍資料（大蔵経）	6231	
	8	漢籍統合	84,242	
	10	日本文図書分類検索（近中）	18,579	
				109052
2009	2	越南本漢籍	439	
	6	朝鮮本漢籍	4308	
				4,747
2010	3	所蔵電子資料 CD-R 検索	105	
	3	拓本	3,104	
	8	モリソン文庫資料検索	17,302	
	10	西アジア図書分類検索	52,291	
	11	モリソン文庫分類検索	15,318	
				88,120
		合計	313,160	313,160

表 IVB　東洋文庫画像データ公開変遷表 (2007-2011 年度)

年	月	全文	単独画像	動画
2007 年	11 月	モリソンパンフ		
	11 月	宣教師文書		
	11 月	旅行記		
	5 月		奈良絵本・挿絵	
	9 月		浮世絵・美人画	
	9 月			香港祭祀・演劇
2009 年	1 月			中國儺戲
	3 月			中國地方劇
2010 年	2 月			中國目連戲

（3）第三期公開段階（二〇〇七―二〇一一年度）

この五か年間における書誌データの年次ごとの公開状況は、表ⅣＡのとおりである。

ここまで第一期から第三期まで、公開したデータ件数は、延九十五万四八二六件（分類検索の付加による重複を含む）に到達し、これによって、文庫の書誌データのオンライン公開の事業は、ほぼ完了し、従来、閲覧室に置かれていたカード目録は、撤去された。これに伴い、データの入力公開の重点は、画像データに移行する。この期間中には、画像の撮影、入力を本格化させ、また、はじめて動画を公開した（表ⅣＢ）。

振り返って、一九四八年以来、二〇〇八年度まで、支部契約に基き、六十年の長きにわたり、文庫の図書業務の運営にあたった国会図書館が、データベースの基礎となった目録の編纂（カード目録および冊子目録）に果たした役割は、極めて大きかった。データベースの公開に着手した二〇〇一年度以降だけをとってみても、戸張正雄館長、黒澤隆雄館長、長尾真館長、大滝則忠副館長（現館長）、安江明夫総務部長、生原至剛総務部長、吉永元信総務部長、塚本孝総務部副部長、矢部明宏総務課長、相島宏文庫長、井坂清信文庫長、渡邊幸秀文庫長、中善寺慎係長（和漢書目録）、沢崎京子司書（和漢書目録）、辺見由起子司書（洋書目録）、大沼宜規司書（岩崎文庫目録）、坂和さゆり司書（洋書目録）、黒木大志郎司書（特殊語目録）、田中亮之介司書（洋書目録）、本田麻衣子司書（特殊語目録）、中村邦子司書（洋書目録）、新谷扶美子参事（中国近現代書目録）などの方々に格別のお世話になった。特に契約終了後の二〇〇九―二〇一一年度においても交流が継続され、この期間に、それまで一般洋書のなかに混入配架されていたモリソン文庫の洋書を抽出して、独立のデータベースにまとめて公開する作業が中村邦子司書によっておこなわれた。これは、二〇一一年度に開館したミュージアムの常設展示に大きな貢献を果たした。

（4）第四期公開段階（二〇一二―二〇一四年度）

この期間において追加したものは、表ＶＡ・ＶＢのとおりである。この期間において、もっとも重要なデータは、故山本達郎博士寄贈書である。これにより、ベトナムを中心とする南方史文

表 VA　東洋文庫書誌データ公開変遷表（2012-2014 年度）

年	月	DB 名称	件数	増加件数
2013	12	山本達郎博士寄贈書検索	7,999	
				7,999
2014	9	ベトナム語図書検索	380	
	9	中国経社会経済史用語データベース	9,522	
				9,902
		合計	17,901	17,901

表 VB　東洋文庫画像データ公開変遷表 (2012-2014 年度)

年	月	全文	単独画像	動画
2014 年	2 月		中国祭祀演劇関係写真データベース（30,000 枚）	

献が格段の充実を見た。また、「中国社会経済史用語データベース（宋代史研究班編）」、「中国祭祀演劇関係写真データベース（東アジア資料班編）」は、研究部の作成にかかるもので、いずれも多数のキーワードを擁した検索機能を備えている。

4. アクセス状況

上記の公開データベースに対する国内外の利用者によるアクセスは、二〇〇二年二月に統計を取り始めた時点では、訪問者数、毎月わずか二〇〇〇人程度であったものが、データの充実に伴って増加し、十四年を経た二〇一四年九月現在において、毎月三十五万人、当初の一七五倍に達している。その変遷は、図1に示したとおりである。

図1　データベース訪問者数変遷表（2002.2-2014.9.30）

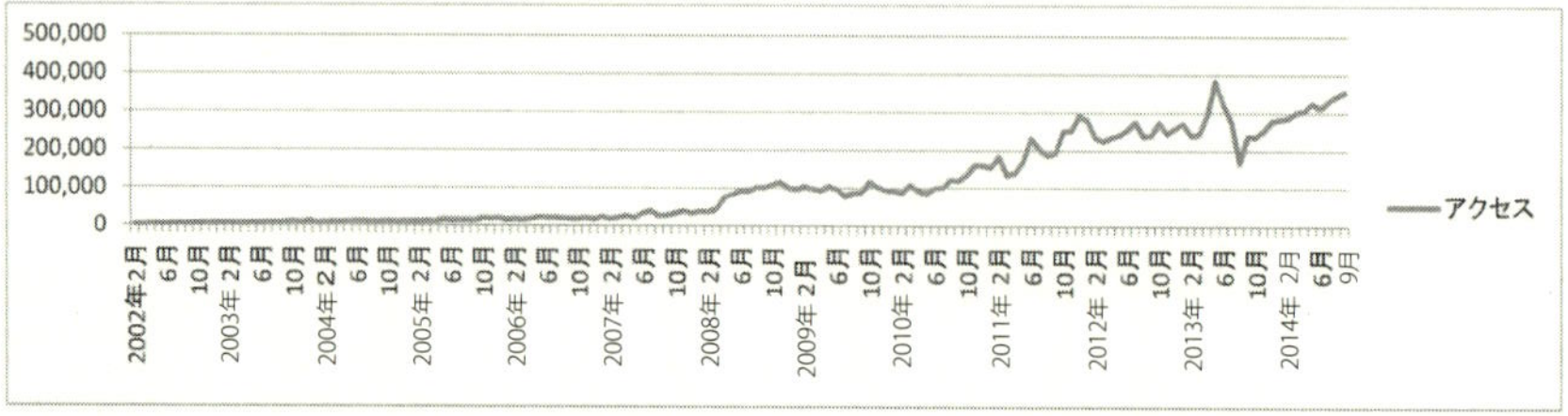

年月	アクセス
2002年2月	2,077
3月	2,144
4月	2,613
5月	2,937
6月	3,242
7月	3,543
8月	3,443
9月	3,485
10月	3,844
11月	3,915
12月	3,874
2003年1月	4,596
2月	4,465
3月	4,252
4月	3,796
5月	4,573
6月	4,680
7月	5,257
8月	5,347
9月	6,453
10月	8,276
11月	5,359
12月	10,092
2004年1月	5,573
2月	6,436
3月	7,463
4月	7,516
5月	7,830
6月	8,671
7月	8,762
8月	7,784
9月	8,098
10月	9,450
11月	8,428
12月	9,312
2005年1月	8,923
2月	9,181
3月	10,338
4月	8,939
5月	13,992
6月	13,725
7月	13,586
8月	12,988
9月	12,772
10月	18,242
11月	17,340
12月	19,439
2006年1月	13,854
2月	16,676
3月	15,204
4月	17,646
5月	20,843
6月	19,987
7月	20,162
8月	19,536
9月	17,837
10月	17,978
11月	20,362
12月	17,012
2007年1月	23,187
2月	17,704
3月	20,942
4月	24,298
5月	20,578
6月	32,313
7月	38,640
8月	25,246
9月	27,489
10月	32,082
11月	38,571
12月	32,011
2008年1月	37,075
2月	36,854
3月	43,695
4月	74,450
5月	82,318
6月	92,221
7月	91,276
8月	101,084
9月	101,026
10月	109,544
11月	115,400
12月	99,671
2009年1月	96,881
2月	103,916
3月	98,236
4月	91,960
5月	105,179
6月	95,409
7月	78,211
8月	85,151
9月	87,404
10月	116,041
11月	102,340
12月	93,020
2010年1月	91,225
2月	86,261
3	108,561
4月	90,869
5月	84,941
6	99,602
7月	101,204
8月	123,114
9月	120,135
10	135,505
11月	162,201
12	161,162
2011年1月	156,112
2	184,322
3月	135,191
4月	141,728
5月	171,325
6月	231,964
7月	204,589
8月	187,183
9月	193,737
10	251,315
11月	251,941
12月	291,166
2012年1月	279,767
2月	234,983
3月	224,380
4月	234,599
5月	241,804
6月	254,094
7月	275,036
8月	238,610
9月	239,802
10月	274,890
11月	244,701
12月	259,961
2013年1月	271,541
2月	240,245
3月	243,160
4月	293,934
5月	383,201
6月	320,291
7月	274,686
8月	168,712
9月	238,288
10月	236,936
11月	252135
12月	277,385
2014年1月	283,442
2月	285,483
3月	300,319
4月	305,551
5月	325,534
6月	312,565
7月	330,860
8月	343,116
9月	355,060

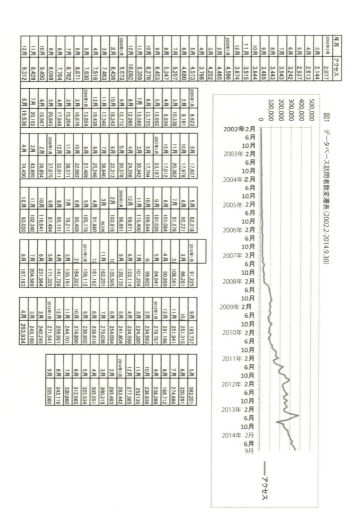

図2　データベースアクセス数（訪問者数+検索数）統計表（2009.6-2014.9.30）

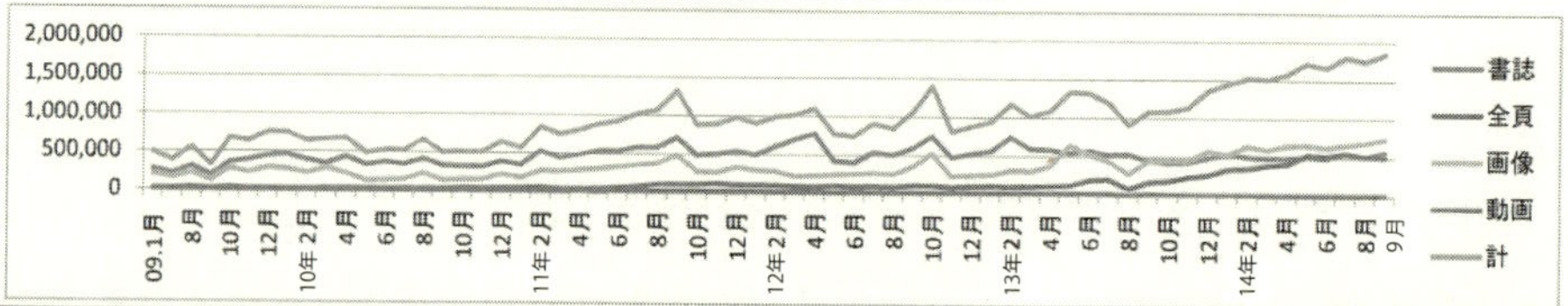

年月	書誌	全頁	画像	動画	計
09.1月	270,087	14,160	203,913	1,542	489,702
7月	213,042	11,428	158,776	655	383,901
8月	304,665	28,095	219,967	758	553,485
9月	191,306	12,048	123,732	525	327,611
10月	358,193	31677	282,751	1,177	673,798
11月	391,883	16,647	231,062	643	640,235
12月	448,617	15,284	290,300	838	755,039
10.1月	463,622	17,239	273,154	749	754,055
2月	396,614	17,733	227,559	872	642,778
3月	350,807	22,712	287,670	1,542	662,731
4月	437,592	23,654	224,832	1,126	687,204
5月	337,844	21,272	129,966	1,995	491,078
6月	368,503	21,882	137,732	1,980	530,097
7月	344,308	25,648	150,495	1,942	522,393
8月	414,711	26,449	228,533	1,542	671,235
9月	332,480	25,354	141,911	2,260	502,005
10月	321,033	36,527	148,194	2,133	507,887
11月	318,349	32,559	152,226	2,353	505,487
12月	389,413	36,600	222,606	2,254	650,873
11.1月	350,561	42,473	178,100	2,643	573,777
2月	528,265	49,684	267,135	3,076	848,160
3月	444,723	35,991	261,933	10,448	753,095
4月	483,553	33,419	281,931	11,401	810,304
5月	538,480	37,659	299,840	8,323	884,302
6月	536,857	50,539	323,981	11,812	923,185
7月	585,901	69,247	354,054	12,161	1,021,364
8月	588,299	102,730	370,753	11,567	1,073,349
9月	720,440	103,352	488,973	14,069	1,326,834
10月	494,416	100,635	272,695	17,493	885,239
11月	507,805	112,907	265,078	11,509	897,299
12月	546,135	98,970	333,179	10,585	988,869
12.1月	501,013	99,831	293,907	15,389	910,140
2月	608,741	94,703	281,841	13,058	998,343
3月	706,635	83,022	223,007	11,507	1,024,171
4月	780,823	81,004	226,776	13,182	1,101,785
5月	426,171	93,022	244,633	11,114	774,940
6月	404,380	85,034	249,530	12,058	751,002
7月	541,677	88,684	267,399	13,221	910,885
8月	508,819	79,958	253,974	10,148	852,899
9月	596,497	101,320	357,394	11,610	1,066,731
10月	755,680	104,069	529,169	14,005	1,402,923
11月	482,044	85,325	235,801	11,350	814,520
12月	527,537	92,408	249,367	12,129	881,441
13.1月	565,557	104,210	261,727	13,074	944,568
2月	750,958	98,905	314,256	12,956	1,177,075
3月	596,037	101,342	308,660	12,107	1,018,146
4月	586,958	111,990	376,063	14,446	1,089,457
5月	544,804	124,925	653,720	14,649	1,338,098
6月	578,074	201,186	529,009	15,449	1,323,718
7月	529,445	210,167	447,723	12,624	1,199,959
8月	534,705	90,941	285,521	6,239	917,406
9月	455,642	174,383	445,816	11,528	1,087,369
10月	426,575	191,125	460165	10,815	1,088,680
11月	435,736	244,198	454,335	11,578	1,145,847
12月	497,887	271,714	584,283	13,113	1,366,997
14・1月	546,850	350,109	545,380	12,150	1,454,489
2月	510,468	356,439	649,405	14,262	1,530,574
3月	494,315	402,192	605,754	14,008	1,516,269
4月	495,436	418,987	656,477	13,582	1,584,482
5月	514,040	533,872	666,092	13,181	1,727,185
6月	499,317	523,668	632,815	13,303	1,669,103
7月	557,958	562,839	670,354	13,527	1,804,678
8月	516,920	524,412	700,671	13,705	1,755,708
9月	579,044	515,967	743,906	15,580	1,854,497

また二〇〇九年一月から統計を取り始めた検索数においては、二〇〇九年一月に四十八万九〇〇〇件であったものが、五年半を経た二〇一四年九月において、一八五万四〇〇〇件、三・八倍に達している。図2のとおりである。

5. 今後の方針

本文庫のデジタル化計画は、上述のとおり、一九九四年に発足して以来、すでに二十年になる。この間、文部科学省助成課、及び日本学術振興会から毎年、連続して安定した補助金を受けることができた。その対象も、当初の書誌データから、画像データ、全文データ、動画データなどに拡大し、「東洋学諸言語のマルティメディア電子図書館情報システム」の構築を指向してきた。しかし、岩崎文庫、モリソン文庫、梅原考古資料など、大量の貴重資料の全文デジタル化は、まだ緒に就いたばかりである。また、コンテンツについて言えば、メタデータを附し、カテゴリー検索機能を備えたデータベースをより多く開発し、提供してゆかなければならない。このように重要な課題が残されており、その達成のためには、なお、多くの経費と時間を必要としているが、今後もできるかぎり、早期の電子図書館の完成を目指して努力を続けたい。

第2部　東洋学の宝庫、東洋文庫へのいざない

奇跡の書
——東洋文庫蔵ジョン・セーリス『日本渡航記』の書物学的考察

平野健一郎　HIRANO Kenichiro

東洋文庫はジョン・セーリスの『日本渡航記』原本（*The First Voyage of the English to the Islands of Japan*, by John Saris）を所蔵している。これはどのような書物であり、どのような由縁で東洋文庫に所蔵されているのであろうか。

1．日本最初の英国商館を開設したジョン・セーリス

ジョン・セーリスは、一六一三年、英国国王ジェームズ一世の特使として平戸にやってきて、日本初の英国商館を開いた人物である。したがって、二〇一三年は日本と英国の交流が始まって

四〇〇周年に当たる年であった。いうまでもなく、日本に最初にやってきたイギリス人はウィリアム・アダムズである。徳川家康に重用されて、死ぬまで日本に留まり、三浦按針として有名になったアダムズが日本に来たのは、リーフデ号で豊後に漂着した一六〇〇年四月であった。ただし、それはオランダ船の船員としてであったから、日英間に公式の交流関係を開いたのは国書を交換したセーリスということになる。

セーリスは一五七九年か一五八〇年にロンドンに生まれた。イギリス東インド会社に就職し、同社の第八回東洋航海の司令官として、クローブ号（The Clove）など三隻の船団で、一六一一年四月十八日にイギリスを出帆した。日本で貿易を行うことが目的であった。アダムズが日本にいることは一六〇一年にはヨーロッパに知られ、アダムズ自身が故国に送った手紙で、対日貿易の機会が豊かであること、アダムズが家康の寵遇を得ていることなどが確認されていた。東インド会社は、ジェームズ一世の認可を得て対日貿易を開く方針を立て、セーリスの艦隊を送り出したのである。セーリスはジャワのバンタム（ジャワ島西端のバンテン港を中心とする町をヨーロッパではこう呼んだ。バタヴィア〔今のジャカルタ〕の西七十キロメートル）に到達すると、そこで得た情報で、直ちに日本へ向かうことを決定し、一六一三年六月十一日にクローブ号で平戸に到着したのであった。なお、その年十一月二十六日に平戸に英国商館を開設し、直後の十二月五日には平戸を離れて、翌年九月にイギリスに帰国した後のセーリスは、再び船に乗ることなく、一六四三年十二月十一日に死去した。ロンドン郊外フルハムの教会に葬られている。

セーリス『日本渡航記』は、この航海についてセーリスが残した航海日誌である。日誌は、イギリス南東部ドーバー北部のダウンズを出港した日（一六一一年四月十八日）に始まり、イギリス南西部デヴォン州プリマスに帰港した日（一六一四年九月二十七日）、すなわちセーリスのイギリス帰国の日まで、航海日誌のしきたりどおりに丹念につけられている。航海日誌にとどまらず、平戸到着時の様子から平戸滞在中の出来事までも記録されている。すなわち、平戸・松浦藩の藩主たちとの交流、平戸から駿府と江戸に赴いて、徳川家康、秀忠と謁見し、イギリス国王の親書を手渡し、家康の返書と朱印状を受け取った経緯、旅行中の日本国内の様子、英国商館開設の事情など、貴重な記録であり、日英外交史研究に貴重な史料であると同時に、近世日本社会をイギリス人の目から垣間見た史料としても貴重なものである。(1) そのような価値のある史料であるから、東洋文庫所蔵のジョン・セーリス『日本渡航記』が一九五二（昭和二七）年に重要文化財に指定されたのは当然といえよう。しかし、理由はそれにとどまらない。東洋文庫所蔵の **John Saris**, *The First Voyage of the English to Japan* は、セーリス「航海日誌」の「東洋文庫本」として世界に知られているものなのである。書物学的検討に値する貴重書である。しかも、英語の書名は、The First Voyage of the English to the Islands of Japan のほかに、The Voyage of Captain John Saris to Japan もあり、書物学的興味を駆り立ててやまない。

2. セーリス『日本渡航記』の謎

セーリス『日本渡航記』の英文原本が東洋文庫にあることに驚きと謎を感じ、その英文原本と日本語訳書に書物学的関心を抱かれた方の一人に甲斐正三という方がいる。切手収集家として著名な甲斐氏は、二〇一三年十二月五日にジョン・セーリス来日四〇〇年を記念して東洋文庫が催した「日英交流四〇〇周年記念講演会」に来場されて、筆者の講演を聴かれ、展示されていたセーリス『日本渡航記』原本もご覧になり、それに関連する文献を精力的に調べられた。そして、その結果を「日英交流四〇〇年」というエッセイにまとめられ、『英国切手部会報』(二〇一四年四月二十日号)に掲載された(2)。本稿では、甲斐氏の考察を参照しつつ、残された疑問をできるかぎり解いていきたい。

セーリス『日本渡航記』の日本語訳書には村川堅固訳『セーリス著日本渡航記』(十一組出版部、一九四四年)と村川堅固訳『セーリス日本渡航記』(雄松堂、新異国叢書6、一九七〇年)とがある。近代日本における西洋史学の泰斗村川堅固教授が、戦前から戦中の長期にわたって、セーリスの「日本渡航記」の翻訳に取り組まれたのは驚異であり、しかも日本敗戦の前年、一九四四年の九月に出版を実現されたのは奇跡である。この訳書の出版についても書物学的に関心を引く事実があるが、それについては、本書の書物学的検討の一部として後述する。一九四四年訳書の功績は、戦後日本における画期的な出版である一九七〇年版に周到に継承され、吸収されているので、セーリス『日本渡航記』の日本語訳については、われわれは安心してこの戦後版に依拠することができる。したがって、これから行うセーリス『日本渡航記』の書物学的検討においては、そこに含まれている訳者のことばや解説に大いに助けていただくが、両訳書自体は書物学的検討の対象から外すこととする。なお、本書タイトルの日本語訳にはセーリス「日本渡航記」とセーリス「航海日誌／日記」があるが、本稿では、定訳というべき村川訳にしたがって、「日本渡航記」に統一したい。

3. セーリス『日本渡航記』原本の書物学的検討

さて、セーリス『日本渡航記』原本の書物学的検討を行うとすれば、国際的な視点に立った検討が必要である。なぜなら、セーリスの日本渡航は世界にまたがる世界史的な出来事だったからであるが、その検討は日本で行われるべき国際的な作業なのである。具体的には、甲斐氏が東京で検討された英文文献に、甲斐氏が触れられなかった英文文献を二つ加えなければならない。ほかに東洋文庫が一九四一年に作成した英文原本の複製本があるが、これは検討対象から外してもよい。理由は、あくまでも複製本だからであるが、東洋文庫が当時複製本を作った事情は、これから述べる、別の書物学的事情に含まれるからでもある。そのようにして検討対象を整除すれば、リストは次のようになる。リストに加えられる二点のうち、一つは早い時期にイギリスで出版されたものであるが、もう一つは東洋文庫から刊行されたものである。

B　*The First Voyage of the English to the Islands of Japan,* by John Saris

H　*The Voyage of Captain John Saris to Japan, 1613*, edited by Sir Ernest M. Satow, London, printed for Hakluyt Society, 1900

I　イギリスインド省所蔵日誌（海事記録 Marine Records, no. xiv）

P　*Hakluytus Posthumus or Purchas His Pilgrimes, Containing a History of the World in Sea Voyages and Lande Travells by Englishmen and Others,* 1625、1905

O　*The First Voyage of the English to Japan*, by John Saris, transcribed and collated by Takanobu Otsuka, the Toyo Bunko Publications Series D, Volume III, 1941

五点の文献それぞれに符号を付している。その符号の理由と合わせて、それぞれの文献の特徴を簡単に述べると、まず、最初のBがセーリス『日本渡航記』の「東洋文庫本」である。実に美しい手書きの清書本である。本稿の書物学的考察の主要な対象であるが、符号を東洋文庫の頭文字Tとせず、Bとする理由は後で紹介したい。

二番目のHは、幕末・明治維新期の在日英国公使館員として有名なアーネスト・サトウが編んだものである。日本ではアーネスト・サトウ版と称する向きもあるが、国際的には「ハクルート版」と称されるので、符号をHとする。サトウが一九〇〇年にハクルート協会のために編集したものである。ハクルート協会(Hakluyt Society)とは、一八四六年にイギリスに設立されたブッククラブ組織であるが、航海、旅行、その他地理関係の第一次資料の学術出版を通じて、探検旅行、探検航海、地理的発見の歴史に関する知識と教育を発展させるための活動を今日も続けている。ハクルートの名前は、イギリスの海外への関心を映し出した航海記、旅行記その他の記録の収集家兼編集者であったリチャード・ハクルート(Richard Hakluyt、一五五二―一六一六年)に由来する。サトウが編集した *The Voyage of Captain John Saris to Japan, 1613* は、今日でも、ハクルート協会の出版リストに第二期刊行物の第五番としてリストアップされている。村川堅固訳はこのハクルート版、すなわちサトウが編んだセーリスの航海日誌を主要な底本としている。

一つの問題は、アーネスト・サトウが依拠した原資料は何であったか、どういう形のものであったか、という点である。サトウ自身は、その編書の序説で「インド省文書中の手書き原稿に基づいて印刷したものである」と明言している。(3) その原稿とは「インド省所蔵日誌（海事記録Marine Records, no. xiv）」で、それは「一三五フォリオからなる一冊」であった。すなわち、本稿の検討リストの三番目にあるIである。サトウがその手書き原稿を自身の目で見たことは確かであるが、「セーリス…の日誌の稿本をこの巻のために翻字して下さったのはセインズベリー嬢であり、彼女の作成した稿本を、原本と注意深く比較して下さったのは、インド省のウィリアム・フォスター氏であった」という。ここでいわれる「原本」がどのようなものであったかが問題の核である。なお、ウィリアム・フォスター（一八六三―一九五〇年）は、金井圓氏の注記によれば、インド史研究家である。フォスターの助力を得てインド省所蔵日誌を見たサトウによれば、インド省にあるセーリス自筆の手紙と比較しても、この日誌がセーリス自身の手になるものであることは間違いないが、いくつかの理由から、それは航海日誌の原本（現場本）ではなく、写本であるとのことである。その写本に貼ってある蔵書票から、写本は十九世紀半ばごろにはトマス・ベスト・ジャーヴィスという陸軍中佐が所有していたことが確かであり、その後、軍事省が購入して、一八八九年にインド省に移管されたのである。

四番目のPは「パーチャス本」ともいわれるもので、全体として、十七世紀までのイギリス人を中心とした世界旅行・航海の記録を収めた全集であるが、そのなかにセーリスの「日本渡航記」も含まれているのである。編者サミュエル・パーチャス（一五七七?—一六二六年）はイギリス・テムズ河河口のイーストウッドの住民であったが、その町に近いリー（Leigh on the Thames）は当時殷賑を極める港町であった。パーチャスは、自身旅行もしたことがない、しがない教会関係者であったが、知り合った船乗りなどから外国旅行、航海の記録を集め、原典に忠実な五〇〇〇フォリオ・ページ分の写本を、"Pilgrimage" と "Pilgrimes" という二冊にまとめていた。(4) パーチャスは、前述のリチャード・ハクルートが同種の資料を集めるのも手伝っていたといわれ、一六一六年にハクルートが死去する際には、未刊行の資料をハクルートから証書つきで遺贈されたという。パーチャスが一六二五年に刊行した資料集が、*Hakluytus Posthumus or Purchas His Pilgrimes* という不可解なタイトルを与えられたのはその故である。(5)

この「パーチャス本」の中で、セーリスの「日本渡航記」は第三巻に収められている。その三五五ページから五一九ページがジョン・セーリスの航海記録である。その最初のタイトルは「イギリス人の航海：東インド諸島を越えて、日本諸島、中国、コーチシナ、フィリピンその他にいたる航海、およびその後も続行されたインドへの航海」である。その次に「第四冊」とあるのは、*Purchas His Pilgrimes* の第一部の四冊目の意味である。すなわち、セーリスの「日本渡航記」はパーチャスによって四番目に採録されたということである。その二頁あとから「日本渡航記」の「第一章」が始まり、そのタイトルは「東インド会社によって、ジョン・セーリス艦長の指揮下に、クローヴ号、ヘクター号、トーマス号の三隻が使用され、実施された第八回航海。紅海、ジャワ、モルッカ諸島、日本に至る彼の経路とそれらの地における彼の行動（日本は住民によってニッスーンと呼ばれる。また、そこで彼が英国貿易と商館を開設し、定着させた）、およびその他極めて珍しいこと。これらはセーリス自身の日誌から集められた」とある。(6) この最後のことば、「セーリス自身の日誌から集められた」（"collected out of his owne Journall"）は、あとで五つの文献の間の相互関係を考える上に見逃せないことばである。

4. 戦時中の日本で行われたセーリス『日本渡航記』原本の翻刻と校合

リストの最後にあるOを取り上げる前に、村川堅固訳『セーリス著日本渡航記』の出版事情に戻りたい。同訳書の旧版である十一組出版部本の「訳者序」（戦後版の「訳者のことば」も同じ）に次の一節がある。

その後いくばくもなく書肆が都合あって廃業したため、せっかく一夏をつぶしてとにかく巻末まで訳了した原稿は、穴だらけのまま十余年筐底に埋もったままになっていた。しかるに昭和十五年、東京文理科大学助教授大塚高信氏が、東洋文庫所蔵の『セーリス日本渡航記』の手写本複製のことを同文庫から委嘱せられ、一日拙宅を訪問されたとき、談たまたま右の旧訳稿のことに及ぶや、大塚氏は進んで右訳稿を検閲し、その空白部の充填を試みよう、そうしてそれが終わったら、適当な出版業者の見当り次第、その公刊も計ろうと約束された。(7)

大塚教授はその後も検閲補充の仕事を進め、出版社を見つけて、村川訳の出版を実現させたのである。村川教授は、自分の訳書の公刊が可能になったのは「まったく大塚氏の一方ならぬ義侠的援助のたまものにほかならず」と甚深の謝意を表している。実際、セーリス『日本渡航記』の村川訳は大塚高信という人の好意と献身的な行為がなかったら陽の目を見ていなかったかもしれないのである。はしなくもその大塚教授が東洋文庫本の複製を東洋文庫から委嘱されていたことも右の引用文に明らかである。

大塚高信？　ひょっとしてあの人ではないだろうか。筆者が大学時代にお世話になった『カレッジクラウン英和辞典』の共編者の一人が大塚高信という名前の方であったことに思い当たった。まさしく、その大塚教授である。大塚高信教授（一八九七―一九七九年）は東京帝国大学英文科を卒業し、一九三〇年に東京高等師範学校（のちに東京文理科大学）教授となり、戦後は関西学院大学、甲南大学、関西外国語大学、京都外国語大学で教鞭を取られるかたわら、数多くの英文法、英語学の書を著し、いくつもの英語辞書の編纂に携わった方であった。

さて、Oである。これは、当時東京文理科大学英語学助教授であった大塚高信教授が、セーリスの The First Voyage of the English to Japan を翻刻し、校合して、東洋文庫の英文出版シリーズの一冊として、一九四一年に東洋文庫から出版したものである。いうまでもなく、本稿のために便宜に付した符号のOは Otsuka のOである。本稿の主要な対象は、先述のとおり、Bのセーリス『日本渡航記』の東洋文庫本であるが、主役は実にこのO、大塚高信教授がセーリス『日本渡航記』原本の書誌学的研究と復刻を行った英文書である（以下、大塚本と略称する）。先述の甲斐氏はこのOを視野に入れられなかった。すでに明らかなように、当時東洋文庫は、所蔵するセーリス『日本渡航記』英文原本の複製を行うと同時に、大塚教授にその書誌学的研究を委嘱した。大塚教授は、その研究の関連で一九四〇年に村川教授宅を訪問し、翌四一年夏には自らの書誌学的研究をまとめ、そのあと村川訳の出版に力を尽くしたのである。

このOすなわち大塚本は、大塚教授自身により、「ジョン・セーリスの日誌の手稿を、同じ日誌の別の二つの版〔すなわち、パーチャス本とアーネスト・サトウ版（ハクルート版）〕と校合しつつ、翻刻したもの」と定義されている。(8) 大塚教授は、東洋文庫本の手書きのアルファベットを間違いなく識別するために、文字一つ一つを精密に比較検討し、計三つの版を詳細に校合した上で、東洋文庫本の最初から最後までを完璧に翻刻されたのである。戦後になってからであるが、大塚教授は、創元社の「シェイクスピア研究叢書」の一冊として『シェイクスピア筆蹟の研究』（一九四九年）を、研究社出版から『シェイクスピア及聖書の英語』（一九五一年）を出版された。そのような大塚教授にとって、この仕事はお手のものであり、やりがいのあるものだったたであろう。大塚本はこれまでほとんど取り上げられることがなかったが、アーネスト・サトウ版に勝るとも劣らない翻刻本ということができる。大塚教授の労作のお蔭で、今日のわれわれは、セーリス『日本渡航記』の原本手写本とその正確な翻刻を、二つながら日本のうちに持つのである。加えて、きわめてすぐれた日本語訳も与えられている。そのような書物史の奇跡が戦時中の日本で行われたことを奇跡中の奇跡といわずして、何といえばよいであろうか。

5. セーリス『日本渡航記』東洋文庫本

The First Voyage of the English to Japanが東洋文庫本となった経緯については、筆者自身が最近まで、一九一七年から一九二四年までの間に岩崎久彌氏が稀覯本として購入したもののようだと教えられてきた。この点について、大塚教授は、一九二四年にロンドンのMaggs Bros. 社の*Bibliotheca Asiatica*上でこの原稿が売りに出されたとき、東洋文庫は書店にすぐさま電報で注文を発し、購入に成功したものである、と断定的に述べている(9)。一九四〇年ごろに東洋文庫の責任者から直接聞いた話に違いない。大塚教授の証言にもとづき、セーリスの航海日誌の原本が東洋文庫に購入されたのは一九二四年、その所蔵に帰したのは翌二五年であったと、本稿において確定したい。

大塚教授によれば、Maggs Bros. 社のカタログは、この手稿を次のように宣伝していた。「一六一一年から一三年、**イングランド—日本間、最初の公式航海の手書き日誌**。司令長官セーリス艦長が書いて、フランシス・ベーコン卿に贈ったもの」。また、「**セーリス艦長自身が書いた航海のオリジナルな手書き記録**」と繰り返していた。形状などについては、「一二一ページからなる一巻で、当座の日誌ではなく、おそらく帰国後、余暇時間に書かれ、そして特に英国大法官フランシス・ベーコン卿に贈るために、きわめて美しく書かれている」、「手稿は小さなフォリオ判で、原本のまま、金の装飾で縁飾りのあるベラム装」と記されていた。この原本の大きな特徴の一つは、その二頁目をフランシス・ベーコン卿への献辞が占めていることである。セーリスは帰国後、東インド会社を辞め、一六一五年に、ロンドン市長だったトーマス・キャンベル卿の孫娘と結婚しているので、自分の航海日誌を清書して、ベーコン卿に贈るきっかけは十分にあったと考えられる。ベーコン卿が大法官に任命された時期から考えて、その清書が行われたのは一六一七年三月から翌一八年三月であっただろうと大塚教授は推定する。この原本にBの符号を付す所以である。しかし、ベーコン卿に贈呈されたのかどうか、その後、二十世紀になってMaggs Bros. 社から売りに出され、東洋文庫に購入されるまで、どのような経緯があったのか、については、同手稿に貼ってある蔵書票から、ウーセスターシャーのミカエリス・トムキンソンという人物が一時期所有していたことが判るのみである。

6. セーリス『日本渡航記』、三つの原本の相互関係

大塚教授の考証を加えれば、セーリス『日本渡航記』の原本、B、H、I、P版が出揃ったの

は十七世紀初頭の約四分の一世紀の期間、ロンドンないしはロンドン周辺の地域においてであった。その頃、その地域では、イギリスの大航海の始まり、海洋貿易の始まり、アジア進出の開始の熱気が渦巻いていたに違いない。ハクルート、パーチャスはその状況を象徴する人物である。セーリスも帰国後、そこに自らを投じていったように思われる。さらに加えれば、HとIに基づいたサトウの「ハクルート版」とPの復刻版は二十世紀の初頭に刊行されている。二度にわたるセーリス『日本渡航記』の出版ブームは、世界史における海洋進出ブームを反映したものということができよう。そのことを背景にして、セーリス『日本渡航記』の原本の相互関係を考察すれば、それらの間の系統を定めることができるかもしれない。

異本の系統を定めるための基本作業の第一は各本の先後関係を明らかにすることであろう。セーリス『日本渡航記』の五つのテキストのうち、Bが出来たのは、大塚教授の推定で、一六一七年から一八年である。Pが世に現れたのは、遅くとも一六二五年である。パーチャスが一六一七／一八年より以前に（あるいはそれ以後に）セーリス自身の日誌を見て、清書していた可能性も否定できない。Iはいつであろうか。セーリスが帰国後直ちに日誌原本を東インド会社に提出し、それがしかるべき経路をたどってインド省に収蔵されたとすれば、最も古いものとなる可能性はあった。しかしそうではなく、インド省所蔵のものは一八八九年になって入手された写本である。

フォスターによれば、相当に整理された手写本であった。他方、日誌は一六一七／一八年にまだセーリスの手元にあったのである。サトウがフォスターの助力を得て、一九〇〇年にHとした元のものはインド省所蔵の写本であり、「ハクルート版」として珍重されるHは、そもそも復刻版である。その点で、Hと同格なのはB、I、Pではなく、Oである。

大塚教授は、先後関係の考証にとどまらず、内容とスペリングについて丹念な異本校合を行った。同教授によれば、**Japan** が **Iapan** 、**under** が **vnder** などと書かれ、正書法がまだ定まっていなかった時代の英語について、スペリングの変化だけでテキストの先後を定めることは不可能であるという。それどころか、同じ人物が異なる表記をすることも普通であったという。すなわち、飛躍を怖れずにいえば、BとPが共にセーリス自身の作である可能性も排除できない、ということである。残念ながら大塚教授の周到な考証と校合の結論と推定を一つ一つ紹介する紙面の余裕はないが、同教授がありうる系統樹として示した四つのケースは前頁の図の通りである。ここで、Lは原日誌（Log）、Xはデフォル

ジョン・セーリス『日本渡航記』原本異本の系統推定

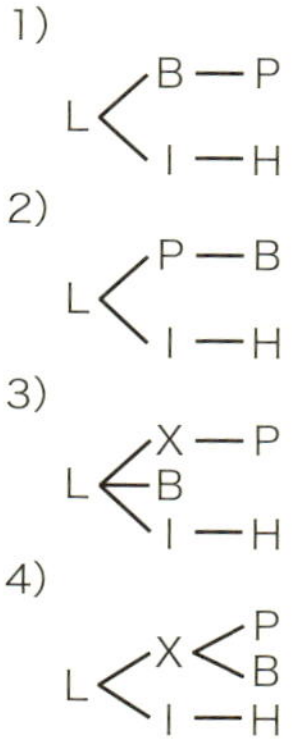

出典：*The First Voyage of the English to Japan,* by John Saris, transcribed and collated by Takanobu Otsuka, the Toyo Bunko Publications Series D, Volume III, 1941, p. xviii

トの手写原稿である。

同教授は3か4の可能性を示唆されたが、Xは存在しないものである。すなわち、同じ原日誌から「インド事務省のとは別に一つの手写本ができ、その手写本から東洋文庫本と、パーチャスの原稿とが共に別々にできたのであろう[10]」と推定される。

なお、仮に先後関係を確定することができたとしても、このような場合は、先のものが最も珍重されるべきとは限らないであろう。競争状況の中、あとのものが重要な情報、より正確な情報を加えるということがいくつもあったに違いない。それぞれが貴重な歴史資料である。その意味で、村川訳書と大塚本が異本を併記してすべてを集合させたのは正しい方法である。

7. セーリス『日本渡航記』東洋文庫本の意義

以上から明らかなように、セーリス『日本渡航記』のBすなわち東洋文庫本は、Iすなわちインド省本、およびPすなわちパーチャス本と、少なくとも同格の地位にある、格別の手写本である。東洋文庫はそれを所蔵するに至ると、大塚教授に複製を委嘱し、一九四一年、「東洋文庫叢刊第十」としてこれを仕上げた。村川教授はこれを「一見、原手写本を見るの感があり、複製の模範とするにたる」[11]と称賛した。

そして、村川教授は「大塚氏の業績はこの複製本の完成とは比較にならぬほど大なるものが別に存する」と述べ、次のように続けられた。

それは氏があの読みにくい手写本を読破し、その全文を克明に現代のローマ字に書き改めたのみならず、その内容におけるインド事務省本及びパーチャスとの異同をいちいち精査して脚注となし、別冊付録として印刷し、前記複製本に添付したことである。これによって何びとも容易に東洋文庫本の内容を知ることができるのである。[12]

別冊付録すなわちOである。大塚本の価値はまことに高い。

本稿を閉じるに当たって繰り返したいのは、待ちきれずに途中で述べたことば、「書物史の奇跡が戦時中の日本で行われたことを奇跡中の奇跡といわずして、何といえばよいであろうか」である。セーリス『日本渡航記』の原本手写本・ベーコン版（＝東洋文庫本）は類まれな原史料である。大塚教授はその芸術的な複製本と完璧な翻刻本を作られた。東洋文庫が生み出したベーコン版と大塚本の組み合わせは、インド省本とアーネスト・サトウ版の組み合わせに勝るとも劣らない。加えて、きわめてすぐれた日本語訳である村川訳の誕生にも東洋文庫は関わったといえよう。東洋文庫はそうした仕事を戦時下に行い、その成果を疎開させて守り、所有者として世界的な文化遺産を今日に伝える責任を果たしたのである。

注

（1）東洋文庫『時空をこえる本の旅50選』二〇一〇年、三十六ページ。

（2）甲斐正三「日英交流400年」『英国切手部会報』二〇一四年四月二十日発行、十四―十七ページ。

（3）このパラグラフにおける「アーネスト・サトウのハクルート版への巻頭言と序説」からの引用はすべて村川堅固訳『セーリス日本渡航記』（雄松堂、一九七〇年）の附録三として収められている金井圓訳の冒頭部分（二八一―二八五ページ）からである。

（4）村川教授は、パーチャスの "Pilgrimes" に「巡航記」の訳語を与えている。

（5）Samuel Purchas, *Hakluytus Posthumus or Purchas His Pilgrimes, Containing a History of the World in Sea Voyages and Lande Travells by Englishmen and Others*, Glasgow, J. MacLehose and Sons, 20 vols., 1905-1907, vol. 1, Publishers' Note, pp. xxii, xxv.（この全集には一六二五年版の電子版もあるが、一九〇五年の翻刻印刷版は、何種かの綴り字を近代英語式に転換した以外は、オリジナル版を踏襲したとのことである。）

（6）*Purchas His Pilgrimes*, vol. 3, pp. 355, 357.

（7）セーリス著、村川堅固訳『日本渡航記』十一組出版部、一九四四年九月、訳者序二頁。仮名遣いは戦後版による。

（8）*The First Voyage of the English to Japan*, by John Saris, transcribed and collated by Takanobu Otsuka, the Toyo

Bunko Publications Series D, Volume III, 1941, preface, p.i 以下、大塚本からの引用箇所は、O, p. ○○で示す。
（9） O, preface, p.i.
（10） 村川『セーリス日本渡航記』一九七〇年、「解説、原著の来歴」三九六ページ
（11） 同右、三九五ページ。
（12） 同右、三九六ページ。

東洋文庫の敦煌吐魯番文書研究

池田　温　IKEDA On

モリソン文庫受領運送の大役を果し、財団法人東洋文庫の主事として十余年在任した石田幹之助（一八九一―一九七四）は、イラン文化の東ア伝播を主要研究領域とし、列強の中ア探険や、シルクロードの要衝敦煌にあった莫高窟蔵経洞発見の敦煌文書と新疆吐魯番盆地発掘の吐魯番文書には深い関心を寄せ、『長安の春』等多くの論著や講演を通じ、ひろく内外学界・読書界にその興味深い内容を伝えた。そして学術資料として敦煌・吐魯番文書の写真や図録および研究文献を系統的に蒐収するに努め、東洋文庫の中央アジア部門の豊富な蔵書の基礎を築いた。但だ文庫はアジア研究図書館として、広範なアジア理解に資する基本図書・参考図書・逐刊、そして戦後はマイクロフィルム・マイクロフィッシュ等実用資料に重点をおき、古写本や古文書をあさることはせず、それらは価値あるコレクションの受贈に俟った。

文庫の創設から約二十年研究部門を指導した白鳥庫吉（一八六五―一九四二）は、ペリオの敦煌石窟図録三巻について詳細な書評を書き、その価値を学界にひろく周知させた（「パウル・ペリオ氏『敦煌千佛洞圖録』について」東洋学報十一巻三号、十二巻二号、一九二一―二三、『全集』第十巻、十一―二十九頁、一九七一）。

一九二一―二二年にかけ半年パリに留学した羽田亨（一八八二―一九五五）は、ペリオと親しく交流しその将来した敦煌文献を実査し論考を発表し（「敦煌の千佛洞について」佛教美術四冊、一九二五、『羽田博士史学論文集歴史篇』一九五七、五六二―七一頁、「慧超往五天竺國傳迻録」『紀元二千六百年記念史学論文集』京大史学科、一九四一、『同前』六一〇―二九頁）、またペリオに協力して『燉煌遺書』第一集（影印版附解説〈慧超傳等四種〉東亞攷究會、一九二六、活字版第一集〈沙州志等九種〉『同前』五七八―四八頁）を編刊し、更に数十種の焼付写真を製本して東洋文庫に贈られた。

欧州の博物館で西域将来美術品を調査した上前掲ペリオ図録等を活用し、原田淑人は『西域発見の繪畫に見えたる服飾の研究』（東洋文庫論叢四、一九二五）を著した。

第二次大戦後一九五二―五三年ロンドン大学東洋アフリカ研究学校ＳＯＡＳ客員教授として滞英した榎一雄（一九一三―一九八七のち研究部長・専務理事）の非常な努力で、大英博物館所蔵スタイン将来敦煌漢文文献のマイクロ撮影が実現し、八万余コマのポジフィルムセットが五六年文庫に到着した。翌年以降鈴木俊（一九〇四―七五）を中心に結成された敦煌文献研究連絡委員会により、文部省科研費を用いてマイクロから焼付写真セット（二部、一部文庫、一部京大人文研そなえつけ）が作成され、内容の整理編目が進められ左の四種が公刊された。

『スタイン敦煌文献及び研究文献に引用紹介せられたる　西域出土漢文文献分類目録初稿　非佛教文献之部　古文書類Ⅰ』（一九六四、油印、本文四〇二＋三十六頁、菊池英夫・池田温執筆）

『同上　Ⅱ寺院文書』（一九六七、油印、本文二〇七頁＋索引七頁、土肥義和執筆）

『スタイン将来大英博物館蔵　敦煌文献分類目録　道教之部』（一九六九、八十三頁、吉岡義豊編）

『敦煌出土文学文献分類目録附解説――スタイン本・ペリオ本――同上Ⅵ』（一九七一、本文二五一頁、金岡照光編）

なお京大人文研では藤枝晃（一九一一―九八）を中心に竺沙雅章（一九三〇―）井ノ口泰淳（一九二二―）・土橋秀高・上山大峻（一九三四―）等を加えカードによる分類整理と佛教学を中核に諸般の研究が進められた。また日本の研究文献について、『敦煌文献研究文献目録』（敦煌文献研究連絡委員会　鈴木俊監修、一九五九、油印八十二頁）が刊行され、のち文庫附置のユネスコ東アジア文化研究センターにより『日本における中央アジア関係研究文献目録1879―1987年3月』（七一七頁、一九八八）『同索引・正誤』（二五九頁、一九八九、梅村坦・片山章雄執筆）、更に文庫の唐代史（敦煌文献）研究委員会により日文・中文『吐魯番・敦煌出土漢文文書研究文献目録』（一九九〇、四九六頁、松本明監修）が編刊された。

他方スタインが敦煌蔵経洞および新疆各地で収集したチベット文資料については、チベット研究室の山口瑞鳳を中心に木村隆徳・原田覚・西岡祖秀・上杉隆英・松田和信・田中公明・福田洋一らにより『スタイン蒐集チベット語文献解題目録』（全十二冊、一九七七～八八）が編纂刊行された。この労作によりF. W. Thomas及びL. de la Lallée Poussinの目録をかなり補訂することとなった。なお先に五〇年代ロンドンに滞在した榎一雄はプサニ目録附録に紙背漢文文書の目録を収載した（一九六二）。なお、山口瑞鳳の『吐蕃王国成立史研究』（岩波書店、一九八三）、『チベット文語文法』等は文庫チベット研究室の多年の作業のつみかさねの上にみのった成果といえよう。

一九七〇年代中葉から山本達郎を中心に〈内陸アジア出土古文献研究会〉が産まれ、随時研究発表や書評、学界動向などをきく小集会が聞かれるようになり現在に及んでいる。この会は関心ある学者や院生・学生に公開されており、海外研究者の来会や報告も少なくない。すでに百数十回を重ね、本会での発表が後に東洋学報等に論文等として掲載される例も目につく。この研究会は中国中古史（唐代史）と内陸アジア史研究者の交流の場となって久しい。大体文庫の講演室で開催されるが、文庫の土曜閉鎖の際は文庫から比較的便利な他大学等を借りることもあった。

山本達郎を中心とする本会のメンバー数名の協力により、ＣＩＰＳＨの資助を得て、"Tunhuang and Turfan Documents concerning Social and Economic History"シリーズ五巻　I. Legal Texts, II. Household Registers, III. Contracts IV. She Associations and Related Documents, V. Supplement（1978～2001）が編纂出版されたのが最大の仕事である。

六〇年代にはスタイン第三次中亞探険将来文献のマイクロと中国北京図書館（現国家図書館）蔵敦煌写経のマイクロにより、焼付セットが作成製本され閲覧に供され、八〇年代初にはパリの佛国国立図書館東洋写本部蔵ペリオ将来敦煌及び西域各地文献の焼付もそろい、閲覧複写が可能になった。

この間欧洲で原本に接した賀光中・大淵忍爾・嶋崎昌・藤枝晃・井ノ口泰孝・吉岡義豊・三木栄・柳田聖山・田中良昭・川口久雄・堀敏一・川口久雄・土肥義和等諸学者からマイクロ乃至焼付の受贈があり、文庫図書部の田川孝三・森岡康両氏が整理製本等を指導した。

九〇年代末にロシアの科学アカデミー東洋学研究所レニングラード支所蔵アジア各地将来文献の組織的マイクロ蒐集が実現した。

最近二〇〇三年からは超域アジア研究―付歴史・文化研究の一環として、内陸アジア研究部門の中央アジア研究班、

〔St. ペテルブルグ文書研究〕
総括　梅村　坦
社会・文化　林　俊雄・片山章雄
モンゴル　杉山正明
コータン　熊本　裕
ウィグル　庄垣内正弘
ソグド　吉田　豊
〔敦煌・トゥルファン出土漢文文書の文献学的研究〕
総括　土肥義和
碑銘讃文　池田　温
官・私文書　荒川正晴・關尾史郎
で整理研究に取組んでいる。

（『東洋文庫八十年史Ⅱ――寄稿と各論』より転載）

東洋文庫の地図学史関係資料

海野一隆 UNNO Kazutaka

一九八九年に上海古籍出版社から影印本として世に送り出された東洋文庫所蔵の宋版『歴代地理指掌図』(税安礼撰)は、天下の孤本として夙に知られていたものであるが、これを含めて東洋文庫の書庫には、地図学史の解明に役立つ地図群がひしめいている。

先ず国内の地図について見ると、多いもので十種、少ないものでも一種四舗の江戸図を収める帙が計二十七、単独のもの十五種を合せると優に一五〇種は超えるかと思われる江戸図(写刊両種)が、東洋文庫には所蔵されている。江戸図目録としてはほぼ完璧に近い飯田龍一・俵元昭『江戸図の歴史』別冊江戸図総覧(一九八八年)を見ると、東洋文庫にのみ所蔵される刊本江戸図は三十三種にのぼっており、東洋文庫が江戸図史研究に果すべき役割をうかがわせている。

漢籍の中では、II-11-L-67の『皇輿全図』（表題墨書、無刊記）が、国内では他に類本を見ないシナ地図帳である。雍正十年（一七三二）勅撰の『大清会典』巻二三一、二三二に載せる康熙洋式国土全図系の総図・分省図を抽出して一冊としたものであり、目次にはない無題の松花江流域図を含むことでも一致している。ただし、図そのものには題名が添えられていなかった会典の場合とは異なり、各図に題名が刷込まれている。珍書収集家木村蒹葭堂の旧蔵品であったことは、それに捺されている二種の蔵書印によって明らかであり、蒹葭堂研究家にとっても見逃せない資料である。なお、文庫の漢籍目録史部（昭和六十一年）には、「鄒伯奇撰」と記載されているが、彼の名はどこにも見あたらず、また彼の『皇輿全図』所収図は省単位のものではなく、経緯線記入の南北に図が連続する排図形式のものであり、誤りも甚だしい。右の図録に著録洩れとなっているXI-6B-11の利瑪竇『坤輿万国全図』清代模写本（絹本六幅、各幅一六七×六十四cm）は現存する明代の原刊本ばかりでなく、同図の清刊本として知られるロンドン王立地理学協会所蔵本とも異なる点があり、この図の版本研究に対して貴重な情報を提供している。

日本・シナを含むアジア関係の西洋古版地図が二〇〇余点所蔵されているが、簡単な手書きの目録があるのみで、作者・刊年・大きさなど書誌的事項の完備した冊子目録の刊行が待たれる。これらの大部分は、本来地図帳の一葉であったものであり、資料的価値はもとの地図帳に一籌を輸する。ところが、東洋文庫には、イエズス会士マルチーニの『新シナ図帳』のフランス語版（一六五五年）、オランダ語版（一六五五年）、スペイン語版（一六五九年・二部）、および一七三五年刊のディアルドの『シナ帝国全誌』を飾ったダンヴィルの一連のシナ図をのちにまとめて図帳とした一七三七年バーグ版（O-3-A-163）、一七八五年パリ・ムタール版（O-3-B-101）、刊年不記のパリ・ドゥゾーシュ版（O-3-A-164）が所蔵されていて、国際的にも数少ないであろうコレクションを誇っている。マルチーニの図帳については、『東洋文庫書報』十五号（一九八四年、拙著『東西地図文化交渉史研究』〈二〇〇三年〉所収）に筆者の調査結果が掲載されていることを付記しておく。

（『東洋文庫八十年史II――寄稿と各論』より転載）

東洋文庫所蔵「北京全図」について

渡辺紘良
WATANABE Hiroyoshi

はじめに

北京図に限らず、中国地図を多数所蔵するのは北京の中国国家図書館であることは、その目録によって知ることができる。(1) しかし、欧米、日本もその歴史的背景を踏まえ、少なからず中国図を所蔵するに至ったことは言うまでもない。北京大学李孝聡教授は、欧米に所蔵される中国地図の目録を作成され、英国製の北京図数種に関する詳しい報告もされた。(2) わが国でも近年、外邦図の調査研究がなされてきている。(3) その背後にある政情は政情として検討されなければならないが、事実そのものの解明もおろそかにしてはならない。筆者は、中国近代史あるいは地図研究を専門とするものではないが、北京図に限り現地調査し、若干の成果が得られたので、ここ十数年来、内外機関の所蔵北京図について調査にあたってきた。(4) 今回、東洋文庫所蔵「北京全図」について、米国に所蔵されている同類の地図との比較が可能となったので、取り上げることとした次第である。

1. 継承された「北京全図」「京師全図」の図柄

東洋文庫所蔵の北京関係の地図はそう多くはないが、珍しいものがないわけではない。一七五〇年に作製されたという「乾隆京城全図」の縮印本を所蔵するほか、それに次ぐ古いものでは義和団事件後の列強の占領地域を描いた「京城各国暫分界址全図」及び「京城内外首善全図」、さらにこれから取り上げようとする「北京全図」等がある。(5)

義和団関係の二図のうち、前者は十九世紀初めの豊斎作製の「首善全図」を利用して題名を改め、占領地を色分けしたもの。後者は同治年間（一八六二〜七五）談梅慶作製の「京城内外首善全図」そのものを使用して、「大日本」とか「米国」とかの国名を毛筆で記入したものである。「首善全図」と「京城内外首善全図」は、宮中に秘蔵された「乾隆京城全図」の精確さにははるかに及ばないものの、民間に出回り、特に後者は前者に比し胡同名を増やし石版として版を重ねたようである。しかし、両者とも絵図的性格を脱しきれず、また内城の広大な地域を占めた王公府をドロップさせたところに特徴があった。

その両図の欠陥を補ったのが「北京全図」なのである。「北京全図」は、路地（胡同）名を略しながら、従来出回っていた地図に欠けていた王公府を描き、都市図らしい体裁を備えた北京図であった〈図1〉。

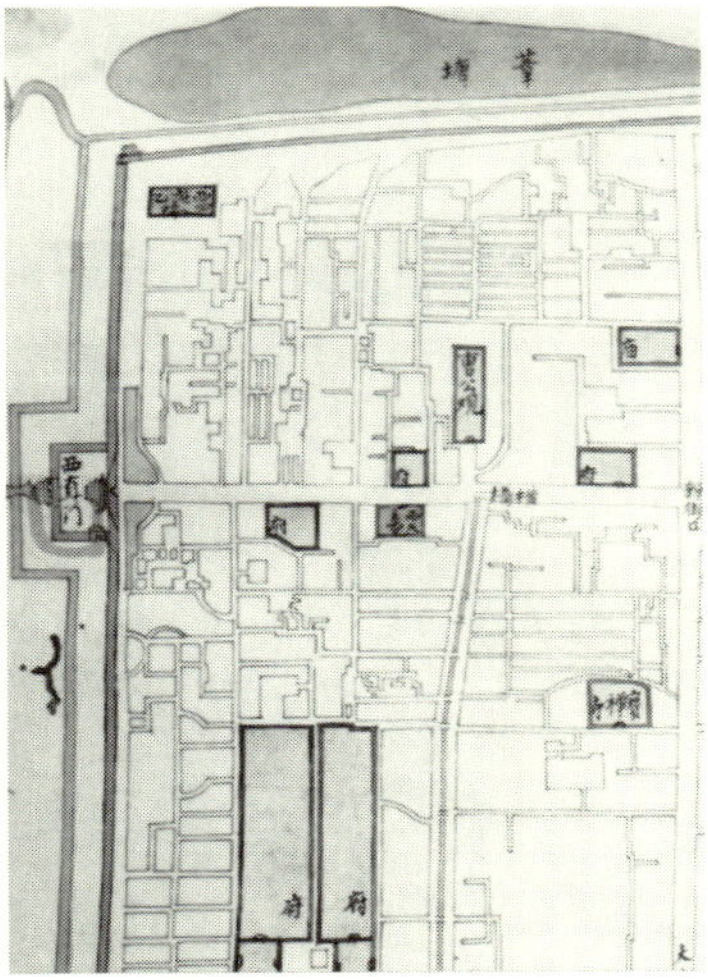
図1　東洋文庫所蔵「北京全図」内城西直門あたり

もちろん十九世紀、王府を描いた北京図がないわけではなかった。中国国家図書館には道光年間（一八二一～五〇）の「道光北京内外城全図」と称する地図を所蔵するようであるが、(6)なぜか目録に採録されていない。英国製と認められたからであろうか。李孝聡教授の目録にも王公府を描いた北京図が挙げられているのであるが、(7)それらは民間に出回ったとは思われない。

東洋文庫所蔵「北京全図」には、「光緒丙申孟秋金台李睿智絵」との署名と捺印があり、一八九六（光緒二十二）年、北京外城の金台書院の李睿智なる人物の製作とある〈図2〉。この地図は、王公府を描くのみでなく、絵図的な描き方を脱した都市図として認知されたためであろう、今年（二〇一四年）の東京江戸博物館の特別展にも展示された[8]。

さらに注目すべきことは、図柄がその後継承され、義和団事件の籠城記を残した柴五郎、『北京志』の編集にあたった服部宇之吉等もそれに倣っていることである[9]〈図3〉。

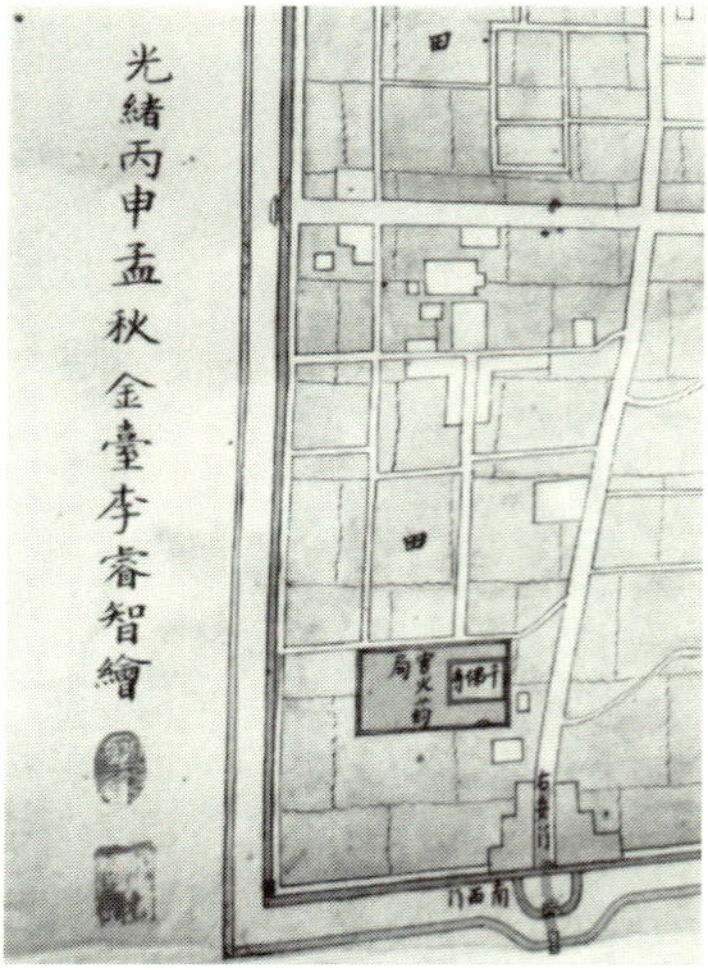

図2　東洋文庫所蔵「北京全図」外城南西方向右安門近くの署名と押印

現在からみればこれは当然のことであった。「北京全図」と同類の地図「京師全図」があり、製作者名は伏せられていたが、それを描いたのは柴五郎及び服部宇之吉自身であったのである。「京師全図」は中国国家図書館及び大連図書館に所蔵され、前者には下絵とともに清書が保存されていた。下絵について見ると、その筆跡やら、地名の一部が片仮名交じりであることから、一八九九年に訪中した服部宇之吉が作製したものであることがわかり、さらに調査を進めると背後に柴五郎が存在していた。「京師全図」はいわゆる外邦図の先駆けであったのである[10]〈図4〉。

もっとも「京師全図」なる名称は、すでに一八八六（光緒十二）年初刻の『光緒順天府志』巻七

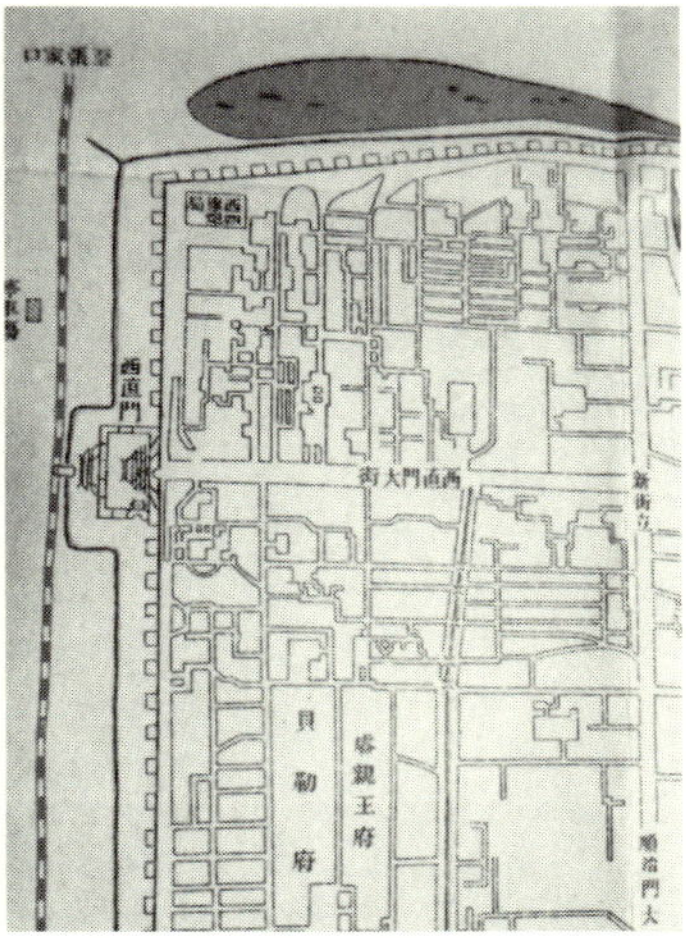

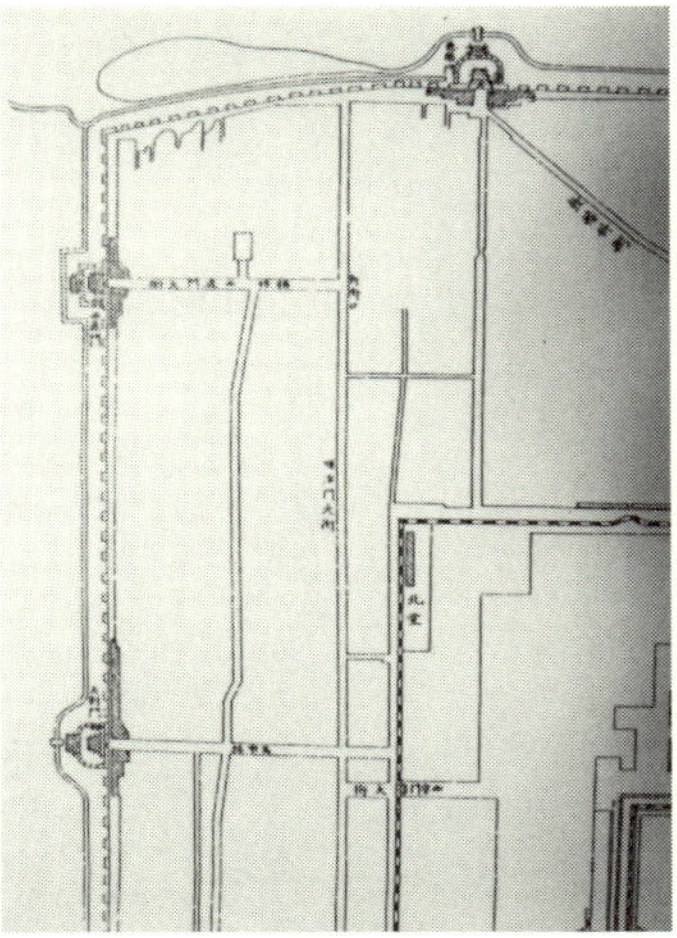

（右）図 3A　北京駐屯軍司令部編『北京誌』付図西直門あたり
（左）図 3B　柴五郎講述『北京篭城』付図「北京市街図」西直門あたり

に、「府志の首めに京師全図を絵す」と記されていた。しかし実際は一九〇二（光緒二十八）年の補刻本に至ってやっと差し込まれることになったようで、その名も「京城内外全図」と称せられ、その内容は前述の「京城内外首善全図」と違いはなく、そのタイトルと製作者名を変えたに過ぎないものであった。ただその補刻本への差し込みは、国内では東大東

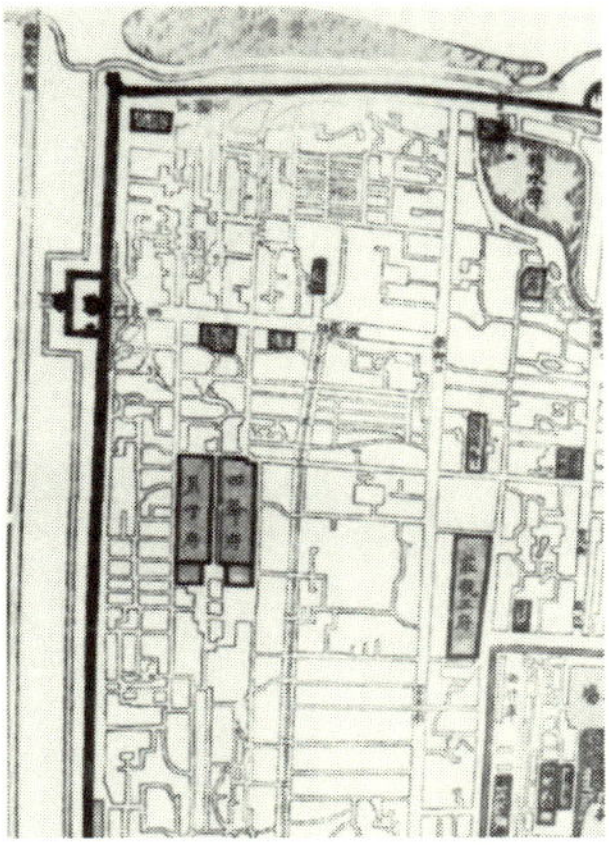

図４　中国国家図書館蔵「京師全図」西直門あたり

洋文化研究所と故神田信夫先生が所蔵する府志以外には確認できず、北京の二・三の図書館でも発見できなかった。中国国家図書館は、その「京城内外全図」の存在に気づきながら、府志の付図とみなさず、別扱いしているのである。中国における扱いは、それが一般であるようである。

ところで、府志が付録としようとした「京師全図」が、現存する「京師全図」となんらかの関係があるのではないかということも考えられなくはない。単なる偶然の一致ではなく、少なくとも服部が府志の名称を借りた。更に推測を逞しくすれば、府志の王公府記載が詳細であるにかかわらず、地図上にそれを反映させることは慣例を破るものであったから、その作製を日本側に委託した、ということである。しかしこれは推測に過ぎない。いづれにせよ「京師全図」のごとき地図は製作者名を出すわけにいかなかった。

筆者の調査によれば、「京師全図」所載の王公府名は、おおむね一八六九年から一八八八年までのもので、その作製は服部宇之吉の訪中中と推測される。

一方、同じ図柄の「北京全図」は、述べてきたように一八九六年の作製とあり、その時期は「京師全図」とほぼ同時に作製されていることになるが、日本製の「京師全図」と同じ図柄とすれば、「李睿智」なる作製者名は偽名といわざるを得ない。このことは、現存する東洋文庫所蔵「北京全図」の兄弟図にも言えることなのである。

2. 二つの「北京全図」

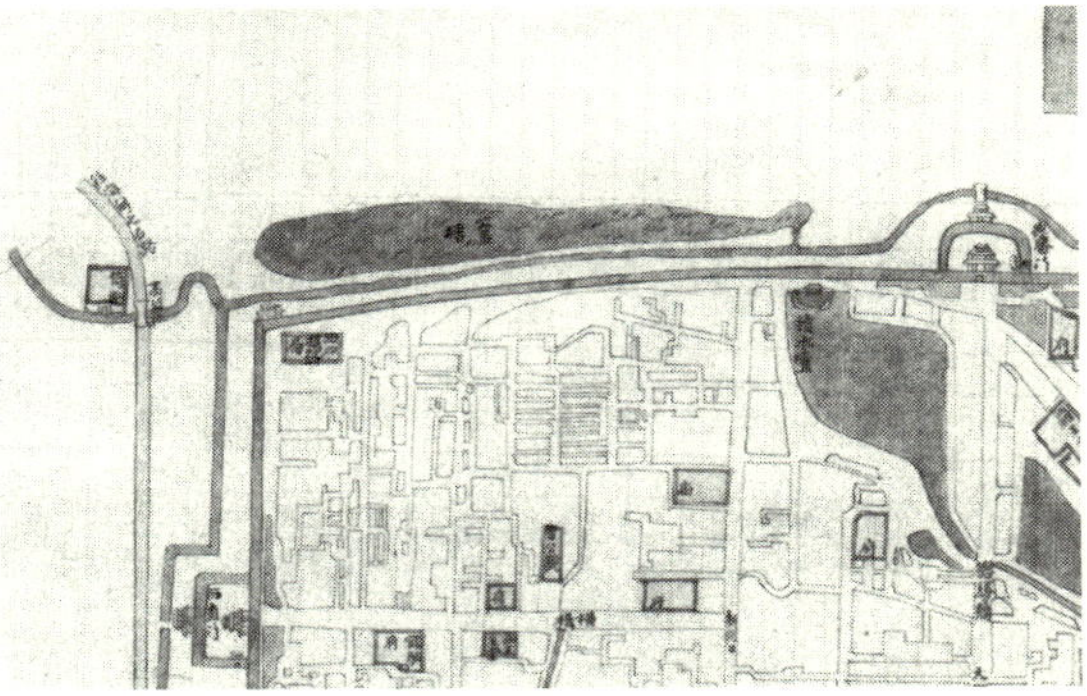

図５　米国議会図書館（LC）蔵「北京全図」西直門あたり

実は、東洋文庫所蔵「北京全図」とまったく同名のものがあったのである。前掲李孝聡教授の目録によれば、米国議会図書館にも「北京全図」と称する地図が所蔵され（以下、LC図と称する）、「北京全図（清）李明智絵、清光緒年間（一八七五～一八八七）彩絵本、九十八×六十一センチメートル」とある(11)〈図５〉。

LC図は東洋文庫所蔵「北京全図」（以下、文庫図と称する）とほぼ同じサイズで、それより古い製作であるというが、根拠とするのは「北堂」が一八八七年の移転前のままであることである。しかし、掲載されている「日本府」の使館街への移転が一八九二年であることなど、製作年代についてはやはり疑問点が多い。筆者は昨年来、ネットで検

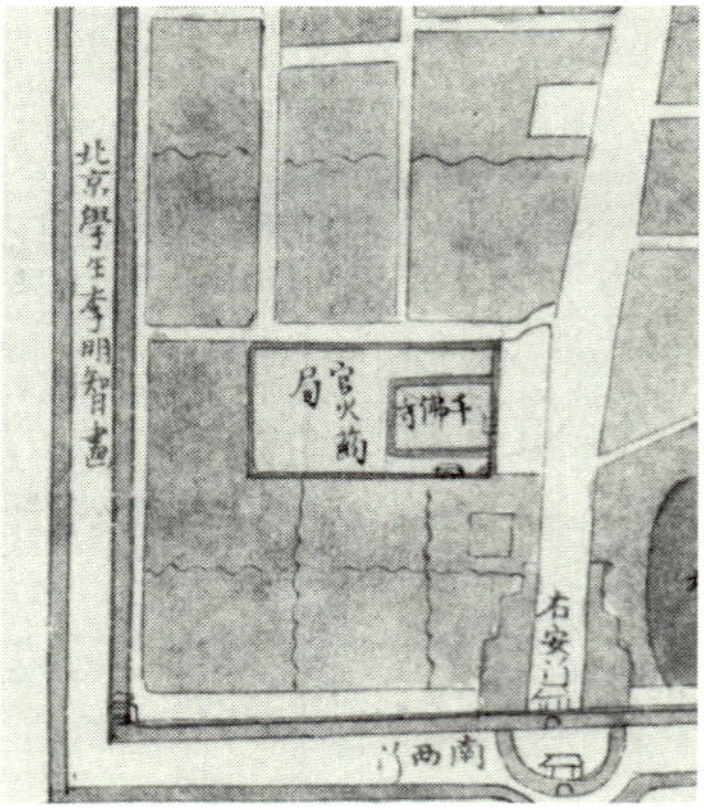

図6　米国議会図書館（LC）蔵「北京全図」外城南西方向右安門近くのの署名

索できることを知り、両図を比較してみた。

比較してみると、両図の筆跡がほぼ同一であることが判明した〈図6〉。そもそも一般には考えられない同一の名前を付したこと、製作者名も「睿」と「明」の一字違いであり、それとなく偽名であることを匂わせ、さらに地名・建造物名に一部違いはあるものの、その大部分と城壁等の図柄が同一であることなどから、両図は同一人物の作製したものであることを推測させるのである。

「京師全図」および両「北京全図」の地名・建造物名の概数は、「京師全図」一八〇前後、LC図二三〇前後、文庫図三七〇前後と、両北京図は記名の件数が増えている。ただ名称を仮に（1）王府関係、（2）宮殿建造物および官庁関係、（3）宗教・教育関係の文教施設、（4）河川・道路・市場等の通商関係施設に分けて数えてみると、（2）が四割くらいで最も多く、ついで（4）（3）（1）と減っていくが、三図における（1）～（4）のバランスは大体同じようである。

細かく一覧表を作成する段階に至ってないので、以上の計算は大まかなものでしかないが、簡潔であいまいさを避けた「京師全図」に対して、両図はあいまいでもできうる限り記載を増やそうとしているように感じられる。

（3）の宗教・文教関係について見ると、三図に共通する名称は、すなわち使館街の「昭忠祠」、廟寓の「柏林寺」、「西・南天主堂」、外城の「礼拝寺」等にすぎず、両図において追加された名前が多く、各地の「関帝廟」「呂祖閣」あるいは「呂公洞」のほか、「娘娘廟」「火神廟」「城隍廟」等が追加され、特に文庫図には空名の「廟」「祠」が数多くみられる。外城

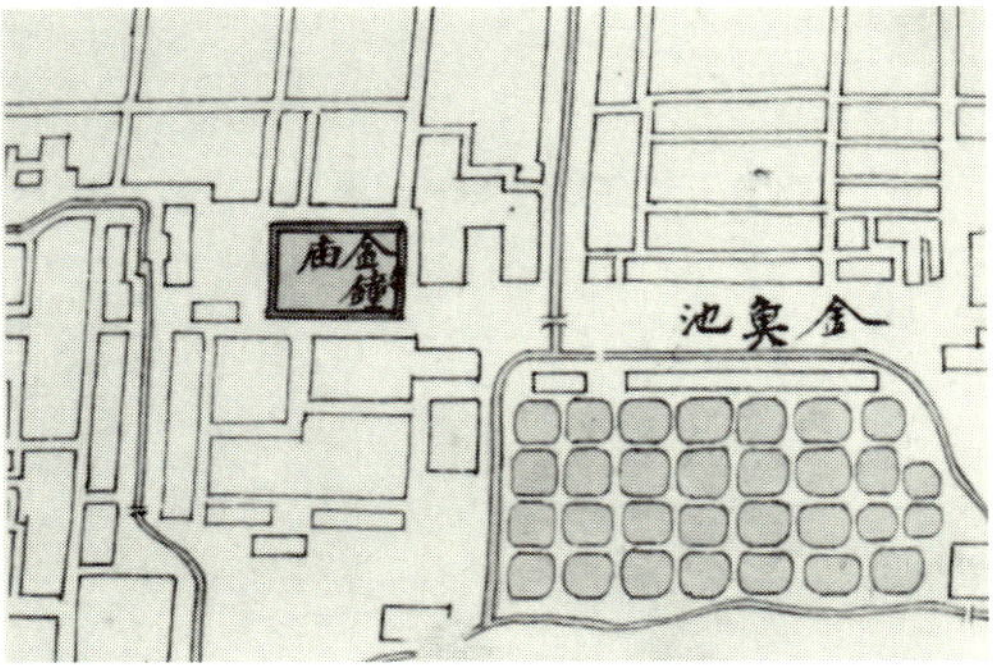

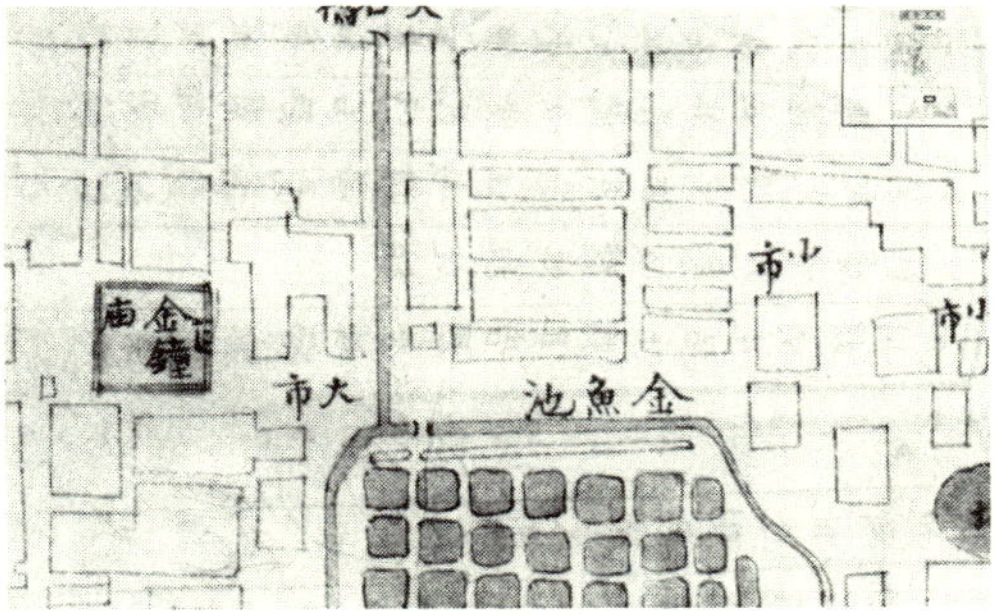

(上) 図 7A　東洋文庫蔵「北京全図」外城金魚池あたり
(下) 図 7B　米国議会図書館（LC）蔵「北京全図」外城金魚池あたり

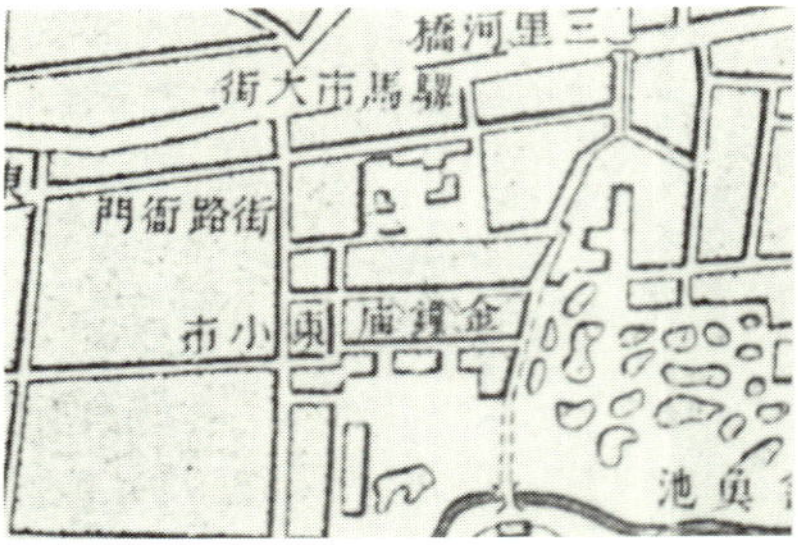

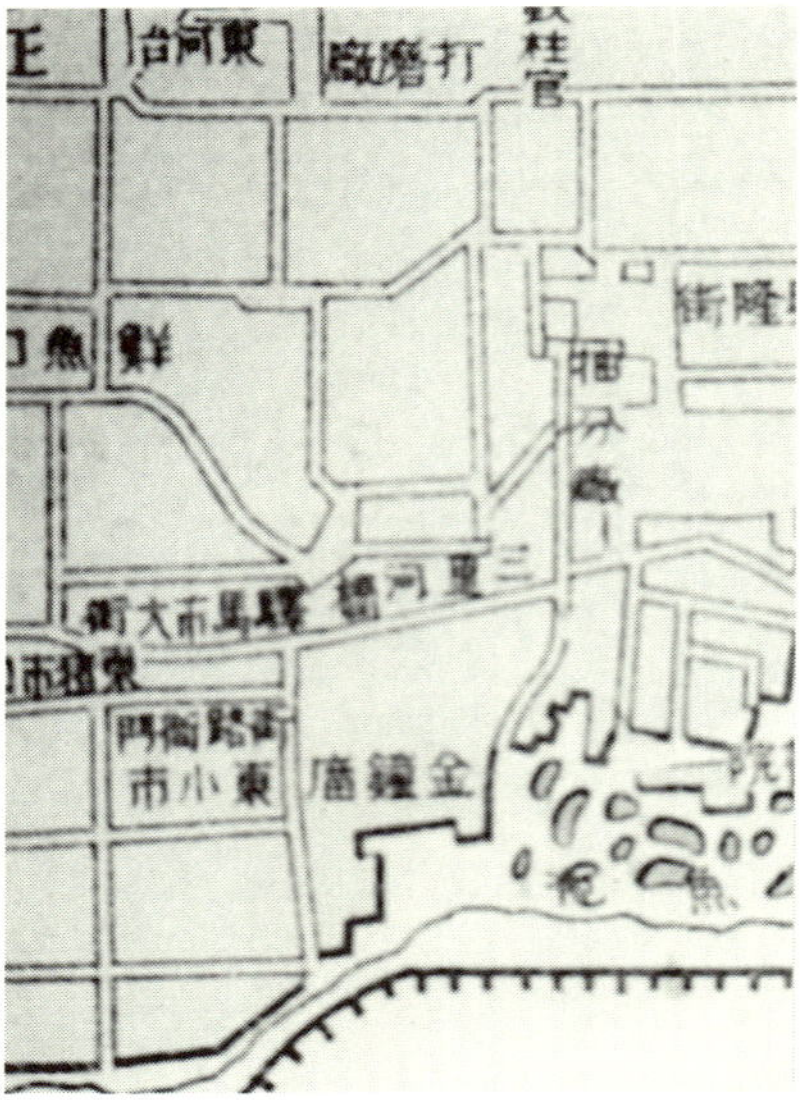

（上）図 8A　『明治 33 年清国事変戦史』「北京戦闘図」外城金魚池あたり
（下）図 8B　『清国分省精図』「北京」外城金魚池あたり

左安門から広寧門大街に通ずる道沿いに「此一帯旧多古寺」とも記す。

特徴的なことは、外城の金魚池の近くの岳飛を祀る「精忠廟」の名称変更である。「京師全図」の「精忠廟」をＬＣ図・文庫図ともに「金鍾廟」と改称しているのである〈図７〉。金鍾はスズムシ、精忠**jin zhong**の音に似た**jing zhong**を当てたのである。地名等を訛名に改めることは往々みられることで、異とするにあたらないが、[12] この「金鍾廟」なる名称に限ってみると日本製の地図に一貫して見られる表記であった。一九〇四年に編輯された義和団北京戦闘図、それをそのまま継承した、一九〇六年初版の依田雄輔の地図帳内の北京図等である(13)〈図8〉。後者は公の出版物で中国国家図書館も所蔵し、注①の『輿図要録』の四十六頁に地図ナンバー〇四五四として掲載する。この日本製の両北京図には城内西北部中心に無数の寺院が掲載されている。実は、寺院に限らず、LC図・文庫図に増補された名称のかなりのものが、それに拠っているのである。

　この日本製の両北京図への依存によって、LC図・文庫図が日本製であることが一層確かめられたが、次に王府関係の記載の変化についても触れながら、両図の違いについても見ていきたい。

3. 王府、特に「睿親王府」の所在地

民間に出回った地図とはいえ、王公府を欠いたのは清朝支配体制の一端を表すものと見るべきで、それに異を唱えた三図の製作者名は偽名あるいは匿名とせざるを得ないであろう。したがってその調査は秘密裏に行わざるを得ず、誤りも避けにくい。特に両『北京全図』におけるその扱い方を見るとあいまいのままにせざるを得なかったことがわかるのである(14)。

　王府の名称が三図とも同じなのは、使館街の「粛親王府」「栄公府」、東城の「大公主府」「豫親王府」(両図は「毓親王府」とするが、音は同じ。後の協和医院の所在地)、西城の「礼親王府」「定親王

府」等のみで、「北京全図」両図の王府の大部分は、少ない「京師全図」に対し、ぼかす方向で変更・訂正し、さらに若干の追加がなされた。

変更の大部分は、王府の所在地は「京師全図」を受けながら、空名の単なる「府」に表記を変えることである。「京師全図」では名前の不明な王府を、単に「府」として記載することは一部の例外を除いてなかった。両図特に文庫図ではそれが多いのである。

東城より見ていくと、東北部、「植公府」とも言われた「四爺府」、朝陽門内に在って「惇親王府」にもなる「怡親王府」（LC図も）、近くの「恒親王府」（LC図も）、灯市口西街の「恒親王府」でもあった「恵親王府」、北極閣の「怡親王府」[15]等、西城では、旧琦善宅、のち恭親王宅ともなる「慶親王府」、鑾輿街の「八爺府」（LC図も）、「四爺府」、西直門内半壁街の「九公主府」、平安里西大街の「貝子府」「齢公府」ともいう愼郡王邸、西単大木倉の「鄭親王府」（LC図も）、そのほかである。いずれも単に「府」と称する。

王府の主の交代は激しく、その年代を特定できない場合が多い。移転先も把握しにくいので、推測のままとせざるを得ないわけである。上に挙げたもののうち、西直門半壁街の「九公主府」を取り上げよう。この屋敷はのち「成王府」に改称されるが、それは元来、后海北沿にあった成王毓橚邸が、光緒帝の父親醇親王の当地への移動に伴い、一八八八年半壁街へ移動したからである。それ以降は「成王府」または「棣貝子府」とよばれる。「京師全図」は、一八八八年以前の王府の所在地を記したものなので、「九公主府」を半壁街に、「成王府」を后海北沿に描いている。ところがその後、「成王府」の移転先を日本製の地図は掌握していなかった。前にあげた服部が事実上編纂した『北京誌』付図を見れば明らかである。これについては訂正に関する後文で触れる。したがって「九公主府」を文庫図が単に「府」とするのは賢明ではあるが、そこに逃げとぼかしの精神を見なければならないであろう。

そのほか新しく空名の「府」として追加された王府が若干存在する。東城の「那公府」「達公府」とも言われ、日本の軍部が置かれ、現在では清史研究所のある「和親公主府」、西城教育部街のヌルハチ長子以来の「敬勤親王府」、背陰胡同の光緒帝の弟載洵の「洵貝勒府」等である。注意すべきは、西城新文化街「克勤郡王府」を、文庫図は単に「府」とするが、LC図が「破府」としていることである。その「破府」は、一九〇四年日本参謀本部の北京図及び一九〇六年依田の地図帳に拠ったのである〈図9〉。

「克勤郡王府」は八大鉄帽子王の一人、岳托に由来し、一時「平郡王」に格下げされたが、乾隆時代の功績により旧名に復していた。日本製はその位置を「順承郡王府」がある西城錦什坊街とみていたのである。というのは、「京師全図」の「克郡王府」が「順承郡王府」の所在地に

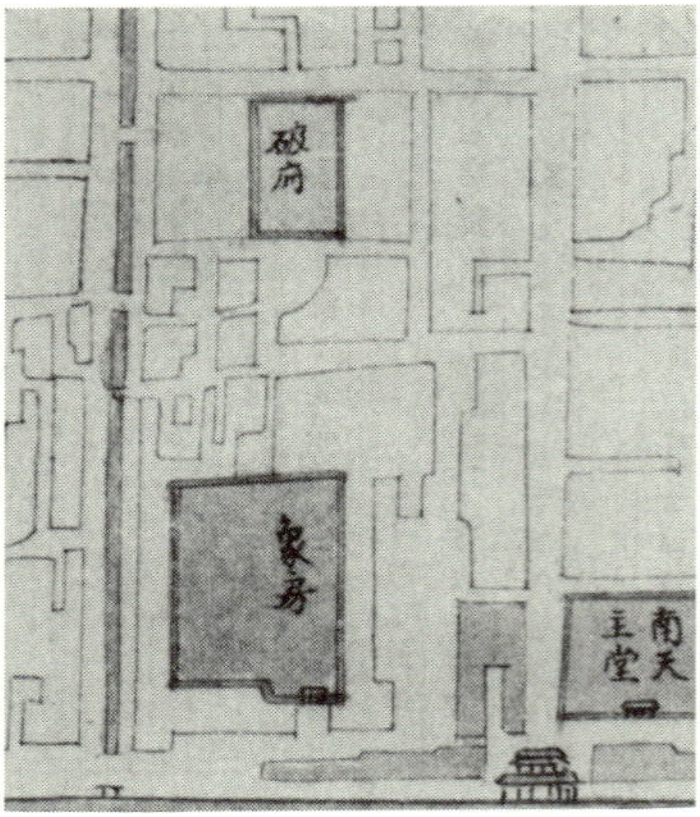

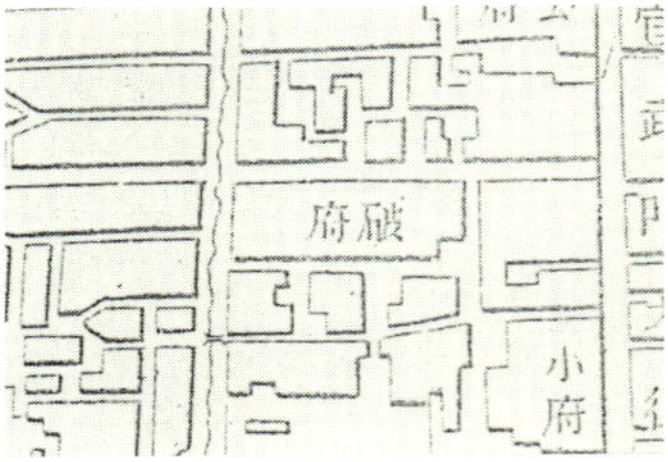

（上）図9A　『明治 33 年清国事変戦史』「北京戦闘図」「克勤郡王府」を「破府」とする
（下）図9B　『清国分省精図』「北京」「破府」
（左）図9C　米国議会図書館（LC）蔵「北京全図」「破府」

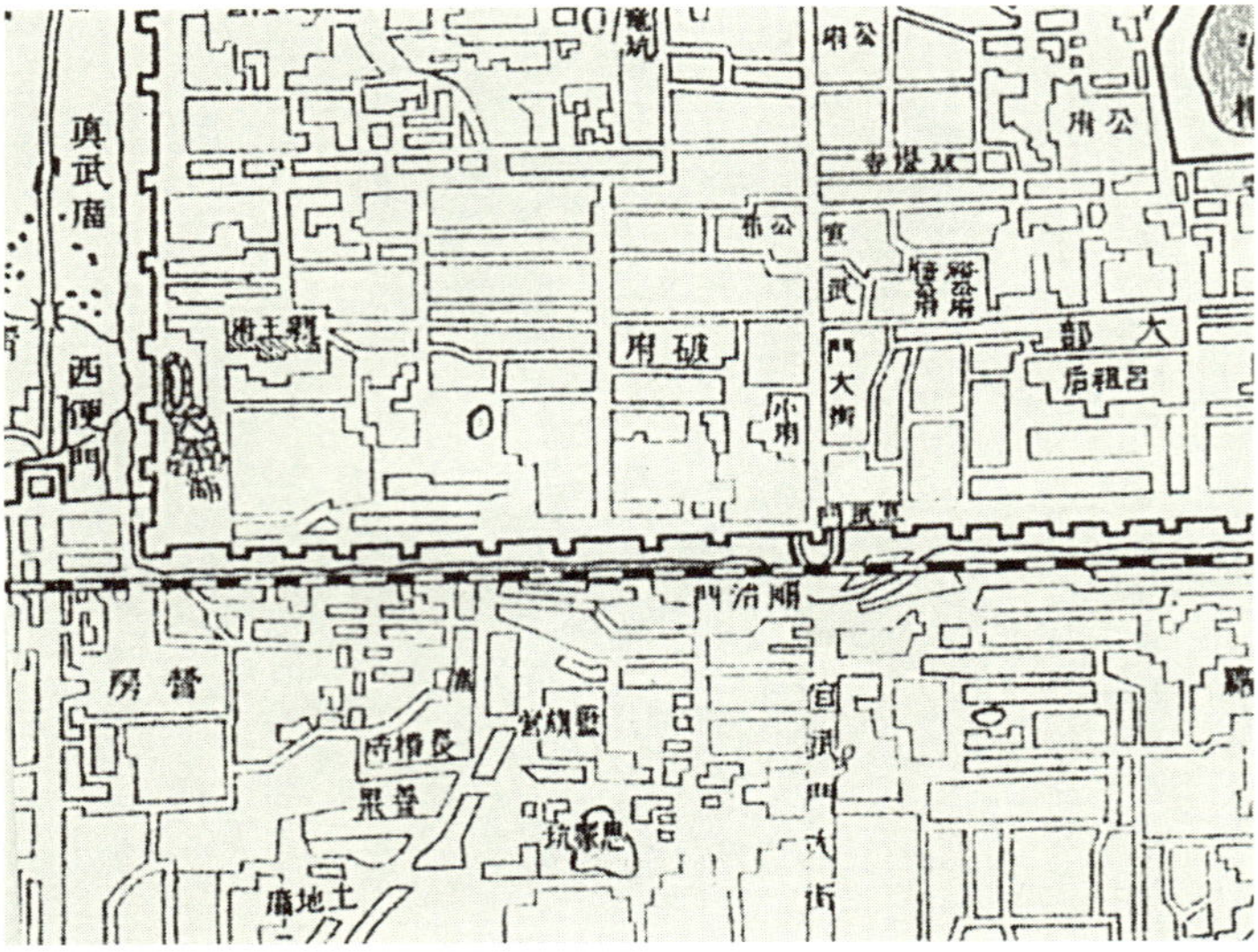

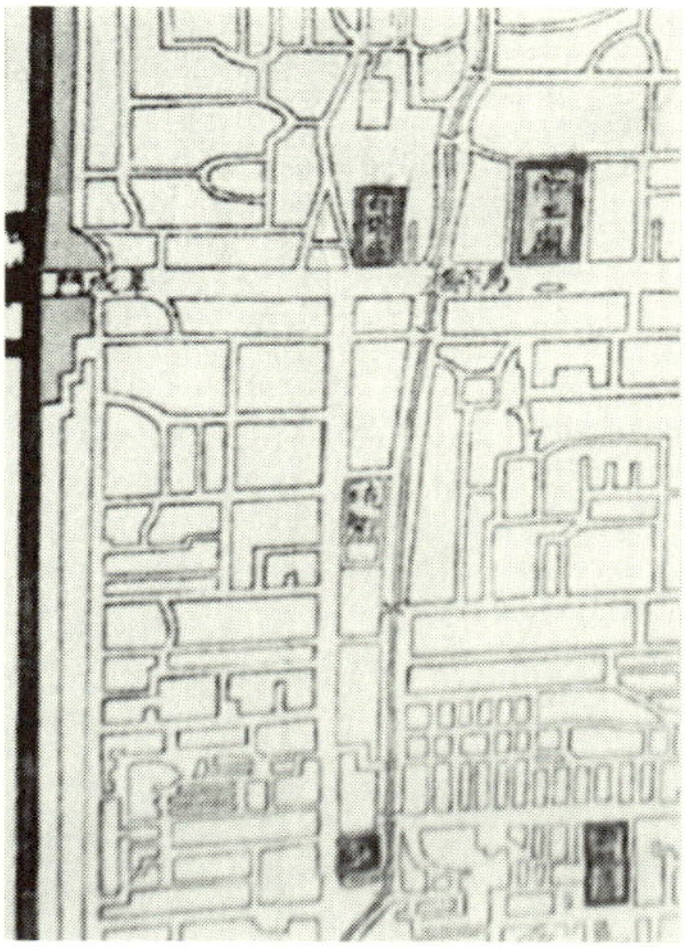

(右) 図 10A 「京師全図」西城「順親王府」のところ、「克郡王府」の書入れ
(左) 図 10B 「京師全図」服部宇之吉の下絵、図版⑩ A 書き入れは「克郡王府」であることがわかる

あるからである〈図10〉。西城錦什坊街に「克勤郡王府」があるので、新文化街の王府は「破府」とせざるを得なかった。あるいは初代順承郡王勒克徳渾の名前に惑わされ、「克勤郡王府」と誤解したのであろうか。

　したがって「京師全図」の名称の変更は、当然訂正を含まなければならないが、それが意外と少ない。「京師全図」の安定門近くの「達子府」を、文庫図が「伯王府」、LC図が「府」とするのは必ずしも訂正ではない。「達子府」は蒙古人駙馬の蒙古府で、城内諸所にあった。安定門の蒙古府は、「僧王府」「伯王府」「阿王府」等と呼ばれていたのであ

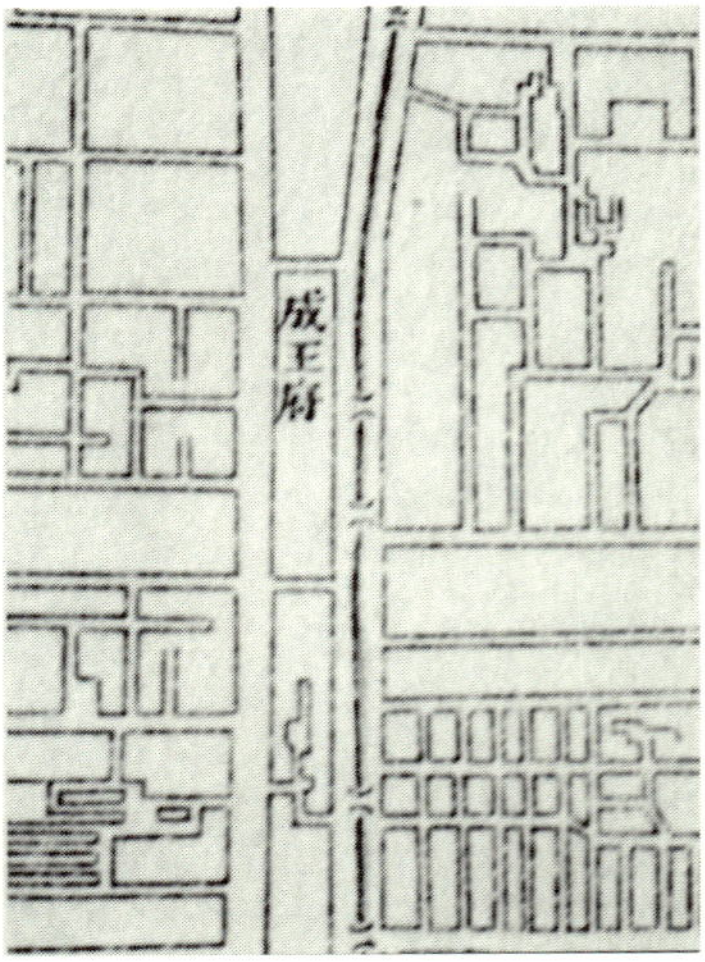

図11　『北京誌』西城「順親王府」のところを「成王府」とする

る。安定門外に蒙古商人の溜まり場があり、満蒙貿易に携わっていた。

　文字通りの訂正は、わずかに「京師全図」上記の「克（勤）郡王府」を、両図が「順成王府」と直しているぐらいである。一名「順成王府」と呼ばれたか否か定かではないが、正確には「順承郡王府」とすべきである。その「順成王府」が上記『北京誌』「成王府」の誤解を呼んだともいえる。『北京誌』付図は半壁街「成王府」の所在地を「順承郡王府」の位置に指定する誤りを冒したのである〈図11〉。

　最後に追加された王府名として、「睿親王府」をあげなければならない。「睿親王府」は八大鉄帽子王の一人、ドルゴンの王府をいい、はじめ皇城内「普度寺」に在ったが、廃籍を経て復活し、東城外交部街、王大人胡同の旧「饒餘親王府」を屋敷としていた。ところが「京師全図」に記載はなく、『北京誌』付図も、図３Ａにあるように、誤って西城平安里西大街に比定していた。文庫図にいたって初めてその位置が明示されたのである〈図12〉。

ここにいたって、絵図作製者名を「李睿智」とした意味を我々は邪推せざるを得ない。「睿親王府」所在地を突き止めた「睿智」を誇りたく製作者の名前が選ばれたのである。「睿」も「明」も意味は同じく叡智である。製作者名は暗号であったのではないか。

さらに、述べて来たように、両「北京全図」には「京師全図」に比し地名等を増やしながら、王府名はぼかすことが多かった。二種に分けたのは、文庫図に「睿（親）王府」を入れてやや遅らせようとしたのであろう。しかし、内容的に大きな差異は見出しにくく、北京に所蔵される「京師全図」の増補版を、日本にも配布せんとし、その一枚が海を渡ったのではないか。したがって李明智・李睿智は偽名にすぎず、実際の製作者は依田雄輔を含めて参謀本部関係者ではなかろうか。

図12　東洋文庫蔵「北京全図」東城王大人胡同の「睿王府」

4. おわりに

文庫図及びＬＣ図は、基本的に「京師全図」を継承し、王公府については名前を掲げず、多くは「府」とのみ称し、特に文庫図は宗教関係を増やし、LC図は早期の、文庫図は光緒丙申すなわち一八九六年の製作に沿うように工夫はされているが、内容を見ると、いづれも年代については疑問で二十世紀初頭の両日本参謀本部作製の地図に拠って増補訂正した部分が多く、独自性が弱いと言わざるを得ない。わずかに「睿親王府」によって、「京師全図」を補足増訂したので、文庫図は「李睿智」、LC図は「李明智」の作とするが、実際は日本製と思われるのである。

注

（1）北京図書館善本特蔵部輿図組編『輿図要録』北京図書館出版社、一九九七年。

（2）李孝聡編著『美国国会図書館蔵中文古地図叙録』（文物出版社、二〇〇四年十月）、李孝聡著『欧洲収蔵部分中文古地図叙録』国際文化出版公司、一九九六年、李孝聡「記英国倫敦所見四幅清代絵本北京城市地図」国学研究二、一九九三年。

（3）小林茂著『外邦図――帝国日本のアジア地図――』中公新書、二〇一一年。

（4）「中国国家図書館蔵「京師全図」下絵について」一・二（『獨協医科大学教養医学科紀要』二十五号、二〇〇一年、二十六号、二〇〇二年、以下、前稿と称し、それによる限りいちいち注記しない）及び法政史学会大会講演要旨「一枚の清末北京図について」『法政史学』六十三、二〇〇五年。前稿で触れなかったが、日本の軍人で北京一帯の詳細な地図作成に関与した青木宣純がいた。『義和団大辞典』中国社会科学出版社、一九九五年、二四四頁。

（5）「乾隆京城全図」以外の「京城各国暫分界址全図」及び「京城内外首善全図」は前稿で取り上げたが、次注の『中国古代地図集――城市地図――』にも、図一六、図一五として掲載されている。「北京全図」については、『東洋文庫所蔵漢籍分類目録　史部』（一九八六年十二月）三八一頁に「北京全図　李睿智絵清光緒二二年金台刊一軸」とある。実測すると九十八×六十六センチメートル。全容は、注（8）江戸博特別展の図版に譲り、以下、掲載する図版は他の地図との比較に便利な西直門あたりを中心とすることとする。

（6）『中国古代地図集――城市地図――』図一三、西安地図出版社、二〇〇五、二四一～二四四頁に孫果清の詳細な解説がある。『中国国家図書館古籍珍品図録』北京図書館出版社、一九九九、二九二頁では「京城内外全図」と称していた。

（7）注（2）『欧洲収蔵部分中文古地図叙録』九九頁及び一〇一頁の「京師内城図」参照。

（8）『江戸東京博物館開館二十周年記念特別展大江戸と洛中～アジアの中の都市景観～』（二〇一四年三月十七日発行）四六頁に彩色の全体図が掲載されている。二〇九頁に解説。

（9）「北京市街図」（柴五郎講述『北京籠城』一九〇二（明治三十五）年刊、図版三）、清国駐屯軍司令部編『北京誌』付図　博文館発売、一九〇八（明治四十一）年、事実上の編集人は服部宇之吉。注意すべきは『北京誌』、「京師全図」、「京城詳細地図」（馮恕等測絵一九〇五年、注（1）『輿図要録』九十七頁、地図番号一〇二四）、「北京詳細地図」（一九〇六年、注（1）『輿図要録』九十七頁、地図番号一〇二六）等の背文字あるいは表題の「京」の字は、異体字の「京」とされていることである。「東京」の「京」の字も、同じ異体字が明治の中ごろまで使用されていたという（『国史大辞典』第十巻、吉川弘文館、一九八九（平成元）年、「東京」の項)。
(10)　なお「京師全図」所載地図帳として、『中国古地図精選』中国世界語出版社、一九九五がある。
(11)　注（2）『美国国会図書館蔵中文古地図叙録』一〇二頁。
(12)　巴哩克杏芬著『京師地名対』一九〇三、下巻十六葉に「金鍾廟、即ち精忠廟の訛」とあり、その他多くの訛名・俗称を挙げる。本書は東大東洋文化研究所、京大文学研究科図書館（桑原文庫、『桑原隲蔵全集』別冊、四三頁参照）等に所蔵され、また森田憲司の索引「京師地名対索引」『奈良大学紀要』九号、一九八〇がある。
(13)　東洋文庫に所蔵する日本参謀本部『明治三十三年清国事変戦史』一九〇四、第十一付図「北京戦闘図」及び陸軍大学校教授依田雄輔撰修『清国分省精図』富山房、一九〇六、第五図北京。もっとも両図の図柄は「京師全図」等に比し大幅に改善されたものになっている。後者は、劈頭に鎮国公載澤と直隷総督袁世凱の題詞を掲げる重々しいものである。その後、版を重ね、筆者が閲覧したのは、その第三版、明治四十四年十一月刊行の『中華民国分省精図』である。なお『北京誌』付図は「金鍾廟」「精忠廟」いずれも表記しない。
(14)　「王府」関係の著書は少なくないが、特に参照したのが王梓著『王府』北京出版社、二〇〇五年である。
(15)　この王府は「京師全図」で唯一「公府」として掲げるもので、旧寧郡王邸、移転を繰り返した「怡親王府」三番目の屋敷であった。

「大明地理之圖」を模写した細矢玄俊と細矢（細谷）家

細谷良夫　HOSOYA Yoshio

1.「大明地理之図」の概略

平成二十六（二〇一四）年の夏、東洋文庫に寄贈した「大明地理之図」（以下「本図」と略称）は、筆者から数えて五代前の先祖に当たる細矢惟直が、文化十一（一八一四）年に、滞在中の京都で、明代（一三六八～一六四四）の漢土＝中国を中心とする朝鮮・日本・琉球・安南（ベトナム）地域を描いた東アジア地図である〈図1〉。「本図」は、限られた仲間に見せた事や筆者編『清朝史研究の新たなる地平』（山川出版社、二〇〇八年）の表紙カバーに使用した事はあるが、展示したのは筆者が勤務していた弘前大学「東洋学談話会」の席と東北学院大学博物館企画展「侍が見た東アジア図」[1]の二回のみであり、「本図」の存在自体が知られていないので、始めに「本図」の概略を

図１　大明地理之図全

記しておく[2]。

「本図」は、一幅が縦三四五センチ・横九十センチ余りの軸装仕立て四幅で、四幅の中央に相当する第二幅左と第三幅右にまたがる上部に、右から左に「大明地理之圖」と表題が、また、上部には「北」、下部に「南」、第一幅右端中央に「東」、第四幅左端中央に「西」と方位が記されている。

「本図」には、明の北京（順天府）・南京（応天府）の二京と洪武帝に因む中都（鳳陽府）、嘉靖帝に因む興都（「兼」承天府）と古都洛陽（河南府）、長安（西安府）、卞梁（開封府）をはじめとする明の十三省の領域が描かれている。

その周辺、北には万里の長城が東西に長く延び、砂漠と共に匈奴、突厥、契丹、蒙古などの名称が中国諸王朝と対立抗争した歴史と共に記されている。西には、吐蕃（チベット）の地に黄河の源流「星宿海」が、玉門関・陽関の西には西域が描かれ、撒馬児罕（サマルカンド）に「大帝国を築いた帖木児（ティムール）が統治していた」と記されている。南には海南島と安南（ベトナム）を描き、蛋民の真珠採集などにも言及している。東は、「朝鮮国」の上部に鴨緑江、豆満江、長白山を描き、[3] 長白山には「山上に深さは不明、周囲八十里の潭があり、南に流れて鴨緑江、北に流れて混同江（又の名は黒龍江）」と注記し、豆満江の東にやがて後金国・清朝を建て明朝を滅ぼすに至った「女直」を記し、粛慎、黒水靺鞨などの歴史と共に「永楽中に奴児干都司を設置して衛所一〇四を統括、契丹と拮抗し時には朝貢している」と注記している。

朝鮮国の南には、蝦夷（北海道）のない「日本国」が「江府」江戸、「京師」京都、富士山と共に描かれている。その南の海上には、九州と中国の寧波を結ぶ線が引かれ、海上に髷を結った男性が乗る和船（日本船）と明人（南蛮人？）の乗る唐船（中国船）が描かれ、「琉球国」には、「中山王城」＝首里城、「中山牌楼」＝守礼門、明朝皇帝の使者が滞在する「天使館」（天使館）などが見える。

第一幅右端に「文化十一年甲戌孟春五日細矢惟直摸寫之」と記されている共に、丸形の「玄俊」（名前）、四角の「敬義堂圖書印」（号）、四角の小さな「惟直」（諱）と「字伯温」（字）の四つの印記が捺されている。また下部には地図に使用されている「図譜」（記号）の説明と共に、この地図が『禹貢』、『（大明）一統志』、『図書編』等の中国の地理書を参考にした事などが記されている。

細矢惟直（以下で玄俊と記す）が摸写した「大明地理之圖」の原図は何か、原図は現存するのか、類似する「東京大学東洋文化研究所版」や「京都大学東洋文化研究所版」地図などとの比較、「本図」製作の手法、(4)当時の中国地理知識や玄俊が摸写した意図等々、今後に探求すべき課題は多い。それらを検討する一助として、以下では「本図」を摸写した細矢玄俊と細矢家について小稿を記す事とする。

2．細矢家をめぐる史料

始めに、細矢＝細谷家の歴史を伝える文書の現状を記しておこう。細矢家は細矢甚三郎が元和八（一六二二）年に横町（現山形市本町）に居を構えてから三九〇年、「本図」が摸写されてから二〇〇年を経ている。文政元（一八一八）年と明治二十七（一八九四）年の大火に遭いながらも焼失を免れ、昭和二十（一九四五）年の敗戦後の古い物を否定する風潮と混乱の中でも幸い残されてきた文書類は、整理する事も無いまま放置されていた。その文書類に着目されたのは、筆者と山形大学の同窓で、しばしば横町細谷宅を訪れ、細谷家が医業の旧家である事を知っていた鈴木幸彦氏である。平成五（一九九三）年、鈴木氏は当時携わっていた一関市教育委員会博物館建設対策室の「蘭学関係資料の調査と収集」事業の一環として、細谷家に残る医学資料と文書類の調査を申し出られた。筆者も歴史研究に携わり、細谷家に残る文書の重要性は理解していても、専門は満洲族史・清朝史であり、古文書整理は不可能なままに、鈴木氏の申し出に喜んで応えた。

鈴木氏を中心とする博物館建設対策室では、細谷家所蔵の資史料を帯出し三年余りをかけて整理された。その結果、明治初期の医学に関係する顕微鏡等計二十点のモノ資料と医学書等の書籍五十七点（七十一冊）、合計七十七点を一関市博物館に寄贈、それ以外の文書総計六二二点は筆者の勤務校であった東北学院大学東北文化研究所に寄贈し今に至っている。鈴木氏は細谷家の資史料を整理すると共に、細谷家文書六二二点は、「近世史料」四八八点（内系譜十二点）と「近代史料」一三五点（内系譜七点）からなるなどの文書の概要と解題、それに併せて細谷家の歴史を「山形横町細谷家文書」と題して公表されている。(5)

3. 細矢家の歴史

「本図」を摸写した細矢玄俊は細矢家の医業六世にあたるので、始めに細矢家の歴史を略述する[6]（「細矢＝細谷家略系図」及び「細矢＝細谷家略年表」参照）。「細矢氏由緒書」〈図2〉には[7]、細矢家の「遠祖」は出羽守兼源修理大夫兼頼すなわち斯波兼頼であり、その後胤の「大先祖」細矢孫左衛門良俊（初代）は、山形藩初代藩主最上義光の家臣で、弓矢に長じていたことから世人が「矢氏」と呼んだので、これを謙遜して「細矢」を名乗った、元和八年、最上家が改易され江州大森（近江大森藩）に移封された時に致仕して、「山形市間横町」[8]を居所とし、寛永十（一六三三）年に没したと見える。「大先祖」良俊の後は、「細谷家系譜」には、経歴の定かではない治郎兵衛、「中興祖」甚三郎、甚三郎の子供「医一世祖」玄沢（三代）と受け継がれたと記している[9]。「細谷家系譜」には、甚三郎について「延宝四年三月十五日卒、謚曰浄誓。最上山専称寺墓所に火葬」と記していて、甚三郎以後の細矢家歴代は最上家に因む専称寺を菩提寺としていた[10]。しかし医七世良珉（九代）は、明治四（一八七一）年八月十二日に「浄土真宗を改め神道となす」と、明治の廃仏毀釈の流れの中で神道へ変わり、墓地も専称寺から神道「佐伯墓所」に移したと記している。すなわち甚三郎から良珉の父玄俊に至るまでの細矢家代々は専称寺に葬られ、その墓石には現名、諡、戒名、生没年、没年齢などが刻されていたが、墓地を専称寺から佐伯墓所へ移した良珉は、専称寺の墓石に刻されていた戒名や生没年などを克明に記録し、「細谷家系譜」に記載したと推定されるので、「細谷家系譜」に記された甚三郎以後の生没年や系譜は確かなものと考えられる。

なお、これまで姓「細矢」と「細谷」を混用してきたが、「大先祖」良俊から医六世玄俊までは「細矢」を、医七世良珉は「細谷」を称している。良珉は、仏教から神道へ変わると共に、それを何年に改めたのかは不明であるが、徳川から明治へと移る時流の中で、武を示す「矢」を捨て「谷」へ、「細矢」姓から「細谷」姓へ変えたと推定される。

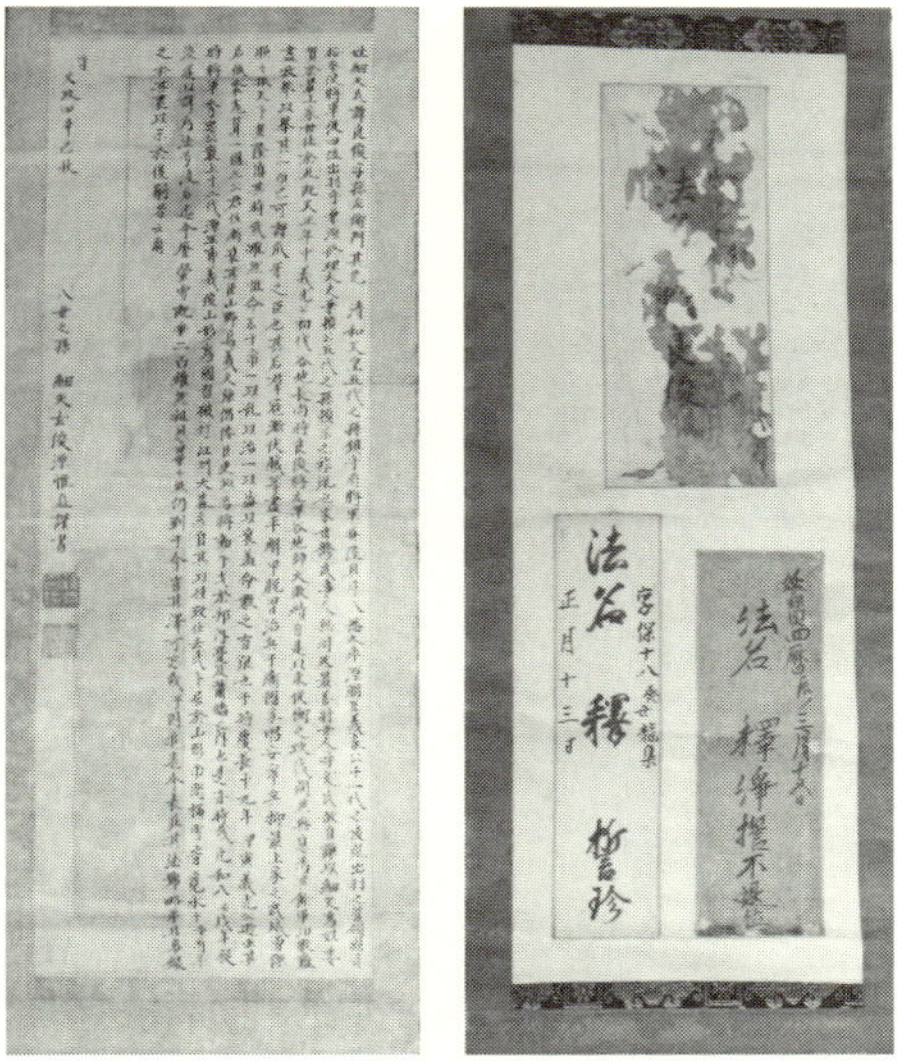
図２（右）細矢家由緒書（表）法名
（左）細矢家由緒書（裏）由来

さて、武士を捨てた後、甚三郎は酒造業を始めているが、その酒造業は医四世良珉が寛政二（一七九二）年十一月に

「酒石帘株」(11)を「専称寺内権左衛門に永代譲り渡す」まで、医業共に一五〇年余り継続したようである。酒造業であった甚三郎の子供玄沢は「甚三郎が没した後に医道を志し、眼療に優れていた」と記され［医一世祖］に位置づけられている。

医一世玄沢（三代）に始まる細矢家の医業は、医二世瑞仙（四代）、医三世良璹（五代）、医四世良珉（六代）、医五世元泰（七代）、医六世玄俊（八代）、医七世良珉（九代）、医八世千春（十代）、医九世真金（十一代）へと受け継がれたが、筆者（十三代）の父＝俊夫（十二代）と父の弟は共に医業を嗣がず、玄沢に始まる細矢家医業は医九世真金を以て途絶えている。

九世続いた医業細矢家の歴史で注目すべき事は、医三世良璹が医を学ぶため京に赴いて以後、医七世良珉までの代々は京都に、明治時代になると医八世千春は東京に、医九世真金は仙台に、医学を修めるために留学している事であろう。山形は紅花や稲米の産地として、最上川舟運と北前海運で大阪や京都と結びついていたのではあるが、当時、医を学ぶために、山形から京都へ足を運ぶ事は容易ではなかったであろう。或いは山形城主最上義光が父の病気治療のため、足利出身の京都で法橋の位を得た小林七郎右衛門玄端を招き御典医とした事(12)などが影響したのかも知れないが、その契機は不明である。

医業を学ぶために京都へ赴いた医三世良璹は、瑞應院法印岡松良安の門弟、医四世良珉は岡松

細矢＝細谷家略系図（「細谷家系譜」に依拠　○数字は大先祖からの世代）

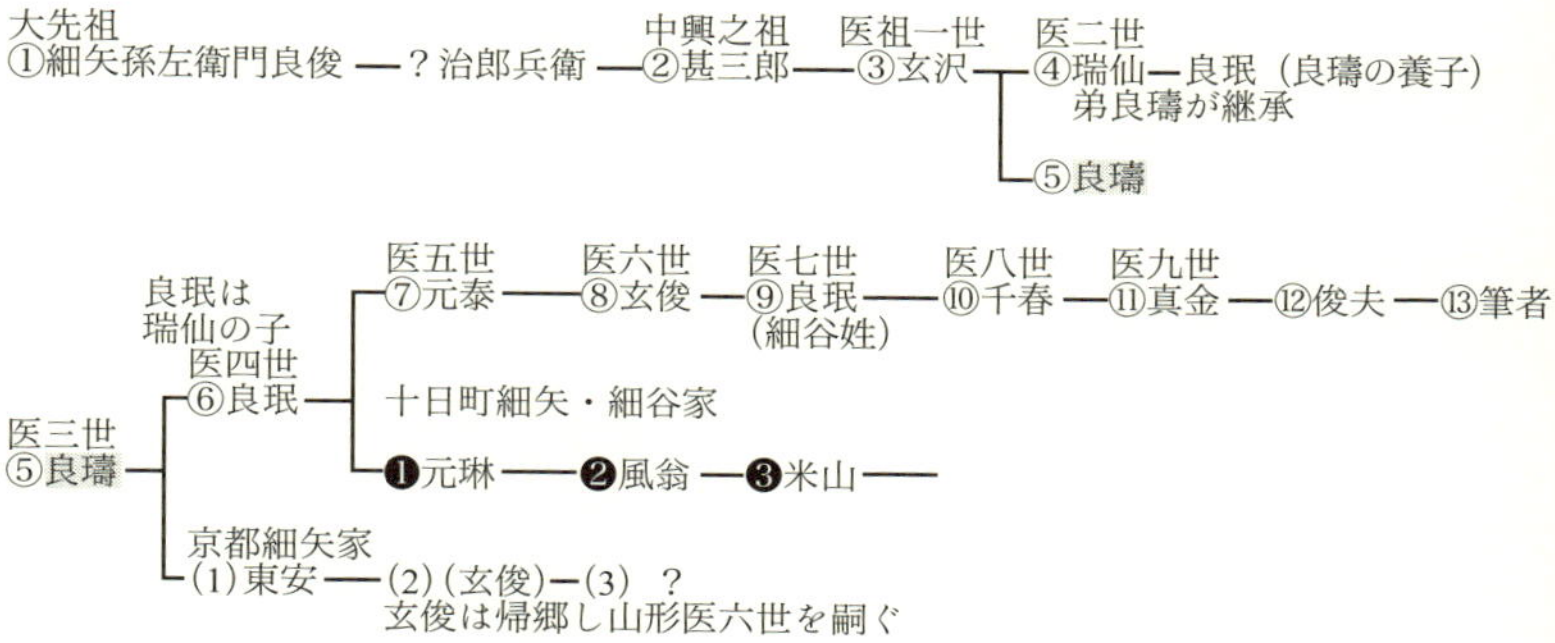

良英法眼の弟子と、それぞれが名のある医師の門を叩いている。中でも良璹の三男東安は、京都に赴いたまま山形に帰らず「京都細矢家」を興している。すなわち東安は父良璹の後は兄良珉が嗣ぐであろうと考え、明和二年（一七六五）正月十九歳で京都へ赴き、同六年に保壽院法印山科一安元由の弟子、更に浅井正路の門弟（後に学頭）となり、安永七年（一七七八）五月・三十二歳で法橋に、天明七年（一七八七）正月・四十一歳で法眼に叙せられ、天明八（一七八八）年正月には御室仁和寺宮の家臣＝侍医となった。寛政八年（一七九六）四月・五十歳で綾小路通高倉西神明町に居を定め、文化四年（一八〇七）七月・六十一歳で没し、京都麩屋町福円寺[13]に葬られている。『傷寒雑病論集解』、『醫方亀鑑』等を著し古法眼安斎先生と称された東安には、嫡男順安と二男貞安があったが、共に早世したので、当時、京都で東安に医を学んでいた医五世元泰の嫡男玄俊に名跡

細矢＝細谷家略年表

世代	医業世代　人名　号	生没年	事項
大先祖初代	良俊	？～ 寛永 10（1683）	元和 8 年：最上家江州大森に改易　山形横町に居を定める
？	治郎兵衛	？～？	事績不明
中興祖 2 代	甚三郎	慶長 10（1605）？ ～延宝 4（1676）	酒造業を営む
医業祖 3 代	医 1 世　玄沢	寛文 1（1661）？ ～享保 18（1733）	延宝 4 年以後：医業を志し「眼療」に精なり 元禄 15 年：飯塚村の田土を取得
4 代	医 2 世　瑞仙	貞享 2（1685）？ ～寶暦 12（1762）	「緘術」が専門　弟＝良璹に医業を嗣がせる
5 代	医 3 世　良璹	宝永 7（1710）？ ～安永 7（1778）	享保 14 年：京都・瑞應院法印岡松良安の門に入る 法橋に敍せられる。瑞仙の子良珉を養子とする
6 代	医 4 世　良珉 号＝蘭英、潜龍館	享保 19（1734）？ ～寛政 3（1791）	宝暦 3 年：京都・岡松良英法眼の門に入る 宝暦 7 年頃：帰郷 寛政 2 年：酒石帘株を永代譲り渡す（酒造業をやめる）
7 代	医 5 世　元泰 号＝養壽館	寶暦 8（1758） ～文政 3（1820）	安永 6 年：京都・保壽院法印山科安元由、浅井南溟の門に入る 天明 3 年：帰郷 文化年間：秋元家の御用医を勤める 文政元年：家宅焼失、土蔵は焼失を免れる
京都細矢	京都医 1 世　東安 号＝羽山、慶壽館 古法眼安斎先生	延享 4（1747） ～文化 4（1807）	明和 2 年：京都に赴き同 6 年山科一安元由、浅井正路の門に入り学頭となる 安永 7 年：法橋に敍せられる 天明 7 年：法眼に敍せられる 天明 8 年：御室仁和寺宮侍医となる 寛政 8 年：高倉西神明町に居を定め京都細矢家を建てる

8代	医6世　玄俊 号＝崧嶽、敬義堂	天明6（1786） ～嘉永2（1849）	文化3年：京都細矢家東安の門に入る 文化4年：東安を継ぐ　仁和寺宮侍医となる 文化11年：大明地理之図を模写 愛徳公内大臣に任命 文政3年：帰郷　元泰を嗣ぐ　秋元家の御用医を勤める 文政12年：以後小白川村、妙見寺村の田地を取得
十日町細谷	分家医1世　元琳 号＝蘭谷	明和7（1770） ～文政5（1822）	京都で医を学ぶ 寛政7年5月：十日町細矢家を建てる
	分家医2世　玄達 号＝風翁	文化4（1807） ～明治15（1882）	
	分家医3世　温 号＝米山	天保8（1837） ～明治18（1885）	
9代	医7世　良珉 号＝度外	文政10（1827） ～明治33（1900）	弘化3年：京都・竹中秀四郎の門に入る 嘉永元年：帰郷して玄俊を嗣ぐ 明治4年：浄土真宗をやめ神道へ移る 細谷姓を名乗る 明治7年：学区取締・病院事務取扱医務係などを務める 明治12年：漢法内・外科免許を得て開業 明治27年：山形大火で横町も類焼、土蔵は焼失を免れる
10代	医8世　千春	嘉永3（1850） ～明治22（1889）	文久3～明治2年：細谷風翁の下で漢方内・外・眼科を学ぶ 明治4～9年：東京で医学修行 明治12年：洋法内・外科免許を得て開業
11代	医9世　真金	明治3（1870） ～明治38（1905）	明治21～22年：仙台高等中学医学全科卒業　横町で開業
12代	俊夫	明治32（1899） ～昭和21（1946）	東京外国語専門学校（仏文）卒業　逓信省航空局勤務　軍属・司政官を勤める

を嗣ぐ事を委嘱、玄俊は東安の言に従って、一時は京都細矢家を嗣いでいる。

医四世良珉の嫡男元泰は安永六年（一七七七）に上洛して、保壽院法印山科一安元由、浅井南溟の門で七年間にわたり医を学び、帰郷して細矢家医五世を嗣ぐと共に山形藩主秋元家の御用医を勤めている。良珉の三男元琳も京都で医を学び、帰郷後の寛政七年五月、横町にほど近い十日町で医業を営み、分家十日町細矢家の祖となった。元泰、玄琳、玄俊は共々に秋元家御用医を勤めているが、御用医の職務は幕末まで受け継がれたようである。(14) なお、十日町細矢家の祖元琳の養子玄達（号は風翁）とその子の溫（号は米山）、本家七世良珉（号は度外）の三人は、江戸末期から明治初めにかけて、医者であると共に文人として知られている。(15)

元泰の嫡男玄俊が、「大明地理之図」を摸写した細矢惟直であるので、玄俊については次項に記す事とする。

玄俊の嫡男医七世良珉もまた弘化三年に京都へ赴き、竹中秀四郎の門に入って医を学び、翌年帰郷して医業を継承した。明治二年、山形藩主水野忠広が版籍を奉還して新時代を迎えると、前述したように神道へ変わり、細谷姓を名乗ったが、明治五年（一八七二）に「山形中学校学区取締」、翌六年に「山形病院中医局事務取扱」などを勤め、息子千春と共に漢法・洋法医を開業している。

良珉の嫡男医八世千春は、文久三（一八六三）年から六年余り十日町細谷医二世細谷風翁の下で「漢方内・外・眼科」を学び、明治二（一八六九）年に横町で「内・外・眼科」を開業、明治五年から三年間、東京で「医学修行」して帰郷、明治十二（一八七九）年六月三十日には親子共々、良珉「漢法内・外科」、千春「洋法内・外科」の免許を得て開業している。

千春の嫡男医九世真金は明治二一（一八八八）年・十九歳の時に仙台高等第二中学医学全科に入学、翌年卒業しているが、(16)在学中の明治二十二（一八八九）年五月に父千春が没すると、隠居していた祖父良珉が後見人となって、真金は医九世を嗣いだ。真金は明治三十八（一九〇五）年・三六歳で没したが、当時、真金の嫡男俊夫は七歳、二男恒夫は五歳、曾祖父の七世良珉も既に亡く、兄弟共に医業を継承する事無く、(17)細矢（細谷）家医業は九世・二〇〇年余りで途絶えた。

4．医六世細矢玄俊（八代）

「大明地理之圖」を摸写した玄俊は医五世元泰の嫡男で、諱は惟直、字は伯温、号は崧嶽、(18)敬義堂を称した。天明六（一七八六）年十月二五日生まれ、文化三（一八〇六）年四月十日、二十一歳で京都へ赴き、京都細矢家の東安を師として医業を学んだ。東安は文化四年夏以来、病床につ

図３（上）「敬義」箱書き
（下）「敬義」額

き回復の見込みが無いままに、玄俊に、「汝は本家の嫡子ではあるが、自分の没後は京都細矢家を嗣いで欲しい」と言い、同年七月六十一歳で没した。玄俊は、東安の言に背き難いまま京都に留まって東安の後を嗣ぎ、仁和寺宮侍医となり、東安と改名したが、文政三（一八二〇）年に郷里山形へ戻って細矢家医五世を嗣いでいる。

玄俊の在京期間は文化三年・二十二歳から文政三年・三十四歳までの十四年間であったが、玄俊は、東安が在京三十年余りの間に培った仁和寺を頂点とする幅広い人脈をも受け継いだようで、その中の一人に内大臣花（華）山院愛徳《よしのり》公がいる。玄俊は「本図」に号「敬義堂」印を捺しているが、その「敬義」の二文字を、能書家として知られる愛徳公に揮毫してもらい大切に保管している〈図3〉[19]。仁和寺宮の人々や愛徳公に代表される、いわば上流文化人との交流の中で、玄俊は「本図」の原図を目にし、これを摸写する事が許され、「文化十一年甲戌孟春五日」に摸写し終えたものであろう。

文政元（一八一八）年二月二十三日に元泰の屋敷の向いから出た火事は、横町西側の五十余軒を類焼する大火で、元泰の屋敷も土蔵を残して全焼した。京都にあった玄俊は、父元泰宛に「家宅が再建されるまで、義母や妹共々京都へ来るように」との見舞状を差し出している。このように父と郷里を忘れ難かった玄俊は、元泰の没した文政三年九月頃に、京都を離れ帰郷、元泰を嗣いで細矢家医六世（八代）となっている。

「医業の余暇に山水や墨梅を写し、書画と骨董を嗜む」趣味人でもあった玄俊は、嫡子良珉と共に細矢家の歴史を伝える文書類を整理し、子孫に伝えるため「細矢氏由緒書」を記している。また、父元泰の勤めた秋元藩御用医を引き継ぐ一方で、近在の小白川村や妙見寺村の田地を入手するなど、多彩な活動を行い、嘉永二年・六十四歳で没している。

5．おわりに

「本図」を模写した細矢玄俊と細矢家について略述してきた。「本図」は、玄俊が文化十一年に、滞在中の京都で行った事は確かであるが、玄俊が京都で目にした様々なものの中から、何故、「大明地理之図」を選んで摸写したのか、その理由は定かではない。細矢家が医業を営むと同時に漢学の素養のある家であったので、「本図」に描かれた和船に乗る日本人が漢土を指さしている事が示すように、玄俊の、細矢家の未知の世界＝漢土への憧れが摸写の原動力になったのかも知れない。

「本図」の摸写から今までほぼ二〇〇年を経ているが、幸い「本図」は虫食いなどもほとんど無く、大明十三省を塗り別けた色彩も鮮やかなままである。大きな損傷無しに残った理由に、軸装仕立てのため空気に触れる事が少なかった事、温度や湿度変化の少ない土蔵に仕舞われていた事などが挙げられている。今後、「本図」を現状のまま保持し続ける事は困難と考え、恩師星斌夫先生、神田信夫先生が所属され、筆者も研究員の席にある東洋文庫に寄贈する事とした次第である。東洋文庫に収蔵され研究資料として活用されるならば、摸写した細矢家医六世玄俊（九代）にも喜んでもらえると考えている。

注

（1）二〇一四年五月十七～七月十日に開催された企画展は、「本図」の展示「山形・細谷家伝来『大明地理之図』」（解説は東北学院大学文学部歴史学科小沼孝博准教授）と「山形城下医業細谷家の歴史と六世玄俊」（解説は東北学院大学文学部歴史学科菊池慶子教授とゼミグループ）の構成で行われた。

（2）「本図」の基礎的調査は小沼孝博氏によってなされ、その一端は（注一）展示説明、及び『山形、細谷家伝来「大明地理之圖」簡介』（研究ワークショップ「清朝史研究をめぐる史料と史跡」（東北学院大学、二〇一四年五月三十日）で報じられている。

（3）長白山から流れる豆満江の南の山に「白頭山」と記し、中国で長白山、朝鮮で白頭山と呼ばれる同じ山を、別の山としている。

（4）「本図」は一枚がB5版程度の和紙に描かれ、それを貼り合わせて全体図が出来上がっている。また描かれた当時は、類似する他の地図と同様に一枚仕立てで、玄俊が京都から山形へ帰郷する際に、携帯に便利なように四分割して現状の軸装仕立てとしたことも考えられる。

（5）榎森進・鈴木幸彦「山形横町細谷家文書——解題と目録——」（『東北学院大学東北文化研究所紀要第三十号』一九九八年）。

（6）細矢家の歴史を伝える史料は、「山形横町細谷家文書」中の近世・近代史料「系譜」類の他に、細谷所蔵の明治二十五（一八九二）年細谷良珉記「細谷家系譜」（仮称）と鈴木氏未見の「細矢氏由緒書」（仮称・注7参照）がある。本稿は鈴木論文と「山形城下医業細谷家の歴史と六世玄俊」（「注一」）に依拠しながら私見を加えている。なお、本稿中の［大先祖］、［中興之祖］、［医業之祖］の語は「細谷家系譜」の文言である。

（7）「細矢氏由緒書」は良俊、甚三郎、玄沢の古い法名を貼り付け「先祖細矢氏諱良俊君法號」と名付けられた掛け軸の裏面に、文政四（一八二一）年に、玄俊が子孫に伝えたいと良俊の事績を中心に細矢家の由来を記したものである。

（8）横町（羽州最上郡金井庄横町）は、山形城の東側大手門「横町口」の外側を走る羽州街道沿いの、十日町、横町、七日町と並ぶ市場町の一郭をなしていた。『私たちのたからもの——山形城下絵図』（二〇一三年、山形県立博物館友の会）参照。なお、横町の町名は昭和二十七年に本町と改められた。
（9）「細谷家系譜」は良俊→治郎兵衛→甚三郎→玄沢と記しているが、治郎兵衛の存在は確かではない。本稿では没年が明記されている事と「細矢氏由緒書」を記した玄俊が自らを良俊の「八世孫」を名乗っている事から、良俊→甚三郎→玄沢と続くとしている。なお、本稿では大先祖良俊を初代とする世代と玄沢から始まる医業の世代を、医六世玄俊（八代）と表記した。
（10）専称寺は最上義光の娘駒姫（豊臣秀次の側室で処刑された）の菩提寺。
（11）「酒石帘株」の「帘」字について、「山形横町細谷家文書」共著者の榎森氏は、特に理由を示さず「究」と判断しているが、「帘」に「酒屋幟」の意味があるので、本稿では「究」を採用しない。
（12）玄端については『山形市史・中巻「第5章近世における文化と生活　第1節学問と芸術（3）医学」』（山形市・昭和四十六年）を参照。
（13）麩屋町は現在の中京区白壁町。『宝暦町鑑』に、町の西側に真宗大谷派の福円寺があったことが記されている。（『角川日本地名大辞典（旧地名編）』角川書店）
（14）医七世良珉は、文久三年に山形藩主水野家御上洛の費用として十五両を用立てていて、元泰、玄俊、良珉と御用医であったと推定される。
（15）元達は本家の医七世良珉と同様に細谷姓を名乗っている。度外は風翁、米山と共に書をよくする事で知られていた。『山形市史・中巻』、『同下巻・近代編』「付編——近代を開いた人々」）参照。石川淳『諸国畸人伝「細谷風翁」』（『別冊文藝春秋五十三号』昭和三十一年八月、後に『石川淳全集』第十三巻筑摩書房、一九九〇年）もある。
（16）鈴木氏は、真金が「東京医学専門学校（現東大医学部）卒業」としているが、その事実は確認できない。なお、千春が東京で「医学修業」した場所も不明である。

(17) 俊夫(明治三十二～昭和二十一)は、山形中学校から東京外国語専門学校(仏文科)に進学、逓信省航空局に勤務、太平洋戦争中に軍属・司政官としてシンガポールなどに駐在した。恒夫(明治三十七～昭和四十五)は、山形中学校、山形高等学校から東京大学文学部(哲学科)に進学、東北大学文学部教授、山形大学学長などを勤めた。

(18) 鈴木氏は「嵩嶽」と記しているが「崧嶽」が正しい。なお、玄俊は「敬義堂」を使用し、「崧嶽」はほとんど見当たらない。

(19) 花山院愛徳は権大納言中山栄親の二男、中山家から花山院家の養子となり、安永三(一七七四)年に従三位権中納言、文化十一年に内大臣(翌年に辞す)、文政三(一八二〇)年に右大臣(同年に辞す)を歴任、文政十二年に没した。

「敬義」額の箱書きには「華山院内大臣愛徳公御真筆御額」と記されている。愛徳公が内大臣であった期間(文化十一～十二年)と玄俊の「本図」摸写年月(文化十一年正月)から、「敬義」額は、玄俊が「本図」の摸写を記念して揮毫してもらったものとも推定されよう。

追記

本稿に先立ち、東洋文庫「二〇一四年度後期東洋学講座――アジアの古地図を読む――」シリーズ・十二月三日開催「山形細谷(細矢)家伝来『大明地理之図』――江戸時代の東アジア大絵図――」(報告者細谷良夫、小沼孝博)が行われ、筆者は本稿の概要を報告した。

清朝の満洲語、満洲文字、北京官話、満洲語文献
――東洋文庫の清代満洲語文献類が持つ資料価値理解の一助として

石橋崇雄　ISHIBASHI Takao

はじめに

東洋文庫が保管して世界に誇る文献資料の一つに、清朝によって残された檔案、編纂記録、辞典などの多彩な満洲語文献資料類がある。その史料価値については枚挙に暇のないほどの専論が既にあり、ここに改めて新たな価値を提示するということであれば、そうおいそれとできることではない。ただ、これから満洲語文献類を活用した清朝史研究に踏み出そうとする方々に対して提示できる清朝満洲語文献類の全体に亘る価値と特徴についてという点になると、管見の限り、まだ充分には言い尽くされていないようにも思われる。ここではこうした点に限って言及し、今回の責を果たすことにしたい。

長城の外にいた満洲（女真）族が十七世紀に建設した（後）金国が発展・改称した大清国はそののち一般に、中国最後の専制統一王朝「清」として知られることになる。一六四四年の北京遷都を挟みながら不断に続いた統治領域の拡大は、十八世紀半ばにモンゴル高原・東トルキスタン・チベットなどを含む最大版図の形成を生じ、その延長線上に中国東北部・中国本土・内モンゴル地域・新疆ウイグル地域・チベット地域からなる現代の中国が直接に繋がることになった。こうして清朝は、いわゆる「中国」の領域概念に一大変化をもたらしただけではなく、延いては「東アジア」の概念をも変えることになった。

この清朝にとって、満洲語と満洲文字とはどのような意味を持つものと考えればよいのであろうか。ある民族が特有の言語を有している場合、それを記す独自の文字も作成して備えているかといえば、必ずしもそうとは限らない。しかし多くの民族を統合し、さらに多民族からなる国を建てるということになると、その支配民族ならびに国の象徴として独自の文字があることで、そこには統治する側に政治上の象徴としての大きな意味が付与されることになる。中国史ではしばしば、始皇帝による文字の統一がそれ以降の中国における独特な統一国家の歴史を形成することになったと指摘される。改めてこの例を示すまでもなく、国家の統一と政治構造の形成に、その国家を象徴する文字の存在が密接不可分に深く関わっていた事例は数多い。

清朝の満洲語、満洲文字、北京官話、満洲語文献

石橋崇雄

世界史の教科書等によく記されている事例の一つを示すならば、遼の契丹文字、金の女真文字、西夏の西夏文字、元朝のパスパ（パクパ）文字と共に説明されることの多い清朝の満洲文字がある。この場合、とりわけ興味深いのは元朝と清朝の場合である。何故興味深いのであろうか。これらの文字を総括して、中国の周辺地域に国を建てた経緯で中国の政治・文化の影響を強く受け、政治上に大きな意味をもつ独自の文字を制作した、という旨の内容で説明されることが多い。確かに契丹文字、女真文字、西夏文字は何れも漢字を応用して作成されたと理解されており、当て嵌まるともいえる。しかし、パスパ（パクパ）文字はチベット文字からの応用、満洲文字はモンゴル文字（ウイグル文字）からの応用である。また遼、金、西夏、清を興した各民族はその建国当時に独自の文字を喪失していたと言われているのに対し、元を興したモンゴル族は建国時にウイグル文字を充分に活用できていた上で更にパスパ（パクパ）文字を作成している。元朝と清朝は共に中国を統一支配したことで中国王朝の列に記されるために、ともすれば中国との関わりに問題の関心が集中してきたが、この二国が政治目的としての意味を持たせて独自に作成した文字が、それぞれチベット文字あるいはモンゴル族に定着していた文字からの借用であったことに、我々は今一度留意するべきであろう。遼、金、西夏の場合と明らかに異なる国家あるいは政治構造の特徴を、そこには見てとることができるからである。但し表題に絞る意味から元朝については措

くこととし、清朝にとっての満洲語と満洲文字の意味から始めたい。

1. 清朝にとっての満洲語・満洲文字と北京官話

清朝の満洲語はアルタイ語族系トゥングース語の一種と考えられ、清朝の記録によれば十二世紀に金を建てたトゥングース系女真族の使用していた女真語に直続する後裔の言語であるという。清朝第二代のハンである太宗ホン＝タイジの時代に自ら民族名をジュシェン（女真）からマンジュ（満洲）に改めたため、それ以降はこの新たな民族名に由来して一般に満洲語と称される。言語としては女真語に繋がるとはいえ、十三世紀に金が滅亡したことで政治上の意味を喪失したその女真文字は次第に廃れるままになり、その結果として独自の文字を失うことになった女真族は、やがて外国語であるモンゴル文や漢文に翻訳して文書を作るようになっていったとされる。その後、十六世紀の末になり、当時民族の統合を進めていたアイシン国（金国、十二世紀建国の金と区別して後金と呼称され、ホン＝タイジの時代に大清国と改称）初代のハンであるヌルハチ（後に清朝初代のハンと位置づけられ、清の太祖）は、民族的自覚の高まる中でこうした外国語に翻訳している状況の不自然さに思い当たることとなった。その結果、学者のエルデニ＝バクシ、ガガイ＝ジャルグチの二人に命じて、モンゴル文字（モンゴル帝国時代に広く用いられてモンゴル族に定着していた縦書きのウイグル文字を応用したもの）を借用してヌルハチ当時の女真語を独自の文字で書き表すように改めさせた。清朝の記録では一五九九（明朝の万暦二十七）年のこととする。ここにヌルハチ時代の新たな女真文字、そののち一般に清朝の満洲文字として広く知られることになる独自の文字が誕生することになったのである。

しかしモンゴル文字にはもともと、aとe、oとu、tとd、kとhとgなどに字形上の区別がなく、人名や地名などの固有名詞の判別に大きな難があった。この欠点はそのまま満洲文字にも受け継がれることになったため、この点の改良を第二代のハンである太宗ホン＝タイジから命じられた満洲族の学者ダハイ＝バクシは、一六三二（天聰六）年、これらの文字に圏（○）点（ヽ）を付して判別することを考案した。そこには日本語の仮名における「は」・「ぱ」・「ば」などの区別方法と酷似する特徴があり、興味深い。この一六三二年以後の満洲文字を有圏点文字、それ以前のものを無圏点文字と称して、両者は区別され、清朝における満洲文史料の書写年代を考える上での重要な指標の一つになっている。

清朝の言語と文字については一般に、この満洲語と満洲文字を取り上げることで説明を終わらせることが多い。しかし果たしてそれだけで充分であろうか。清朝の言語と文字には今一つ、清朝の制定した北京官話という大きな特徴が認められるからである。

現在、一般に中国語といえば北京語が代表格で、これが普通話（共通語・標準語・国語）として扱われている。しかしこの北京語、実は漢族が創始したものではない。その基になっているのは清朝が始めた北京官話、すなわち清代北京の、内城区域にある宮廷や中央官庁で支配者の旗人官僚等が用いていた特別な言語なのである。既に触れたように清朝はもともと満洲（女真）族が建てた国から発展したもので、その母国語は満洲語である。すなわち漢族・漢字文化・儒教世界である中国内地の外、いわゆる長城外の東北アジア世界で建国した後、一六四四年に中国内地に入って来て北京に遷都したのが清朝である。その直前までの、清がまだ明末における反乱勢力の一つであったとみなされていた時代には、その本拠地は遼寧省を流れる遼河以東の遼東平野にあり、満洲・モンゴル・漢の三民族を中心にこの地で旗人社会を構成していた。既にこの遼東の地で漢族を支配下においていたことから、満洲族を主とする支配階級の旗人はこの地の漢語を用いていたが、それは中国の山東方言に基くものであったという。明代の遼東は山東半島地域との交流が盛んであったからである。内乱によって北京を中心とする明朝の京師体制が崩壊したそのすぐ後を受けて北京に遷都した清朝の旗人は、北京京師体制の再構築が急務となるなか、中国各地における方言の相違という大きな壁に直面することになった。

香港映画でなじみの深い広東語と北京語とを対比してみれば容易に理解できるが、両者を発音だけで対比すれば全く別の言語である。こうした方言が寄り集まった広大な中国で意志の疎通に差し障りがなかったのは、ひとえに表意文字である漢字の賜物であろう。書きさえすれば判り合えるのである。これこそは始皇帝の漢字統一が中国の後世に与えた最大の恩恵であった。その反面、話し合うには共通語が必要となる。清朝の場合、それも支配者である旗人がすぐさま政治支配に活用できる共通語でなければならない。そこで清朝の旗人はすでに慣れ親しんでいたいわば独自の旗人漢語を北京に持ち込み、京師の官僚層における共通中国語として北京官話に発展させた。北京官話は清朝の統治者が中国の外から来た異民族であったからこそ実現できた中国史上初めての共通中国語であった。その結果、京師の北京に集まった各地出身の官吏は北京官話を共通語にして意志の疎通をはかることができるようになった。国語（標準語）としての便利さゆえに、この北京官話は北京語として、時代や政治理念の違いを越えて現代中国にまで受け継がれることになった。

以上のことを整理すると、言語と文字から窺える清朝の特徴が浮かび上がってくる。モンゴル文字を借用した独自の満洲文字からは、ユーラシアに君臨したモンゴル帝国の流れを継承している意味の反映が窺えるし、北京官話からは、中国歴代王朝の流れを継承している意味の反映が窺える。しかもどちらも独自に作成し、政治支配に大きく活用できたことからは、この二つの領域世界の文化を統合して自らの支配構造に取り込んだことまでも自負している感が見て取れる。清朝の場合、国語（公用語）として満洲語、北京語、モンゴル語を常用しただけにとどまらず、最大版図が形成されるなか、そこにチベット語とウイグル語を並列させるまでに至るからである。そこには清朝における国家構造の特徴が反映されていると捉えるべきであろう。

次に、こうした政治変遷の結果として清朝で作成された満洲語文献の特徴に移りたい。

2. 清朝の満洲語文献

清が中国に君臨する王朝としては未曾有の規模となる広大な版図を領有したことに注目すると、そこには中国内地を支配という構造だけでは捉えることのできない独特な複合多民族国家としての性格が窺える。実際、こうした清の性格を反映し、歴史上における清の位置付けについては従来、中国最後の非漢族征服王朝（満洲族王朝）としての位置付けと、中国最後の伝統的専制王朝としての位置付けとの二つが考えられている。清が持つこの二面的要素は、清における文献史料にどのような特徴として表れているのであろうか。清の第一公用語（国語）であった満洲語の文献についてみてみると、経書に代表される中国古典の翻訳が多いこと、満洲文や漢文などの単一言語で記したもののほかに同一内容を満洲・漢や満洲・モンゴルなどの複数言語で記した合璧文献が多いこと、満洲・漢・モンゴル・チベット・ウイグルの各言語にわたる官撰あるいは私撰の辞書類が多いこと、などの特徴がある。そこには清が中国を統治する上で直面した中国の伝統文化に対する問題、あるいは複合多民族国家における国語の問題が反映されていると捉えられよう。清朝の満洲語文献類にみられるこうした特徴のうち、特に注意しなければならない点として、ここでは清代に作製された辞書類[1]を中心にまとめておきたい。

清朝ではその統治の変遷に即してしばしば政治制度に関わる用語を改訂しており、こうした用語の変遷を適確に捉えておくことが必須条件となる。そのためには清の時代ごとに作製された辞書類を参照することが有効な手段となる。こうした清代の辞書類のなかで最も代表的なものに『清文鑑』と題された官撰の国語辞典類があり[2]、康熙年間から乾隆年間にかけて幾度かその編纂・刊行を重ねている。これらを列挙すると、康熙四十七（一七〇八）年付けの御製序が付された『御製清文鑑』、康熙五十六年付けの序が付された『御製滿洲蒙古合璧清文鑑』、雍正十三（一七三五）年付けの序が付された『音漢清文鑑』、乾隆十一（一七四六）年付けの序が付された『一學三貫清文鑑』、乾隆三十六年付けの御製序が付された『御製増訂清文鑑』、乾隆四十五年付けの御製序が付された『御製滿珠蒙古漢字三合切音清文鑑』と続き、さらに乾隆年間には『御製四體清文鑑』と『御製五體清文鑑』が刊行された。その編纂・刊行の過程は、万里の長城以北に建設されて清朝皇帝が藩部世界の盟主（大ハーン）として君臨した政務所である避暑山荘の着工から竣工に至る流れに沿っていることに留意しておかなければならない。

避暑山荘の建設は、中国内地を統一した第四代聖祖康熙帝によって康熙四十二（一七〇三）年に開始された。その三十年後の雍正十一（一七三三）年には、次代の世宗雍正帝が亡父康熙帝の徳政をたたえて熱河庁を承徳省と改め、承徳の名が起こった。そして第六代高宗乾隆帝の時代になって多数の華麗な宮殿・楼閣が増築され、乾隆五十五（一七九〇）年に竣工をみた。他方、『清文鑑』編纂の流れは、満洲語彙を満洲語で説明した辞典である康熙四七年御製序の『御製清文鑑』に始まり、満洲・モンゴル語を対比した『御製滿洲蒙古合璧清文鑑』（康熙年間）、満洲・漢語を対比した『音漢清文鑑』（雍正年間）・『一学三貫清文鑑』（乾隆年間）・『御製増訂清文鑑』（同）、満洲・モンゴル・漢語を対比した『御製滿珠蒙古漢字三合切音清文鑑』（同）、満洲・モンゴル・漢・チベット語を対比した『御製四体清文鑑』（同）と進み、満洲・モンゴル・漢・チベット・ウイグル語を対比した『御製五体清文鑑』（同）が最後となる。このうち五番目の『御製増訂清文鑑』以降が麗正門の建造後に作成されたものである。麗正門が建造された一七五四年といえば、藩部形成の最終段階に入る第一次ジュンガル出兵の前年にあたり、その五年後には清朝の最大版図が完成する。

領土の拡大とともに多くの民族を内包した清朝では、その統治に際し、満洲文から漢文、漢文から満洲文など、公文書の作成における多言語を「繙訳」（清の用語）することが重要事となり、さまざまな専門の繙訳機関や特異な繙訳官（筆帖式）の任用を必要とした。この繙訳官任用に関わる制度の一つとして、清朝は独自の科挙である繙訳科挙までも実施した。(3) そこには、東北部・内外モンゴル・中国本土・チベット・ウイグルの各民族世界にわたる清朝領域の拡大過程と、その多民族統治における対処の過程が投影されており、一連の『清文鑑』はその反映と捉えることができる。実際、乾隆年間以後になると繙訳科挙に対して備えなければならない書物の中に『清文鑑』の名が見えるようになり、乾隆三十六年御製序の『御製増訂清文鑑』は一連の『清文鑑』を代表する性格をもつことになる。

ここで注意を要するのは、乾隆年間以前と以後とでその翻訳内容が大きく変化していることである。例えば、『御製増訂清文鑑』の御製序には「綜計續入新定國語五千餘句」とあり、「新たに定められた（満洲語の繙訳にかかわる）国語五千句余り」が収録されたことを伝えている。また咸豊二（一八五二）年刊『欽定科場條例』巻五九「繙譯」の「繙譯郷會試上・例案」に収められている乾隆五十二（一七八七）年付けの上諭からその大意を示すと、「繙訳科挙で提出された解答用紙では漢文の風俗を満洲文でan kooliと繙訳しているが、これは古い時代に定めた成語で既にその字の意味を失っていて適切ではない。geren i tacinと繙訳するべきであり、所管の繙譯房にその旨を伝えて国語辞典の『清文鑑』を修訂させ、関係部署にも遵守させる。繙訳に際して満洲語本来の意味をなおざりにする傾向がみられることは嘆かわしい。これより以後は徹底して満洲語本来の意味を充分に踏まえて繙訳することとし、漢文に引きずられて繙訳してはならない」[4]とある。このように、乾隆年間になると満洲語による訳語を新定するなどして、古典に対する翻訳内容を大きく修正しているため、乾隆以前とそれ以後とでは翻訳の内容にかなりの相違がみられ、乾隆以前における文献史料の記載を判りにくくしている。

なお『清文鑑』類のほか、乾隆年間の訳語新定に至るまでの清代の辞書類としては、康熙二十二（一六八三）年序『大清全書』、康熙二十九年新刊『満漢同文全書』、康熙三十二年小引『同文彙集』、康熙三十八年序『新刻清書全集』、康熙三十九年新刊『満漢類書』、康熙六十一年自序『清文備考』、康熙年間『満漢同文類集（同文物名類集）』、乾隆三（一七三八）年新刻『清文典要』、乾隆七年版『六部成語』などがあり、乾隆年間以前の翻訳状況を知る上で有効である。これらの満洲文と漢文との対訳内容にはかなり大きな相違があることから、その個別索引や総合索引が作成できれば清朝史研究に裨益するところは測り知れないほど大きなものになろう。

3. おわりに

清朝の場合、実録類を満洲文・モンゴル文・漢文の三体で作成したほか、対外文書には漢文以外のものも用いたりしている。一六八九年に清・ロシア間で締結されたことで広く知られるネルチンスク条約において、清がロシアに渡した正文と副文にはラテン語と満洲語によるものがあるだけで漢文による文書はなく、それにもかかわらずその中で「中国皇帝」を称していることなどは、当時の康熙帝が模索していた清朝における新たな政治構造を反映しているようで、甚だ興味深い。このように独特な政治構造がそのまま反映された清朝の言語と文字の問題はなかなかに奥深く、未解決の点がまだ数多く残されている。

今回の拙文によって東洋文庫に保管されている清代満洲語文献資料類の史料価値に対する理解が広がり、向後の研究に少しでも参考になることがあれば幸甚である。

注

（1）清初の辞書については成百仁「初期満洲語辞典들에 대하여」（『만주어와 알타이어학 연구』一九九九年）に詳しい。

（2）『清文鑑』については、今西春秋「五體清文鑑解題」（田村實造ほか編纂『五體清文鑑譯解』上巻所収、京都大學文學部内陸アジア研究所、一九六六年）、石橋崇雄「『han i araha manju gisun i buleku bithe,（御製清文鑑）』考――特にその語彙解釈中の出典をめぐって――」（『国士舘大学文学部人文学会紀要』別冊一、一九八九年）などがある。

（3）宮崎市定「清朝における國語問題の一面」（『東方史論叢』第一、一九四七年初出。『アジア史研究』第三に収録、一九六三年。『宮崎市定全集14（雍正帝）』再録、岩波書店、一九九一年）、東川徳治「満洲蒙古の旗人に対する旧特制繙訳科挙」（『東洋文化』九十八、一九三二年）、石橋崇雄「清朝の「繙訳科挙」をめぐって」（『歴史と地理』世界史の研究一三五、一九八八年）、村上信明「乾隆朝の繙訳科挙と蒙古旗人官僚の台頭」（『社会文化史学』四十三、二〇〇二年）、同『清朝の蒙古旗人――その実像と帝国統治における役割』（風響社、二〇〇七年）などがある。

（4）項據喀甯等考試八旗各處滿洲教習人等、進呈試卷。内風俗字様、俱繙 an kooli, 此雖係舊定成語。但初定時已失字意矣、久行不易者、始謂之kooli 随時人之常習謂之風俗。理宜繙作 geren i tacin. 所有進呈試卷已經改正、將此著交繙譯房、將清文鑑照依改正、宣示各處遵行。從前徳通在時所繙清語内、阿岱不曉者甚多。阿岱善於清語何至不曉。究係徳通固執漢文、拘泥成語、不能取意、以至繙成漢文語氣、阿岱始不能明晰。是以彼時會降旨曉諭衆人。凡繙清必順滿文取意繙譯。方可令人易曉不然棄舍滿文語氣。因循漢文繙譯、則竟至失卻滿文舊規、著將此通行各處。嗣後一切繙清、必遵朕屢次訓旨、遵照滿文舊規取意繙譯。斷不可拘泥漢文繙譯。欽此。

東洋文庫所蔵朝鮮本について

藤本幸夫　FUJIMOTO Yukio

東洋文庫は一〇〇万冊に達する蔵書・資料を擁し、世界の東洋学関係図書館の五指に数えられている。その覆う範囲は、漢籍を中心にアジアの五十数ヶ国語に亙る文献と欧文文献及び和書に三大別される。筆者が研究対象とする朝鮮資料は漢文資料が中心で、そこに若干のハングル資料が加わる。東洋文庫が所蔵する朝鮮本は前間恭作氏旧蔵本が中心である。江戸時代の蔵書を継承する書陵部・内閣文庫・尊経閣文庫・蓬左文庫等に比べれば、質的に及ばぬことは言うまでもないが、東洋文庫本は十九世紀末ごろから蒐集され始めたもので、同様な性格を持つものに国会図書館所蔵朝鮮本・東京大学阿川文庫・京都大学河合文庫・天理大学今西文庫・大阪府立図書館所蔵本（佐藤六石氏蒐集）・早稲田大学所蔵朝鮮本等がある。前者は十五・十六世紀刊本が中心で、金属活字印刷本が多く含まれる善本であるが、中国本の重刊本が多くて朝鮮自体の研究に直接関係しない書籍が多い。それに比べて東洋文庫などの書籍は朝鮮に関するものが多数を占め、朝鮮学には却って有用である。

筆者の学生時代、中国学研究者で朝鮮資料に関心を寄せる人は殆どなかったように思う。近年は朝鮮書に関心を有する研究者が増えているようで、喜ばしく思われる。先ず朝鮮本の資料性について述べる。

1. 朝鮮本の特徴

ここに朝鮮本とは刊本・鈔本を含めるが、朝鮮本の有している意義とは何か、種々な面から朝鮮本の特徴を以下で確認してみよう。朝鮮本が内容的に見ると、朝鮮に関する事柄を対象とするのは言うまでもないが、それ以外の国々、即ち中国・日本・琉球などもその対象として挙げることができる。先ずそれらについて述べてみよう。

(1) 中国（唐・宋・遼・元・明・清）に関して

東洋文庫所蔵朝鮮本について

藤本幸夫

朝鮮は中国とは紀元前より交渉があり、正・負両面で甚大な影響を受けてきた。朝鮮の正史である『三国史記』『高麗史』『朝鮮王朝実録』や両国の交渉に関する記録類、野史やその他文集・詩集類に至るまで、中国への言及度合いの違いはあっても、言及しないことがないといっても過言ではない。そもそも正史編纂ということ自体が中国に倣っており、文集や詩集の編纂も中国に範を採ったものである。また歴史・思想・諸制度・建築・産業・地理・天文・算法・医業・本草・芸術等々、百般に亙って中国の影響を受けており、朝鮮の資料から中国に関する諸事実を無数に掬することができる。中国で記録されなかった事柄が、或いは中国で逸伝となったものが、朝鮮で記録され、伝えられていたりすることは枚挙に遑ない。凡そ唐は『三国史記』に、宋・遼・元は『高麗史』に、明・清は『朝鮮王朝実録』及び政府諸記録や野史・文集類等々に多く記録されている。人質として瀋陽に抑留された朝鮮の王子が本国に送った『瀋陽啓状』には、清初の政情などが克明に記録されている。

歴史的な事柄は言わずもがな、例えば朝鮮から毎年数度も派遣された燕行使は、数百種に上る「燕行録」を残しており、そこには国際情勢から百姓の生活の一齣に至るまでの、実に種々な記録が記されている。瀋陽における大衆演劇の様子が、その演目と共に細微に亙って記録されており、中国演劇史にとって貴重という。また外国との通訳を掌る司訳院で用いられた中・朝対訳の中国語学習テキストである『老乞大』や『朴通事』は、後に改修が加えられているが、元来元代中国語で成っていたため、中国語学者からも珍重されている。

満州語教科書としては『小児論』『八歳児』等、更にハングルを用いた辞書『漢清文鑑』、蒙古語教科書としては『捷解蒙語』『蒙語老乞大』などがあり、いずれも貴重な資料である。

（2）日本・琉球に関して

朝鮮と日本も古代から密接な関係があり、日本は朝鮮から深甚な文化的影響を受けてきた。日本には五五二年（或いは五三八年）百済より仏教が伝来する頃、或いはそれ以前から仏典や外典が流入していたであろう。古代写経に朝鮮古代三国（高句麗・百済・新羅）伝来経が混在しているであろうとは、古くから言われていたが、正倉院及び東大寺図書館所蔵の僚巻『大方広仏花厳経』が、山本信吉氏や小林芳規博士の研究によって新羅伝来として知られるようになった。特に後者には新羅の角筆「吐」（送り仮名）である処格「良」字（草書体）や所有格「匕」字（叱の略体）等が確認されている。今後も更に出現する可能性がある。その他に新羅高僧の著作が伝来し、写本で伝承される中、或るものは刊行されたりもしている。続蔵経（教蔵）の中には重刊されたものもある。どの時代にもまして朝鮮本を藍本としての刊行が盛んであったのは、桃山時代から江戸時代初期にかけてである。豊臣秀吉の朝鮮侵略によって、許多の朝鮮本が齎された。それらを藍本として活字で、或いは木版で、種々の本が出版されている。その範囲は、経書・歴史・文学・語学・医学・数学・養鷹等々広汎な範囲に亙っている。

他方『三国史記』『高麗史』や『朝鮮王朝実録』などの朝鮮資料には日本に関する記録が頻出し、また『老松堂日本行録』『海東諸国紀』、さらに通信使の種々「東槎録」は、日本における見聞を述べる。『増正交隣志』には日本との外交交渉を記す。司訳院で用いられた日・朝対訳の日本語学習テキストである『伊呂波』『捷解新語』『倭語類解』などは日本語学にとっても貴重な資料であり、特に『伊呂波』(一四九二)は、室町時代日本語の音韻資料として重んじられ、『捷解新語』は両国語の時代に伴う変化を反映した三度の改修を経ており、両国語の歴史的研究に重要である。『海東諸国紀』には琉球語がハングルで記録されており、最も古い琉球語記録として重宝されている。

朝鮮本が日本の学術に及ぼした影響は、極めて広大且つ深甚である。日本の学問の成立を明らかにしようとすれば、その一翼を担う朝鮮の影響を考慮に入れなくてはならず、その具体的な手がかりとなるのが朝鮮本である。その意味でも朝鮮本の研究が必要である。

（3）中国古刊本の伝承

紀元前一世紀の前漢楽浪遺跡から木簡『論語』の残簡が発見されており、その後も絶え間なく中国文化の影響下にあった朝鮮では、多くの書籍が伝来したに相違ない。『三国史記』や『三国遺事』には、伝来書名が確認される。『白氏文集』の後書には、新羅人が競って高価で求めるとあり、宋代蘇東坡は高麗人の書籍購入を規制するように上奏している。朝鮮朝末まで使臣が中国に行けば、王命で或いは個人的に書籍を購入した。高麗宣宗八年（一〇九一）には宋哲宗が、逸書が高麗に多くあると聞いて、百二十余部の目録を送って求めている。また元からは南宋の秘閣にあった書籍を賜っている。このようにして朝鮮王朝初には宋・元刊本や明初刊本で充ちていた。したがって朝鮮王朝前期（十五・十六世紀）の刊本には、それらを藍本とするものが多い。

例えば十五世紀末頃政府で銅活字（甲辰字）を以って印刷した『白氏文集』は、南宋初期刊本の系統を引いていると考えられるが、中国では古刊本は知られず、万暦三十四年（一六〇六）馬元調刊本が使用されてきた。中国で南宋刊本が一般に利用されるようになったのは、近年影印本が刊行されてからである。日本では上記朝鮮活字印本を藍本として、那波道円が元和中に古活字によって出版している。従って朝鮮と日本では南宋初期刊本の系統を引く『白氏文集』を享受してきたのである。朝鮮では中国逸書や失われた系統の書を朝鮮本として保つことがあり、朝鮮本は中国学にとっても貴重である。

（4）金属活字印刷に関して

朝鮮は印刷文化の面でも中国の深甚な影響を受け、独自の印刷文化を育んできた。新羅時代に既に『無垢浄光大陀羅尼経』（七五一頃）が印刷されたとするが、これについては近年高麗の印刷物ではないかという説も浮上している。その後高麗時代には二度に亙る大蔵経や続蔵経（教蔵）、内典・外典の刊行、また朝鮮朝時代にも膨大な量の書籍が刊行されている。ただ残念なことは書籍の伝存率が非常に低いことである。

朝鮮で特筆すべきは、金属活字印刷の盛行である。高麗金属活字印本として、フランス国立図書館所蔵の『白雲和尚抄録仏祖直指身体要節』巻下（一三七七）一冊が存し、これは現存世界最古の金属活字印刷書である。また近年高麗の首都開城から高麗活字が出土している。高麗金属活字印刷の始まりは十二世紀末から十三世紀初にあろうと考えられている。高麗の伝統を継承して朝鮮王朝でも金属活字印刷は盛んであった。活字は三十余種あるが、その中でも甲寅字（一四三四）は鋳造度・印刷の美麗度から見ても、完成度が最も高いとされる。その技術は世界に冠たるもので、世界の印刷技術史からも高く評価される。

また朝鮮の活字印刷技術は、秀吉の朝鮮侵略を契機に日本にも伝えられた。朝鮮活字がある程度齎されていたことは確認されるが、技術者や印刷道具など、具体的な事柄については明らかではない。しかし慶長二年（一五九七）刊勅版『錦繍段』『勧学文』には、日本の活字印刷（主として木活字）は朝鮮に倣うと記されている。文禄から寛永頃にかけて盛行した活字印刷は、朝鮮の影響で興ったものであり、朝鮮刊本を藍本としたのも多く、木活字の字体には朝鮮活字から採られたものもある。ただキリシタン版の影響も排除できないであろうと思う。

以上、朝鮮本は朝鮮自国にとってのみ有意義ではではなく、中国学・日本学にとっても極めて重要であり、また世界印刷史から見ても、特異で重要な位置を占める。従ってこのような観点からも、朝鮮本の有する意義が認識されねばならないであろう。

2. 東洋文庫所蔵朝鮮本について

東洋文庫への朝鮮本の寄贈について、『東洋文庫八十年史Ⅰ』（東洋文庫、二〇〇七）に四名の学者が記されている。先ず前間恭作氏（一八六八〜一九四二）で、第一回は一九二四年三月、第二回は一九四二年ですべて八二二部二三一〇余冊、他に古地図・拓本がある。次に幣原坦《しではらたいら》氏（一八七〇〜一九五三）、林泰輔氏（一八五四〜一九二二）・吉田東伍氏（一八六四〜一九一八）である。その他に文庫自体の購入書がある。目録としては、一九三九年刊目録とそれを増補した『増補東洋文庫朝鮮本分類目録』（国立国会図書館支部東洋文庫、一九七九）がある。ただ重複本で著録されていないこともある。

本目録の榎一雄図書部長の序によれば、前間先生の第一回の寄贈は、財団設立九ヶ月前の一九二四年三月二十五日、四二三部一七六四冊と古地図・図版・拓本の類三十点、第二回は一九四二年六月二十五日、四三一部七一四冊、計八五四部二四七八冊とする。前記或いは下記と冊数の一致しないところがある。幣原坦氏は朝鮮史学者・東洋史学者・教育行政官で、韓国学部学政参与官であった時に蒐集した朝鮮本を寄贈した。後に台北帝国大学総長に至った。総理大臣幣原喜重郎氏の兄で、兄弟共に東洋文庫に深くかかわったが、喜重郎氏は理事長をも勤めた。林泰輔氏は朝鮮史の開拓者であるが、後に中国史家に転じて活躍した。甲骨学の先駆者でもある。吉田東伍氏は国史学者で、地理学者としても大きな業績を残している。

筆者はまだ文庫の朝鮮本をすべて見切ってはいないが、経験から言えば朝鮮本を請求すると出てくるのは、殆ど前間本である。幣原本は時々、吉田本は稀に、林本は数本しか記憶に無い。吉田東伍氏旧蔵書は早稲田大学にあり、朝鮮本は甚だ多いが、その中に対馬宗家旧蔵本が混在する。東洋文庫の吉田本にも宗家旧蔵書が目立つ。十七世紀刊本で渋引き日本表紙に改装されているのはそれと見て間違いない。

前間恭作先生については、『古鮮冊譜』第三冊（一九五七）に末松保和先生の「前間先生小伝」があるのみであったが、近年白井順氏によって調査が進められている。白井氏には「前間恭作と鮎貝房之進の交流――在山楼文庫資料を通して――」（『年報　朝鮮学』十五、二〇一二年十二月、九州大学朝鮮学研究会）、「書簡を通して見た前間恭作と小倉進平の交流――『郷歌及び吏読の研究』刊行の昭和四年を中心に――」（『東洋文化研究』十五、二〇一三年三月、学習院大学東洋文化研究所）や「残存資料から見る前間恭作の基礎的研究」（学習院東洋文化研究所共創プロジェクト報告、二〇一三年五月）、その他筆者が個人的にいただいたハンドアウトがある。前間先生の書簡・日記・原稿・メモ・通帳などの私的資料は、一九八〇年孫の前間良爾氏から九州大学文学部朝鮮史研究室に寄贈され、前間文庫と呼ばれている。白井氏は三木栄・小倉進平・鮎貝房之進などの研究を通じて、戦前の朝鮮における日本人の学問形成を研究しておられるが、九州大学文学部助手になったのを機に、前間先生の資料を調査・研究され、次々と新しい事実を究明しておられる。以下両氏の記録によって先生の生涯を略述する。

前間先生は一八六八年一月二十三日対馬府中（厳原）で誕生した。父は醤油製造業紅屋で産を成した前間仁兵衛の息子豊吉で、仁兵衛が対馬藩の御用金を差し出したことで士籍を得ており、父豊吉は先生が幼い頃肥前浜崎で代官手代であった。母は宗藩訳官大通辞中村喜一郎の娘である。ここに先生が後年朝鮮語通訳官になられた萌芽があるのであろう。先生は厳原中学校で兼修とされていた韓語を学び、また全慶玉教師が前間宅に寄宿することになったので、起居を共にしつつ更に磨きをかけた。一八八三年全教師が任満ちて帰国するに従って、初めて釜山に渡った。帰国するや、父は今後は英語が必要になるであろうと考え、長崎の伯父の家に預けて、「カブリ・セミナリ（学校）」で英語の勉強をさせた。そこで東京の盛栄ぶりを聞き、一八八四年父の許しを得て同校を退学の上、九月に上京の途に就いた。大学予備門に失敗するなど挫折があり、また家庭の問題などもあり、一八八五年十二月大分へ帰った。大分には嘗ての師笠原半九郎氏が裁判所に勤務しており、同氏宅に寄寓しながらその斡旋で裁判所に勤めた。その時同氏の書生であった後の陸軍大将田中義一から激励を受けることが多かったという。一八八八年三月笠原氏が東京に転勤するのに従って再び上京し、慶応義塾に入学して一八九一年に卒業、丁度朝鮮問題が浮上し、七月外務省の朝鮮留学の募集に応募して、八月一日付で留学生に命じられた。十一月一日杉村濬領事一家と横浜を出港、神戸で敦賀丸に乗り換え、厳原二時間の停泊中に両親・親戚に別れを告げ、十二日仁川上陸、十三日漢城に入った。直ちに朝鮮語の学習が始まり、一八九四年七月仁川領事館書記生となった。日清戦争が勃発して風雲急を告げる頃、先生は吉川八重子を娶られた。一八九八年七月漢城勤務となり、一九〇〇年三月にはオーストラリア・シドニー勤務となって単身赴任、一九〇一年十二月再度漢城に帰任した。その後公使館・統監府で経歴を重ね、総督府通訳官として総務課文書課勤務となったが、一九一一年三月末日を以って依願退職した。四十四歳での退官は早すぎるが、末松教授はその理由を官界での栄進より、かねて集め来たった朝鮮本の研究乃至広く朝鮮文化研究にあったのではないかと、推量しておられる。

先生は南山西北の嘗て在山楼があったと云う地所を購入して居宅を建て、朝鮮風の書楼を設けて雲養金允植揮毫の篇額「在山楼」を掲げた。旧蔵書巻首に「在山／楼蒐／書之一」なる印を鈐するのは、これに因む。この近くには名臣潜谷金堉・その孫息菴金錫冑の邸宅があり、また一松沈喜寿や竹軒鄭載崙などの故宅もあった。先生宅向かいには浅見倫太郎宅があり、また奥には一時金澤庄三郎が住み、後にはドイツ人エッカルトが居住したという。その他に学部顧問幣原坦・高橋亨・鮎貝房之進・アンダーウッドなどが在韓し、朝鮮研究或いは朝鮮本蒐集という共通点を有していた。一九〇二年頃には先生は河合弘民・高橋亨・鮎貝房之進・アンダーウッド・周時経・ゲール等と「韓国語研究会」を開き、毎月二十五日に例会を催したと云う。また一九〇三年頃には「韓国研究会」を組織して、毎月一回講演会を開いた。先生が来韓するや即ちに朝鮮本の蒐集を始めたことは、その日記からも判る。

先生は退官後東京に移り住んだが、間もなく内国貯金銀行博多支店長となって福岡に居を移した。一九一六年六月には東京へ戻ったが、住居は転々とし、一九一九年五月に青山に居を定めた。座敷に八重桜が覆い被さっていたので「花下居」、また増築の座敷は「以存堂」と名づけた。この頃文求堂や琳琅閣・朝倉屋、ソウルの翰南書林等から朝鮮本を購入していた。九州大学には購入書の領収書が残されており、また翰南書林白斗鏞から購入した朝鮮本の書目及び領収書を綴った『覚書尺存』が存する。朝鮮本以外に和本や唐本も購入しており、また蔵書中の拓本類は浅見倫太郎氏から得たものと云う。白井氏に依れば、先生は理財に明るく、株で収入を得ておられたらしい。東京在住中に長男・長女をなくされ、一時ご夫妻は精神的破綻状態に陥られたと云う。一九三〇年六月に胃潰瘍を患ってから急に西下を思い立ち、十月に福岡市筥崎神宮東門外に屋敷を求め、ここを終の棲家とした。一九三七年一月夫人を失い、孤独の中で『訓読吏文』を完成し、一九四二年一月二日七十五歳の大いなる生涯を閉じられた。

先生は一九二二年に池内宏博士の依頼で、所蔵書の目録である『在山楼蒐書録』を作成していた。その目録の一九二四年一月付け奥書に、先生が所蔵朝鮮本を東洋文庫に寄贈するに至った経緯が記されている。一九二三年九月一日の関東大震災で東京にあった朝鮮の文献が一朝に失われたため、先輩白鳥吉博士の勧説に従って、自分の余生は何程も無く、自分の渇仰が実現しつつあるように思っている東洋文庫に蔵書が入るのは、思いも設けぬ幸せと信じるとの旨がある。東洋文庫は一九一七年に購入したモリソン文庫を母体として、一九二四年十一月十九日に創立されているので、前間先生は文庫成立以前に朝鮮本を寄贈されたことになる。東洋文庫には多くの学者の旧蔵書が寄贈されているが、前間先生のものが最も早い。先生の文庫に対する信頼が窺われる。それには文庫を単なる図書館とせず、研究機関を伴わせるという白鳥博士の主張への賛同もあったのであろう。また前間先生の著『韓語通』（一九〇九）の丸善書店に於ける出版に、白鳥博士が尽力されたという個人的な関係も垣間見られる。上記目録には四二三種一七〇〇余冊を収めると云う。その後も蒐書は続き、また到来本もあり、一九三五年十一月には三九九種六一〇冊余になったので、新たに『続在山楼蒐書録』を作成した。これらの書もまた先生没後の一九四一年六月、後嗣前間於菟猪氏によって東洋文庫に寄贈された。この時に『校註歌曲集』『朝鮮古語辞典稿本』『食譜』『名世譜』等の遺著稿本約七十種が、京城帝国大学に寄贈された。前間先生は文庫に洋書も寄贈されていると云う。

前間先生の関心分野・研究分野は、朝鮮文献学・語学・歴史・文化等々多岐に亙る。最も偉大で先生の学問の集大成というべきは、東洋文庫刊の巨冊『古鮮冊譜』三冊であろう。対象とされるのは御所蔵書が中心で、その他には当時の諸目録からの引用で、特に図書館を巡って調査された訳ではない。しかし各書に記載されている文献関係の記事を丹念に渉猟し、それらを適切且つ客観的に引用しておられる。各書に対する行論は朝鮮学に対する広博な知識に裏付けされている。朝鮮文献学の金字塔と称されるべきもので、韓国でも高く評価されて幾度か影印されている。同書の岩井大慧文庫長跋に拠れば、一九四四・一九五六・一九五七に亙る敗戦を挟んでの刊行であり、多くの研究者がその校正に辛酸を嘗められた由である。東洋文庫からはその他に『龍歌故語箋』（一九二四）『鶏林類事　麗言攷』（一九二五）が東洋文庫論叢第二・三冊として出版されており、文庫と前間先生間の評価と信頼が窺知される。また文庫刊行の『東洋学報』に幾度もの論文がある。更に日本図書館協会での講演を基に纏められた朝鮮本の概説書『朝鮮の板本』（私家限定版　一九三七）がある。『古鮮冊譜』がアイウエオ順であるのに対して、本書を基に更に分類解題書『鮮冊名題』が作られた。本書は漢文で記されており、上海での刊行も図られた由であるが、さる事情で中止になったと云う。

3. 貴重書について

筆者の東洋文庫所蔵朝鮮本の調査はまだ完全には終わっていない。しかし大部分は終了し、貴重書は見終えている。ここでは刊本の貴重書について、以下に経・史・子・集の四部に分けて幾点かを簡単に紹介する。その後に「貫冊」、即ち「貸本」に就いても述べたい。

(一) 経　部

(1) 書伝大文二巻一冊　□闕名氏撰　Ⅶ―一―二六

本書は書経の本文二巻で、天頭に懸吐を刻し、明宗宣祖初葉間(一五六八～八五)刊か。『攷事撮要』には全羅道扶安以外に冊板はなく、本書の刻手名に全羅道に見られる刻手名が混じるので、本書は扶安刊本であろう。

(2) 新増類合二巻一冊　朝鮮柳希春撰　XI―四B―八

十五世紀に成立したと思われる、漢字の音・訓を子供に教えるための童蒙書『類合』は、所収の文字が少ないため、柳希春が三〇〇〇字に増補して『新増類合』を撰した。該書巻上目録首に曲直瀬氏養安院蔵書印がある。宣祖初葉刊本と考えられる。黒口部に「全羅道南平」等の陰刻刻字があり、『攷事撮要』所収の全州刊本であろう。

（3）韻会玉篇二巻一冊　朝鮮崔世珍撰　XI—四B—六

本書は崔世珍撰の部首引きの字書である。中宗三十一年丙申（一五三六）序乙亥字刊本で、朝鮮三陟康伯旧蔵書、日本野間三竹・浅野梅堂旧蔵書。

（二）史　部

（1）治隠先生言行拾遺三巻一冊　朝鮮尹之亨編　XI四—B—一二

本書は高麗治隠吉再の言行を尹之亨が拾遺し、宣祖六年癸酉（一五七三）五代孫に刊行させた。しかし兵火で失われたので、光海君七年乙卯（一六一五）慶尚道で六代孫が再刊したものである。該書には「楽浪書斎」なる蔵書印があって吉田東伍氏寄贈書で、褐色渋引き日本表紙に改装されているので、対馬宗家旧蔵書と判る。

（2）漂海録三巻三冊　朝鮮崔溥撰　Ⅶ二—四七

本書は済州に派遣された崔溥が成宗十九年（一四八八）一月三日の帰路、暴風に遭って中国寧波・台州から北京に護送され、六月四日朝鮮に帰国したが、その間の見聞録である。記述は詳細で、高く評価されている。甲寅字印本で、明宗中（一五四六〜六七）の刊本か。伝本は少ない。

（三）子部

（1）異端弁正三巻三冊　明詹陵撰　XI四―B―四

本書は儒学の立場から老荘楊墨や釈氏を異端として排斥した書である。該書には内賜記があり、嘉靖三十年、即ち明宗六年辛亥（一五五一）六月安瑋に王より賜ったことが判る。乙亥字印本。また円光寺三要元佶なる墨書と蔵書印がある。

（2）脾胃論三巻二冊　元李杲撰　XI四―B―三五

本書は健康に脾胃が緊要であることを説いた書である。刻手名があり、地方刊本である。明宗宣祖初葉間（一五六八～八五）刊か。下白口部に「梅南書屋」とあり、『東垣十書』の第四・五冊。本書の伝存は稀である。

（3）芸文類聚百巻四十五冊　唐欧陽詢等奉勅編　XI四―B―一九

本書は事柄を四十八部に分け、それらに関する詩文を蒐めたものである。該書には内賜記があり、嘉靖三十一年、即ち明宗七年壬子（一五五二）三月朴忠元に王より賜ったことが判る。甲辰字印本。本書は正徳十年乙亥（一五一五）冬長至日蘭雪堂華堅銅活字印本を藍本とする。曲直瀬氏養安院旧蔵書。

（4）要集一巻一冊　朝鮮闕名氏編　XI四―B―一七

本書は知識人が心得ておくべき事柄を編纂したもので、『攷事撮要』と同類である。甲辰字印本。「国忌」は成宗朝で終わっているので、燕山君中（一四九五～一五〇五）刊か。曲直瀬氏養安院旧蔵書。

（5）護法論一巻一冊　宋張商英撰　S五三―一六二

本書は儒者の廃仏論に対して儒仏調和を説き、廃仏思想を止めようとした書である。巻末に辛禑五年己未（一三七九）中秋初吉李穡跋があり、この時の刊本と看做しうる。

（四）集　部

（1）辞学指南一巻一冊　宋闕名氏編　XI四―B―九

本書は科試用の諸文体を挙例説明したものである。庚子字印本で、庚子字が用いられた世宗二年（一四二〇）至十六年（一四三四）間の刊本で、稀書である。

（2）唐駱賓王詩集一巻一冊　唐駱賓王撰　明田瀾編校　XI四―A―一一

駱賓王の詩集であるが、本書は中国逸伝のようである。該書には大内義隆の「日本／

国王／之印」「大宰／大貳」印があり、その没年（一五五二）以前に所有に帰していたと考えられる。中宗中（一五〇六～一五四四）の刊本であろう。『攷事撮要』慶尚道密陽冊板条にのみ本書が確認し得るので、恐らく密陽刊本であろう。

（3）剪燈新話二巻二冊　明瞿佑撰　XI四―B―三一

本書は十六世紀以降朝鮮各地で出版されている。本書はその内の一であるが、刊地は確認できない。中宗中（一五〇六～一五四四）の刊本であろう。

（五）貰冊

貰冊《セチエク》とは、貸本である。日本に於ける貸本は室町時代末頃に貴族の日記に見られ、十七世紀には貸本屋が成立していた。貸本屋は都市部のみならず地方でも盛んで、その台帳も現存し、貸本の実態もかなり判り、貸本屋の蔵書印を押した書籍も現存する。特に名古屋の貸本屋大惣、即ち大野屋惣八は全国一と言われる貸本屋で、一七六七至一八九九の約一三〇年間営業した。大惣が廃業するに際し作製した「目録」があり、それに拠れば二万一〇〇〇余部が記載されている。その書も現在数ヶ所に伝わっている。

東洋文庫には主として十九世紀の刊本及び写本のハングル小説が所蔵されている。李胤錫氏によればその中に三十一部三三四冊の貰冊があり、すべて写本で、貰冊の最大のコレクションという。十八世紀後半に活躍した蔡済恭や李徳懋の記録にはヤンバン（官僚や知識人）の婦女子が好んで本を借りて読むとある。朝鮮には貰冊に関する記録はなく、十九世紀後半には日本人や外国人の貰冊に関する言及があるが、その実態には触れられていない。従って現存本からそれを探る他ないようである。京都大学付属図書館にも貰冊若干があるが、やはり写本の小説類である。貰冊の形態的特徴は、大体二十三×十八糎前後の大きさで、厚めの紙に濃く太い筆跡の滑らかな続け字で書かれ、毎張表天頭中央部に張次を付す。写本では張次を書かないことが多いが、貰冊では故意の切除などを懼れているのであろう。毎張十一行十五字前後である。毎張表末行及び裏初行の最末字数字は、張をめくる時に擦り消えるのを避けるため書かれない。毎冊末には筆写年と貰冊屋のある町名を書く。屋号はないが、町名で識別していた。以上のような形態的特徴から貰冊を直ちに見出せるであろう。貰冊の筆写者は貧寒な知識人と思われる。版本では一冊のものが、貰冊になると二、三冊に分冊されるが、貸本代の増加を図るためである。また貰冊には貰冊屋主人に対する悪口、貸本代が高すぎるという抗議、更に卑猥な文言や図画の書き入れがある。これらから見て、借り手には知識人や婦女子以外に一般成人男性の読者が想定できる。東洋文庫所蔵貰冊の研究は大谷森繁氏や鄭良婉氏の先行研究があり、近年新たに貴重な存在として脚光を浴びている。

『譯書考異』
——新型華夷譯語の発現

西田龍雄　NISHIDA Tatsuo

東アジアの言語の研究、とくに各言語の歴史研究を目指す者にとって『華夷譯語』は第一級の資料である。数多くの異本が世界各地に所蔵され、それぞれ異った内容を伝えている。その中で東洋文庫本（明代鈔本）は基本となる資料である。大正十四年に写真複製本（二十部）を作成して各大学に頒布された事業は、学界への量り知れない貢献であった。筆者もその恩恵に浴した一人である。京都大学には附属図書館と文学部にそれぞれ一セットが備えられている。附属図書館の原簿をみると、大正十四年十月二十六日に受入れており、発行者は東洋文庫、納人石田幹之助、代価一九二円二十五銭となっていた。

明代に四夷館が設置され、清朝の四譯館がその事業を受継ぎ編纂した雑字（単語集）は、次第に続添、増添、新増といった形で収録語彙を追加していった。西番館譯語を例にとると、パリー国民図書館本に代表される一本では天文門―地理門から始って、人事門―通用門に至る二十部門に分けられ、総計七四〇語が収録される。のち十八世紀中頃になって、乾隆帝は四川、西康、雲南の諸省に居住する少数部族の言語調査を命じるが、その時の質問語彙にはこの二十部門七四〇語を以て標準と定めた。東洋文庫本西番館譯語は、始めに新増と明記されており、天文門、地理門から数目門、通用門に至る十七部門二二四語を記録している。宮室門と方隅門と人事門の三部門を欠くのは、それらには増加語彙がなかったからである。

筆者は近年『譯書考異　西番館』という表題をもつ珍なる書を発見した。一連の華夷譯語の中に、この一本が混っていたのである。まさに珍本であって、従来知られるいわゆる乙種本譯語の雑字の部とは甚だ体裁を異にする。

天文、地理、時令、人物、身体、器用、飲食、礼服、声色、経部、文史、方隅、花木、鳥獣、珍宝、香薬、数目、人事、通用の十九の意味部門（宮室門はない）に分けられるのは変りないが、全体の収録語数が極端に少ない。

通常通り各頁に四語づつ配分されているが、各語の記載方法が異っている。まず漢語が最上段に置かれ、その下に漢字による西番語の発音がつく、チベット文字による表記はその下にある。

驚くべきことに右端は正文（楷書体）と草文（行書体）とあって二種類のチベット文字による表記が上段と下段に分けて書かれている。各語がこの型をとっているのである。筆者にははじめて見る体裁であった。

収録語彙の内容を調べてみると、パリー本と東洋文庫本の中から任意に若干数選び出し（ただし、順序は守られている）、そのあとに新語彙を加えている。特に最後の人事門と通用門には追加語数は多い。人事門には全体一〇九語ある中から、唱、走…阻当、円満など十四語を選び、そのあとに忠、號、焼、奸…刁蹬、厮殺、貧圖など二十八語が増加されている。

『譯書考異　西番館』は、増添本である東洋文庫本に更に増添語彙を加えた書であったことがわかる。増加した語彙が当時の学習にとってあるいは条文の解釈のために必須のものであったのかどうかは知る由もないが、かなり特殊な単語を採用していることは確かであり、記された蔵語の形も、辞書に記載された文語形とはよく合わない。若干の例をあげておく、

忠　blo tshad　卜洛察　　奸　gzu lum　素論

日　sgrags　思草刺克思　　料　bla ban　卜刺抜児

華夷譯語という一連の書物は、明清当時の館員の研究成果であって、後代そこから種々の情報を引き出し得る宝庫でもある。そして今後も新しい体裁をもつ譯語が出現するかも知れないのである。

（『東洋文庫八十年史Ⅱ――寄稿と各論』より転載）

東洋文庫の蘭学資料

片桐一男 KATAGIRI Kazuo

はじめに

恩師板沢武雄先生が逝去される直前のこと、病院ベッドの枕もとに呼ばれた。小さなダンボール箱を手渡しして言われた。「私が書く予定の〝杉田玄白〟を書くように」「資料はこの中に入っている」「杉田玄白はドクターアルバイトとして十分なりたつから……」と。大学院で講義される題だった。楽しみにしていた矢先、聴く立場から、書く立場への急転。面喰らった。

渡された小箱、妙に軽かった。帰宅して開いてみた。先生がお書きになったラジオ新書の『杉田玄白の蘭学事始』一冊だけしか入っていない。他に玄白に関する資料は何も入っていない。しばらく唖然として動くことができなかった。考えに、考えたすえ、これは先生が日本歴史学会の依嘱を快諾して、『シーボルト』に続いて執筆を予定されていたことのバトン・タッチのセレモニーだったのだと気が付き、納得することにした。

それからが大変であった。業績の無い駆け出しの若僧が、板沢先生から資料のバトン・タッチを受けたことにして、日本歴史学会と吉川弘文館社長吉川圭三氏の承認を得なければならなかったから。

以来、先人の研究を総点検し、資料収集に努めた。一方、日本医史学会や日本科学史学会にも入会して背景知識の吸収にも努めた。十年かかって、おそすぎた答案をようやく書きあげ、先生の御霊が嘉納して下さることを祈った。

杉田玄白とその周辺を調査する一環として、玄白の肖像を描いた石川大浪という旗本画家の追及に没頭した一時期があった。旗本で大番士を務めた石川七左衛門乗加《のりまさ》がマテオ・リッチの世界地図の「カープ・デ・フーデ・ホープ」すなわちアフリカのケープ・タウンから見える山の名からとった「ターヘルベルグ Tafel berg」という洋風名を用い、訳して「机山」と号し、その近くの海「大浪」という名を使用していることを知った。大浪の弟も洋風画をよくし、「孟高」の名を使用していること、その名が「ターヘル・ベルグ」のうしろに聳《そび》え立つ「レーウ・ベルグ（獅子の住んでいる山という伝説）」という山の名に由来していることも知った。

そこで、玄白に辿り着く、行き掛けの駄賃とばかりに、石川大浪・孟高兄弟のことを書いてみようと思いたった。発表に際して、ターヘル・ベルグとレーウ・ベルフのよく見えている写真を挿図として入れたいと考えた。どんな書物をみたらよいか。迷うことなく、東洋文庫へ行ってみようと思った。「新旧東インド誌、François Valentijn : Oud en Nieuw Oost-Indien」を閲て、探がそうというわけであった。「ターヘル・ベルグ」も「レーウ・ベルグ」も、よい写真が手に入った。ついでに、日蘭関係、蘭学史にも関係するバタフィアの図や天子の図、人魚の図、更に加えてオランダ東インド会社の総督面々の肖像まで入手することができ、勉強になった。

第一次世界大戦頃までに刊行された支那に関する欧文刊行物を網羅的に集めたモリソン文庫を母体とする東洋文庫には、日欧交渉史に関する欧文書籍がよく揃っている。研究図書館を目指しているだけに、その後も補充され続けている。そのため、日欧交渉史のなかでも日蘭交渉史に役立つ欧文書籍も揃っている。前述した「新旧東インド誌」などは、私が個人的に体験した、ほんの一例に過ぎない。東洋文庫へ行って、各種目録を検索、司書に教えてもらうことをおすすめする。

東洋文庫を構成する各種の文庫のなかでも「岩崎文庫」が中心を成している。岩崎弥太郎・弥之助・久弥・小弥太各代の収集にかかる文庫といってもよかろう。アジア全域を視野に入れた集書に加えて、日本の古文書・古版本・古写本、江戸時代の文学書、各家の自筆本、旧蔵本などが系統的に集められている。研究書の補充も継続されている。このなかにも蘭学史および蘭学史の背景を考察するのに役立つ資料が含まれている。

創立以来、各種の蒐書の寄贈を受けている東洋文庫は、いまや東洋学分野における日本最古にして最大の研究図書館となっている。世界において、五本の指に入る東洋学研究図書館であるとも聞いている。

さて、蘭学史に役立つ文庫ということになれば、次の諸文庫や資料をあげなければならないだろう。

- 一九三二年昭和七年、受贈した岩崎文庫のなかには、例えば、新井白石、小野蘭山旧蔵資料が含まれている。
- 一九三六年昭和十一年、「シーボルト文書」を受贈。
- 一九四二年昭和十七年、大槻清修旧蔵の蘭学書・洋学書を収書。
- 一九五七年昭和三十七年、藤井尚久旧蔵の和漢洋医学書を購入。
- 一九六四年昭和三十九年、開国百年記念文化事業会旧蔵書を受贈。
- 一九六五年昭和四十年、河口信広旧蔵和本・蘭方医書を受贈。

以下、個別に、個人的に経験した蘭学・洋学関連の資料を紹介してみよう。ただし、網羅的に扱うことは紙幅の都合で許されない。したがって、各コレクションのなかから、それぞれ若干の具体例をあげて、全体の紹介にかえることにしたいと思う。

1. シーボルト関係

シーボルトPhilipp Franz von Siebold（一七九六―一八六六）に関する文献は、オランダ、ドイツ、ロシアなど世界の各地に散在している。日本でも、長崎のシーボルト記念館をはじめとする各所の図書館・博物館、関係の個人宅に散在している。

旧ベルリン日本学会Japaninstitut所蔵のシーボルト関係資料群が一九三四年（昭和九）日本に貸し出された。これがきっかけで、日本におけるシーボルト研究が専門的に、多角的に行われるようになった。

一九三四年の五月からおよそ二年かけて作成された複写が日独文化協会を通して東洋文庫に寄贈された。一九三五年には上野の国立科学博物館で一般公開もされた。

大井剛「東洋文庫蔵旧ベルリン日本学会シーボルト文献複製の存在様態」（『東洋文庫書報、第四一号）に詳しく紹介されている。XVII-1-B-6にはフォトスタットコレクションがある。

斯波義信東洋文庫長が「日独シーボルト・シンポジウム」（二〇〇六年）で報告された「シーボルト資料と東洋文庫　The works of Ph. Fr. v. Siebold collected by The Toyo Bunko」で取り上げられた文献には全て函架番号が入っていて閲覧者にとっては至便である。

筆者はXVII-1-B-6のXI-14文書のなかで、

Isibasi Sukesajemon（石橋助左衛門）
Namura Sanziro（名村三次郎）
Brasman（横山勝之丞）
Sak'Sabro（中山作三郎）
Jasiro（岩瀬弥四郎）
Tamifatsiro（馬場為八郎）

など、阿蘭陀通詞の名前の表記を拾い、Mogami Tokunai（最上徳内）など、蘭学関係者の名とその表記を拾うことができ、嬉しかった。XVII-1-B-6のなかで、Iakman Boejemon青貝屋武右衛門のシーボルトへのMijnheer d^r Von Siebord「注文物渡帳」を何綴も見付けて、品目、数量、値段を知ることができた。筆者が『京都の阿蘭陀宿海老屋の研究』の「研究篇」「史料篇」で扱って以来注目している京の商人である。弟を長崎にも派遣している。青貝屋武右衛門が「ラックマン・ブエモン　Iakmon Boejemonといっている。青貝屋武右衛門の「注文物渡帳」には多彩な品々がCPDコンプラドール諸色売込人によって扱われていることがみえている。詳しい発表の機会を得たいものである。

2. 藤井文庫

東京帝国大学医科大学を卒業、入沢内科で入沢達吉博士の指導を受けられた藤井尚久博士の蒐集にかかる文庫である。

帝国学士院の依嘱による「明治前医学史」のうちの「明治前本邦疾病史」「明治前本邦内科史」「創傷療治史附近代外科の発足」を編纂され、その集大成として「本邦（明治前）著名医略伝」「本邦（明治前）医事文化年表」をまとめられた藤井尚久博士である。著書の印税はもちろん、俸給の大半以上を投じて蒐集に努められた博士血肉のコレクションである。

筆者は藤井文庫に入っている蘭方医師たちの著訳物を刮目して閲覧し続けたことを想い出す。蘭方医書や蘭学書だけではない。「長崎奉行中渡書付魯西亜国より江戸表に書簡写」などという阿蘭陀通詞の手になる写本や海外情報、秘密文書まで蒐集してあったのには驚きであった。解剖図や処方、秘伝書、薬方書、は当然のこと、見聞記や懐古談、書翰の端《はし》はし、まで、博士が眼にされたもの全てを手にされたものだったのか、と驚嘆した。なかでも、杉田玄白らがいうクルムスの『ターヘル・アナトミア』、医聖「ヒポクラテス像」など、あげていったらきりがない。医学に門外漢の筆者が、人物叢書の『杉田玄白』を執筆するのにどれほど「藤井文庫」が役立ったことか、はかり知れない。

国立国会図書館支部東洋文庫編『藤井文庫目録』昭和四十四年刊、の活用をおすすめしたい。巻末には朝鮮史、朝鮮本研究の大家田川孝三先生の執筆にかかる「藤井尚久博士略伝」が付いている。略伝ではない。詳細にして藤井博士の人物像をよく伝えている。一読をおすすめしたい。

なお、藤井文庫には目録以外に軸物が計十五箱もある。解剖図や医療器具も入っていたと記憶している。

3. 河口文庫

茨城県古河市の河口信広氏旧蔵の医史学資料、計一三三部二五四冊である。

河口家は代々土井侯に仕えた。土井侯が唐津から古河に移った藩主であったから、藩医としての歴代の河口氏蒐集資料は唐津時代のものから、古河時代を通じて注目すべき資料が多く含まれている。

初代の河口房頼は河口良庵よりカスパル流外科の免許皆伝を受けた。

第三代河口信任は栗崎道意より和蘭外科の免許皆伝を受け、杉田玄白らが行った腑分け、観臓実見より一年前の明和七年（一七七〇）、自ら京都で行った解剖実験の記録『解屍編』を編し、同九年三月に公刊した。医師自らの執刀で行われた解剖の記録で、その時の解剖刀が伝わっており、古河歴史博物館に展示されている。

第四代河口信且に次いで、第五代河口信順は江戸に出て杉田玄白の天真楼塾に学んだ。

第六代河口信寛も杉田成卿の蘭方医術を学んだ。

右のような具合いであったから、南蛮医学の書から蘭方医学の書を通じて注目すべき写本類を多く見ることができる。

筆者は、河口文庫に他所に見られない杉田玄白の作品『犬解嘲』を発見して『日本医史学雑誌』の第十一巻第四号（一九六五年）に発表できた。河口信順が天真楼在塾中に書写した資料である。天真楼塾の『天真楼坐右方』『瘍科医用天真楼療具図攷』『天真楼入門条制』なども他に見られない資料である。杉田玄白の天真楼塾資料集のようなものをまとめる機会が与えられるならば、必ずや収載したいものと思っている。

古河の河口家には、杉田玄白の絶筆をはじめとして、なおかなりの資料が遺っている。川島恂二医博と一緒に見せていただいたり、解読してあげたりしたこともある。東洋文庫の河口文庫と一体にして目録化、研究の進むことを期待したい。

かつて、特殊文庫連合協議会の機関誌『文献』第一二号（一九六八年）に「河口文庫について」と題して東洋文庫に収まった分の全書名に東洋文庫の函架番号も付して掲載しておいた。せいぜい活用していただきたいものである。

4. 開国百年記念文化事業会旧蔵書

財団法人開国百年記念文化事業会は東洋文庫に間借りしていた。同財団は昭和二十六年八月十日に設立され、昭和三十四年十月一日に解散、同月三十日付で残務清算事業も終了している。一九五二年（昭和二十七）が明治天皇生誕満一〇〇年、一九五三年（昭和二十八）七月がペリーの浦賀来航満一〇〇年に当たっていた。

文化国家建設の目標にふさわしい記念事業として、新たな観点からわが国の近代文化を闡明し、あわせて日米両国の文化交渉の歴史を系統的に叙述する目的をもって設立された財団で、「明治文化史」として十三部門、総索引付き全十四巻、「日米文化交渉史」として五部門、総索引付き全六巻の編纂・刊行を行った。各部門にはその部門における最高・最適の編纂委員を依嘱、関係資料の調査収集、編集、和文版・英文版の刊行を行った。

右の事業として収集された関係資料が、最終的に東洋文庫に寄贈された旧蔵書である。財団解散時の昭和三十四年九月一日付「所蔵史料（図書）目録」の末尾をみると、六〇七九の番号が付いている。

明治維新史研究の泰斗で、法政大学教授藤井甚太郎先生は、昭和二十七年四月より同三十三年三月まで財団法人開国百年記念文化事業会理事として、「明治文化史」ならびに「日米文化交渉史」全二十巻の編纂事業の監督の任に当たり、その完成に尽力された。先生は昭和三十四年七月九日に逝去。

右財団が事業をほぼ終了して、解散事務に入る頃が、ちょうど筆者が大学院生になった頃である。恩師であり、財団理事の藤井甚太郎先生の引きで財団解散事務のうち主として所蔵図書資料の整理のアルバイトをさせていただくことになった。修士論文作成の準備に、このときの図書整理、仮目録作りが随分役立った。書誌学の大家岡野他家夫先生が集書に尽力されていたので、収書がよく揃っていたからである。もちろん、蘭学者の著訳書そのものが含まれているわけではない。しかし、蘭学史関連の研究書、維新から明治以降の一般図書は史料も含め一通り揃っていたから役立った。蘭学史で知っておかなければならないような基本図書を毎日手で触ってみることができたわけである。ありがたいことであった。

その頃から、東洋文庫が春秋二回開催する東洋学講座で興味をひく演題があると、よく聴講に行った。展示会は見落すことなく必ず参観に伺った。本の世界にとっぷりつかることになってしまった。

財団解散時、残余財産（含図書）は全て財団法人東洋文庫に寄付された。理事長日高第四郎先生は津山藩の蘭学者箕作阮甫の系図に連なる日高氏の後裔で、元文部事務次官で国際基督教大学教授。その日高先生の計らいで、筆者も財団法人東洋文庫入りとなった。昭和三十二年版の『東洋文庫略史』にのっている「東洋文庫現役職員表」を、今回、見てみたら「助手」となっていた。

こんなわけで、開国百年文化事業会の名は懐かしく、旧蔵書は手に取るごとくよくわかる（実際、毎日、手に取って閲ていたのだから）。

なお、『東洋文庫所蔵近代日本関係文献分類目録』（和書・マイクロフィルム）には、開国百年文化事業会からの寄贈分だけで無く、東洋文庫が旧来所蔵していた近代日本関係文書、および近代中国研究室で収書されたものも含まれている。活用をおすすめしたい。

5. 挿図向きの資料がいっぱい

江戸は日本橋本石町に在ったオランダ定宿の「長崎屋」は史的に重要である。かつて在った記念の場所として、東京都中央区教育委員会がＪＲ新日橋駅の四番出口の壁面に中央区民文化財として「長崎屋跡」の説明板を設置しているくらいである。それにもかかわらず「長崎屋」の研究はあまりすすんでいない。その建物や構造、さっぱりわかっていない。従来、長崎屋といえば葛飾北斎が描いて『画本東都遊』に載せた「長崎屋」図を引用紹介するのが定番のようであった。

拙著『阿蘭陀宿長崎屋の史料研究』（雄松堂出版）でも口絵として東洋文庫蔵の葛飾北斎『画本東都遊』の一図「長崎屋」を掲載させていただいている。

右は活用の一例である。使用目的によっては無限にあるといってもよい。

東京都江戸東京博物館が、「世界都市」といわれる東京都の博物館にふさわしく歴史的視点を世界にも向け、「世界のなかの江戸・日本――（財）東洋文庫のコレクションを中心に――」と題する企画展を開催したことがある（平成六年）。東洋文庫の日本関係の優品が、これほど一堂に公開されたことはなかったのではないか、と記憶に鮮明である。

蘭学史・洋学史の調査研究にも役立つ資料が数多く見えていた。美的にも眼を楽しませる数々の優品であった。今後、各種の挿図として活用できると思ったことを憶えている。若干の展示題名のみを列挙・紹介してみることにしよう。

東西の出会いを示す展示から、

・三橋釣客作「地球一覧図」
・武田簡吾作「万国航海図」

長崎関係では、

・肥前長崎明細図
・ティチング「歴代将軍譜」から出嶋阿蘭陀屋舗景
・広川獬「長崎聞見録」から「蘭船図」
・中村惣三郎作「新刊長崎大絵図」

北方関係では、

・魯西亜国漂船聞書（磯吉談）
・大槻玄沢「環海異聞」

日本人が見た異国・異域として、

・蕃談（次郎吉談、古賀謹一郎著）
・西川如見「増補華夷通商考」
・新井白石「采覧異言」

・新井白石『西洋紀聞』
・森島中良『紅毛雑話』
・大槻玄沢『蘭学階梯』
・嶺田楓江『海外新話』
・ケンペル著、志筑忠雄訳『異人恐怖伝』

世界が見た日本では、

・ケンペル『日本誌』から、カピタンやケンペルらが将軍に謁見したときの様子の図。この部屋が従来、大広間といわれたり、白書院といわれたり、大奥といわれたりしてきたが、将軍の「御座ノ間」であったことが最近判明した（拙稿「ケンペルの描いた『蘭人御覧』の部屋はどこか」〈日本歴史〉第七三一号）。
・ティチング『日本風俗図誌』
・シーボルト『日本』から「絵踏みの図」等。
・禿帚子『新撰会席しっぽく趣向帳』

日本の開国から、

・林子平「海国兵談」

・林子平「三国を覧図説」

・ダンカン画「イギリス、ネメシス号の中国兵船砲撃」、アヘン戦争関連資料として常に展示出品を求められる図である。

・「夷匪犯境録」

・魏源「海国図志」

黒船の衝撃として、

・「久里浜陣押」

・「イラストレーテッド・ロンドン・ニューズ」

・三木光斎画「異国落葉篭」

・田川春道著、倉田東岳画「外蕃容貌図画」
・朝暾斎画「プチャーチン以下露国船来朝、戸田浦にて軍艦建造図巻」、東洋文庫での受け入れ作業、東洋文庫の蔵書印を捺し、函架番号を与え、『文献』に簡単な紹介記事を書いたことを懐しく想い出す。最近東洋文庫の「東洋見聞録」誌に詳しい調査記事が掲載されている。

日本の開国から、

・安政五箇国条約の各国條約並税則。
・ゴシュケヴィッチ、橘耕斎著「和魯通言比考」
・ホークス編「ペリー提督日本遠征記」

以上、東洋文庫は、世界の五指に入る東洋学研究図書館、日本における東洋学の殿堂と見做されている。誰しもその通りと思っている。しかし、日本史のなかでも、蘭学史・洋学史の研究に役立つ資料を抱えている注目の研究図書館であることも確かである。

清代のアウトロー「光棍」とその取締り法

山本英史 YAMAMOTO Eishi

はじめに

清代前期、とりわけ十七世紀後半は清朝の中国本土支配が確立する時代であった。清朝はその過程にあってさまざまな試行錯誤を繰り返しながら、それぞれの地域において王朝国家による秩序体系を構築していった。

ここでは「反社会的」な存在、いわゆるアウトローと見なされた社会集団の実態とそれを為政者である清朝がどのようなものととらえ、その取締りに当たっていかなる法令を適応したかという問題を東洋文庫に収められた『大清律例』や康熙『大清会典』といった清代の法制史料を用いて跡づけてみたい。

なお、本稿は山本英史編『近世中国の規範と秩序』として東洋文庫から二〇一四年三月に刊行された論文集（のち研文出版から二〇一四年五月に刊行）所載の「光棍例の成立とその背景――清初における秩序形成の一過程」を一般向けに書き改めたものである。

1．「光棍」の名称の由来

俗にいうアウトローは古今東西、いずれの世にもいずこの地にも存在する社会集団であったことは事実であり、それは中国とて例外ではなかった。しかし、そうした社会集団に中国で「光《こう》棍《こん》」という名称が与えられたのはさほど古い時代ではない。いくつかの研究によれば、無頼漢を意味する「光棍」の語は元代中後期より口語の傾向が強い雑劇から生まれ、明代に定着し、さらに清代に一般に普及したことが明らかにされている。

清代の官庁用語に解説を施した『六部成語註解』では「騙りをする匪である」と説く。江戸時代の日本の学者たちは「光棍」に対して「ワル」「ゴロツキ」「ナラズモノ」といった解釈をしており、清代と同時代の日本にもこの語義は広く知られていたことがわかる。

なにゆえ無頼漢を「光棍」という文字を用いて表現したのか。民国期の京劇研究者の斉如山は北京方言としての「光棍」について「窮してろくなことをせず他人の金銭を強要し、他人の利益

『点石斎画報』行集、流氓凶暴（清末上海のアウトローたちの行状を伝えている）

を横取りする者」と述べている。[1]この場合の「光」とは、「無」や「赤」に通じる「何もない」の意味で理解され、それに起因して横暴をはかる輩を「光棍」と見なしている。「棍」については、清代の掌故・遺聞を集めた『清稗類抄』には「無頼の徒を棍徒と俗称する。また地棍といい、土棍といい、さらには痞棍という。棍というのは、その凶悪な様が棒で人を撃つようであることによる」とある。これから見れば、棍とは丸い棒のことであり、それを用いて人を殴ることに代表される凶悪な行状を常態とする人間を「棍徒」もしくは「棍」の字を含む熟語で呼んだ。

ところで、石鵬飛はこのような「棍」に対して新しい解釈を加え、「棍とはすなわち男根である。ゆえに独身男を俗に光棍という」との説を唱えている。(2) 陳宝良もまたこの説を支持し、「清代の光棍が諸般の性犯罪に従事したことは史書に多く記載がある」と述べている。(3)「光棍」にこうした語義が加わるようになった背景として、石珂は「光棍は家業や職業がなく、一銭もないため根棍（枝葉のない一本の棒）のように窮し、しかも働かない怠け者で、無頼を生業にする。このように貧しく文化が遅れ、人品劣悪な者は妻を娶ることができず、自然に〝光棍〟になる」と述べている。(4) また郭瑩も「独身の光棍は無頼の光棍と無関係のようだが、細かに分析するとある種の関係がある。無頼の光棍は無産無業無技、大半は目先の享楽を得んと思うだけで、嫁を世話する者もいない。だからこれらの輩は独身の光棍でもある」と論じている。(5) いずれにせよ、この語義は無頼漢の語義より派生し、いつしか独立した意味になったものと考えられる。

2. 光棍の行動

それでは「光棍」ないし「棍徒」と呼ばれた者たちの行動には具体的にどんなものがあったのか。十七世紀末に杭州知府を務めた李鐸は、「愚かな郷民をだまし、納税を代行するといってその金を自分のものにしてしまう」と言い、(6) まずその納税請け負いの際の横領行為を典型的な行動と見る。また、「訴訟が簡単に受理されないことにかこつけ、間に立って郷民に訴訟を唆し、訴状を代筆する」と言い、(7) 納税とともに民衆の生活に密接な訴訟に関与する姿が示されている。この場合は「訟棍」(訴訟ゴロ)なる特別の呼称が存在する。

当時地方官に与えられた主要な任務は、「銭穀」と「刑名」といわれ、それは徴税と裁判を意味した。彼らは王朝国家がその人民支配を現場で実践するために中央から派遣された官僚であり、いわば皇帝の代理人だった。それゆえ国家と人民を直接結ぶ制度を悪用して私腹を肥やす行為には厳しい措置がとられたのであろう。

このほかの光棍の行動としては、匿名の張り紙を市中に掲げ、特定人物の誹謗中傷や政府批判に及ぶ「匿名掲帖」、城内で宿屋を経営し、納税者や裁判の原告人をそこに宿泊させ、あわせて身分保証のために金銭を強要する「保歇」、賭場を開帳し、良民を悪の道に誘う「賭博」、人命にかこつけて言いがかりをつける「図頼《とらい》」、高利で金を貸す「放債」、悪徳な質屋を営む「当舗」、弱い立場の商人から品物を買いたたく「強買」など、いろいろなものがあり、いずれも為政者にとって見過ごすことのできない「悪行」であった。

これらのなかで、とりわけ光棍の名をしからしめている行動は「打降」と呼ばれるものであった。李鐸はそれを「地棍たちは隊を組んで群れを成し、一声かければすぐに集まる。彼らは衆《おお》きを統べて寡《すくな》きを凌し、強きをもって弱きを挫く。さらに一種の游手好閑の徒がいる。問題を起こし、言いがかりをつけて金品を求め、大勢が集まって小民をだましては食いものにする。郷隣の者たちは彼らを虎狼のように恐れている」と説明している(8)。

清朝にとって十七世紀後半、すなわち中国本土を支配した最初の五十年間は、明末社会の流動化によって混乱した秩序をいかにして回復し、その信頼を基礎に安定した統治を確立するかが最優先課題となる時期であった。それゆえにこのような「反社会的」な存在である光棍に対しても、単なる力任せの対応ではない、秩序と公正を伴った対応、すなわち法による取締りをはからねばならなかったのである。

3. 清代の刑法

ここでは清代において裁判規範たる機能を持つ法典として最も重要な意味を持った『大清律例』について説明しておこう。『大清律例』はその名が示すように、基本条文である律と、その付加条文である条例からなっている。律についてはその歴史は古く漢代にまでさかのぼる。清朝は清律を制定するにあたり、明律を踏襲したため、それはだいたいにおいて明律のままといってよい。他方、条例は明朝に始まり、清朝がこれを受け継ぎ、さらに多くの規定が附された。律がほとんど改定されなかったのに対し、条例は必要に応じて頻繁に制定・改廃された。一七四〇年に編纂された『大清律例』はそれまでの条例を整備してまとめたものであり、以後、それは一八七〇年に至るまでほぼ五年ごとに纂修がくりかえされた。この他、法典に準ずるものとして会典なるものがある。これは行政上の制度や規則の記録で、清代では一六九〇年に編纂された康熙『大清会典』を最初に都合五回編纂された。そこには条例の成立とその変遷過程が述べられている。いずれも東洋文庫に原本が所蔵されており、容易に閲覧することができる(9)。

さて、もう一つの前提としてこれらの書に規定された清代の刑罰についてまとめておこう。清代の刑罰には正刑と閏《じゅん》刑の二種類があった。前者は律に定められた刑罰体系であり、笞、杖、徒、流、死の五刑からなっていた。このうち笞刑は軽罪に適用される処罰で、小竹板で犯人の尻を打つ身体刑である。笞十から笞五十での五段階が設けられていた。杖刑は笞刑よりも重い罪に適用される処罰で、大竹板で犯人の尻を打つ身体刑である。杖六十から杖百の五段階が設けられていた。これらは身体刑である以上、いわゆる「お仕置き」が済めば釈放されたが、打たれる程度によってはそのまま命を失うこともあった。徒刑は各地の駅站に配発して労役を科す自由刑で、一年杖六十、一年半杖七十、二年杖八十、二年半杖九十、三年杖一百の五段階があった。流刑は遠方に配流して終身帰還を赦さない処罰で、二千里、二千五百里、三千里の三段階があり、それぞれに杖一百が加えられた。死刑には絞首刑と斬首刑の二種類があり、斬首刑は首が分断されるため絞首刑よりも重い処罰とされた。また処刑の時期は立決（即時執行）と監候（執行猶予とし再審の機会を与えるもの）の別があった。後者の閏刑は正刑以外に一定の刑罰を加重するもので、枷示（枷をはめて衆人にさらす）、遷徙（強制移住させる）、発遣（辺地で労役につかせる）、充軍（辺地で軍役に充てる）などの内容が含まれていた。(10)

4．光棍例の制定とその過程

では光棍に対して『大清律例』はどのような条例を設けて応接したのか。それは「光棍例」という恐嚇取財律に附された以下のものであった。

およそ悪棍で手を尽くして官や民を強迫した者、あるいは張り紙を出して事由を申したてた者、あるいは各衙門に誣告した者、あるいは借金証文を無理やり書かせて財産を脅し取った者、あるいは喧嘩のために大勢を集めて相手の首に縄をかけ、負債を捏造した者、あるいは財産を脅し取ることができなかったために相手を殴り殺してしまった者、これらの罪状が重く、実際の光棍であることが明らかになった者は、それによって財を得たか否かを問わず、主犯は斬立決、従犯はみな絞監候とする。(11)

この場合の「光棍」とは「悪棍で手を尽くして官や民を強迫した者」であり、右に掲げた犯行のいずれか一つにでも及んだ者を指し、その処罰については、主犯が斬立決、従犯が絞監候といずれも死罪と定められた。それは殺人を伴わない犯行にも適用された点で極めて重い処分であったと言わざるを得ない。

『大清律例』にはこの条例の適用事例を数多く載せているが、その特徴としては、①徒党を組み官に反抗的な態度をとる者、凶悪度の高い性犯罪に及ぶ者、殺意がなくても結果的に相手を死に至らしめた者などが「光棍」と見なされてその法の対象になっていること、②必ずしも「光棍」の範疇に入らない者、たとえば八旗配下の家人、軍属、宦官、僧侶などの犯行に対しても、この法が比附(ふさわしい条文がない場合、その事情に近い条文を挙げて定罪すること)されていることが挙げられる。何らかの権力内部にあって秩序を破壊する存在であれば、彼らが実際に光棍であるか否かに関わりなく、その処罰として光棍例が適用されたと見るべきである。

ところで、『大清律例』には「光棍」を取り締まる条例がもう一つ存在することが知られている。それは次のような「棍徒例」ともいうべきものである。

およそ凶悪な棍徒でたびたび問題を起こして暴力を振るい、理由なく良人を攪乱し、確かな証拠がある者に対しては、極辺足四千里に発遣して労役に就かせる。凶悪の実跡がなく、たまたま暴力に及んだ者およびたびたび因縁をつけて金を無心するも、その額が少なく、罪状が凶悪とはいえない者の場合は犯罪の内容により各々該当する律例に基づいて処罰し、本例を濫引してはならない。(12)

ここでの対象者は「凶悪な棍徒」であるが、「光棍」との区別がなく、その意味では「光棍」と同義と言ってよい。にもかかわらず、その処罰は最も重いものでも流罪にとどまり、軽い場合にはこの条例の適用外に置くという。同じ無頼漢への行状の処罰として、その内容に明白な違いがあることが認められる。同様に『大清律例』に載せる多くの適用事例からその特徴として、①必ずしも「棍徒」の範疇に入らない者の犯行に対しても、この法が比附されており、その点では光棍例に共通すること、②『大清律例』所載の条例に限れば棍徒例の言及が十八世紀後半以降に盛んになる傾向があり、それは光棍例の適用が清代前期に集中するのと好対照であること、が挙げられる。二つの条例の適用には清代前後期の時間的な棲み分けがあったのかもしれない。

光棍例の来源は康熙『大清会典』所載の一六五六年の決定に求められる。(13) これによれば最初の光棍例は北京城内の「悪棍」を対象としており、処罰は主犯でも立絞、従犯では死刑を免れるという相対的に軽いものであった。

ところが一六七三年に至ると主犯に対する処罰が「立絞」から「立斬」へ、従犯でも相手に重傷を負わせた場合は「絞監候」に処することが決められた。(14) 続いて一六七六年の決定では主犯・従犯ともに均しく「立斬」に処すとされ、その処罰が最も強化された。(15) 光棍例は四年後の一六八〇年になると、従犯に対しては「絞監候」に復し、処分は一六七六年の決定に比べてやや軽減されたが、おしなべて「絞監候」に処せられることになったのは一六七三年の決定以前に戻るものでなかったことを示している。(16) 一六八〇年の決定は以後若干の微修正を経るも、清末に至るまでその基本方針は踏襲された。

このような光棍例の一連の変化は、一六七三年に始まり、鎮定に十年以上を要した三藩の乱への対応など当時の政治情勢の反映と見ることもあるいは可能かもしれない。しかし一六八〇年以降になると光棍例のむやみな適用をめぐって清朝中央で議論が展開される。(17) それは総じて光棍例をそのまま適用するのを抑え、皇帝独自の判断のもと「立決」を「監候」に改めるなど、情状酌量の余地を残した柔軟な対応をとる傾向が現れた。その一連の過程を踏まえて一六八一年に新たに制定されたのが、光棍例に比べて処分が軽いことを特徴とする前述の棍徒例であった。

以上の過程はおよそ次のようにまとめられる。光棍例は清朝の中国本土支配がまだ確立・安定しなかった時期に設けられた厳酷な法の一つであった。その目的は反社会的と見なされた漠然とした集団ないし個人に対し、その多様で無限定な行動を規制することにあり、それゆえ違反者に対する処分は苛酷なものになった。しかし、その原則的・愚直的な準拠は法の性格上、他の法との均衡を欠き、多くの支障が生じた。そこで清朝はその中国本土支配が安定し始める一六八〇年前後を境に光棍例の運用を現実的・柔軟的なものへと変更する傾向を示した。そして一七四〇年の条例整備を経た結果、光棍例はその適用対象を極めて限定的なものにすることで、その原則を維持しつつも、いわゆる「光棍」に対しては光棍例で処断することを極力避けるという穏当な対応が取られることになった。

そのような条例があえて清初に設けられたのはなぜか。そこに明末農村社会の流動化に伴う人の都市への流入とその結果による治安の悪化という要因を想定するができる。北京をはじめとする主要都市における流動人口はむしろ相対的に増加する傾向があった。清朝はこの状況に対処するため光棍例なる法を設け、それぞれの地域に法制に基づいた一定の秩序を求めた。ここに清朝の中国本土支配の清初における特有のあり方、すなわちその政権が確立・安定するまでの、いわば過渡期的態勢下における不寛容で原則的な統制を頑なに貫こうとする意思の発現を見て取ることができる。

5. おわりに

「光棍」に明確な法定義がなく、為政者が「光棍」と見なした者に対しては誰彼なしにその罪が適用された点で、これはかつて反体制者を逮捕・監禁した現代中国の流氓罪を想起させる。ちなみに流氓罪とは一九七九年に設けられ十八年間も廃止されることなく存続した「妨害社会管理秩序罪」をいう。(18) しかし、これは「流氓」の定義が曖昧なことが理由でいまでは廃止に至っている。このような法令を設けること自体に法制上無理があると思いながらも為政者がいまもなお秩序維持のために取締り法を制定することに執着したのはまことにもって興味深い。

ところで、光棍のもう一つの意味である「独身男」はその後発展し、近年では「光棍節」なるものが設けられるに至っている。これは都市の知識青年の間でひそかに流行している独身者のための記念日で、算用数字で棒が四本並ぶことから、その日は十一月十一日に設定されている。ここでいう「光棍」とは未婚の男性だけでなく女性をも含むすべての独身者を指し、現代中国語の「光棍」はほとんど〝独身者〟の意味に転化している。結婚できないだけで処罰される時代は去り、それがかりかそれを祝う時代が来るとは、さしもの中国もまた平和で無邪気なご時世を迎えるようになったものといえようか。

注

（1）斉如山『北京土語』（北京、燕山出版社、一九九一年）。
（2）石鵬飛「我説棒」（『読書』一九九〇年二期）。
（3）陳宝良『中国流氓史』（北京、社会科学出版社、一九九三年）。
（4）石珂「〝光棍〟古今詞義探析」（『作家雑誌』二〇一一年九期）。
（5）郭瑩「説〝光棍〟」（『説文解字』二〇〇二年一〇期）。
（6）『武林臨民録』巻二、信牌、申厳余杭県収糧櫃書陋弊（康熙三十三年六月十七日）。
（7）『武林臨民録』巻三、告示、申禁請託（康熙三十一年八月八日）。
（8）『武林臨民録』巻三、告示、除暴安良（康熙三十二年八月二十日）。

(9)『大清律例』については、滋賀秀三「清朝の法制」(坂野正高・田中正俊・衛藤瀋吉編『近代中国研究入門』東京大学出版会、一九七四年所収)参照。

(10) 清代の刑罰の概要については、『大清律例』巻四、名例上、五刑、参照。

(11)『大清律例』巻二五、刑律、賊盗下、恐嚇取財律附例。

(12)『大清律例』巻二五、刑律、賊盗下、恐嚇取財律附例。

(13) 康熙『大清会典』巻一一九、刑部一一、律例一〇、賊盗、恐嚇取財、順治十三年題准。

(14) 康熙『大清会典』巻一一九、刑部一一、律例一〇、賊盗、恐嚇取財、康熙十二年覆准。

(15) 康熙『大清会典』巻一一九、刑部一一、律例一〇、賊盗、恐嚇取財、康熙十五年議定。

(16) 康熙『大清会典』巻一一九、刑部一一、律例一〇、賊盗、恐嚇取財、康熙十九年覆准。

(17) 康熙『起居注』康熙十九年三月六日、五月二十九日、七月十八日、康熙二十年八月十八日、九月二十四日の各条。

(18)『中華人民共和国憲法』第一六〇条、妨害社会管理秩序罪。また台湾でも「社会秩序を破壊する」と見なした「流氓」に対して「検粛流氓条例」が存在したといわれる。

The Friend of China より見るイギリスのアヘン貿易反対運動

新村容子　NIIMURA Yoko

はじめに

The Friend of China とは「アヘン貿易反対協会（Society for the Suppression of the Opium Trade）」（以下ＳＳＯＴと略称する）の機関誌である。一八七五年三月に第一号が刊行され、一九一六年十月発行の第三十二巻四号まで継続した。すべて東洋文庫のモリソン文庫に所蔵されている。一八八五年七月までは月刊であったが、その後は年に三～四回不定期の刊行となった。出版社はロンドンのP.S.King & Sonである。

ＳＳＯＴは、一八七四年、クエーカー教徒によって設立された。[1] クエーカーは、イギリスにおいてごく少数の信者しか持たない教団である。(2) 母体が少数であるにもかかわらず、クエーカー教徒に企業家として成功した者が多いことはすでに山本通の研究によって明らかにされている。(3) SSOTはクエーカー企業家として著名なピーズ一族（the Pease family）の人的・物質的な関与によって成り立っていた。設立者はエドワード・ピーズ（Edward Pease）であり、エドワードの甥のジョウゼフ・ピーズ（Joseph W. Pease）は、下院議員として活発な活動を展開し、一八八六年にはSSOT会長に就任した。社会的地位の高い人々によって主導されたSSOTの活動は、クエーカーを超えた広い支持を得た。

The Friend of China にはどのような記事が掲載されたか。SSOTは、インドアヘン貿易を停止に導くためにまず第一に必要であるのは、豊富かつ正確な情報であると考えていた。(4) イギリス国民に対する重要な情報提供の場である機関誌には、SSOTの活動報告、アヘン問題をめぐる下院での討議内容、インドや中国に勤務する役人による公文書、*Times* などの国内で発行された新聞記事、*North China Daily News* などの国外で発行された新聞記事、宣教師団体発行の新聞・雑誌記事、インドや中国に滞在する宣教師からの書簡や報告書、国外の反アヘン団体からの通信など、アヘンに関係する多様な情報が盛りこまれている。

小稿では、イギリスにおけるアヘン貿易反対運動の歩みを *The Friend of China* の記事にもとづいて簡略に述べることにする。SSOTが推進したアヘン貿易反対運動はSSOTに集った人々の熱心さと地位の高さにもかかわらず、挫折の連続であった。なぜ、彼らの運動は挫折せざるを得なかったのだろうか。

1．中国に対する強制の排除——芝罘協定の批准（一八八五年七月）

SSOTにとって、中国はイギリスにアヘンを強要されている被害者であった。*The Friend of China* 創刊号の「創刊の辞（Introductory Address）」はアヘン貿易を禁止しようとした林則徐の「高貴な、しかし、無効に終わった試み」に言及し、「我々は良心の呵責にさいなまれている」と述べている。そしてSSOTの目標は、「アヘン専売の廃止と、我々のアヘンを受け取るよう中国政府に押しつけられている不当な強制の撤廃」であると述べている(5)。

一八六七年より中英間において天津条約改訂交渉が始まった。この改訂交渉においてアヘン問題は重要な位置を占めた。一八六九年十月調印のオールコック協定においては中国が要求するインドアヘン輸入税の引き上げを認め、一八七六年九月調印の芝罘協定においては、金額を明記せずに輸入アヘンへの釐金課税を認めた。オールコック協定はインド政府やアヘン商人の反対によってイギリス政府に批准を見送られ、芝罘協定も無制限の釐金課税を恐れるインド政府やアヘン商人の反対に遭い、イギリス政府は一八八五年七月まで批准を遅らせた(6)。

SSOTにとって、インド政府やアヘン商人が中国政府の求める輸入アヘン課税額に難色を示し、イギリス政府がそれに屈したことは、中国に対する重大な不正であった。SSOTは芝罘協定の速やかな批准を政治目標と定め、活動を開始した。ジョウゼフ・ピーズは一八八〇年六月四日と一八八一年四月二十九日の下院討議において批准の遅れを問いただし、一八八三年四月三日の下院討議においては「中国政府はアヘン輸入税を自らの望む額に設定する権利を持つ」と主張した。これらの下院討議について *The Friend of China* は紙幅を割いて紹介している(7)。

一方、中国各地の領事は一八六〇年代半ば頃から中国におけるアヘン生産の拡大を指摘していた(8)。アヘン追放を望んでいるはずの中国が自国でアヘン生産を拡大させているという情報はSSOTを困惑させた。中でも、宜昌領事ドナルド・スペンス（Donald Spence）の一八八〇年通商報告はSSOTをいたく刺激した。スペンスは、中国最大のアヘン生産地帯四川省に四ヶ月間滞在し、アヘン生産と流通に関する調査をおこなった。そして、四川省一省だけで十七万七〇〇〇担（一担は約六十キログラム）ものアヘンを生産し、そのうち十二万三〇〇〇担を他省に輸出していると推計した。当時の中国のインドアヘン輸入総量は約九万担であった。しかも、スペンスは「四川省のアヘン吸煙者は健康で精力的でありアヘン吸煙を楽しんでいる」と述べた。(9)

ＳＳＯＴは*The Friend of China*一八八二年十月・十一月・十二月号に連続してスペンスの主張を紹介しつつ反論を加えた。また、中国各地の宣教師からの反論を*The Friend of China*に掲載した。湖北省宜昌にて布教にあたっていた宣教師ジョージ・コックバーン（Rev.George Cockburn）は、宜昌の港において上流の四川から運ばれてくるアヘンの量を数え上げ、「宜昌にそんなに大量の四川アヘンは到着していない。スペンスによる四川アヘン生産量・流通量の推計値は過大である」と反論した。(10)しかし、当時四川アヘンは宜昌での関税徴収を避けて宜昌よりも下流に位置する沙市まで長江を迂回し急峻な陸路によって運ばれていた。コックバーンは、四川アヘンの流通経路に関する彼の無知をさらけ出している。また、コックバーンの見解を*The Friend of China*に掲載したＳＳＯＴも中国について無知であったと言えよう。

ＳＳＯＴをさらに困惑させたものは、中国政府の要人たちが自国のアヘン生産を容認しているという情報であった。宣教師からの報告によれば、一八七〇年代後半から一八八〇年代前半にかけてアヘン生産鎮圧に熱心であった陝甘総督左宗棠、山西巡撫張之洞らの政策も、一時的なものに終わったというし、直隷総督李鴻章はインドアヘンを駆逐するためには中国アヘンは必要であ

ると語ったという。(11)

アヘン貿易についても、中国がその禁止を明確に要求した文書は総理衙門の恭親王が一八六九年にオールコックに手渡した覚書のみである。(12) ＳＳＯＴは中国がアヘン貿易禁止を望んでいることを示す重要文書として *The Friend of China* にこの覚書を転載したばかりでなく、ことあるたびに言及している。(13) しかし、恭親王覚書以降、中国政府要人は非公式の発言は別として公式にはアヘン貿易停止を要求していない。(14) ＳＳＯＴは一八七七年に駐英公使郭嵩燾に代表団を送り、(15) 一八八一年に李鴻章に書簡を送り、(16) 中国政府要人のアヘン貿易への明確な反対表明を得ようとした。しかし、アヘン貿易に対して李鴻章は本当のところどのように考えているのかＳＳＯＴはとらえあぐねている。(17)

一八八五年七月に芝罘協定が批准された。イギリス政府は、中国政府の求めるインドアヘン課税額をほぼ要求通り承認した。(18) 芝罘協定批准後の *The Friend of China* 記事は失望と当惑に満ちている。インドアヘン一箱につき一一〇両という税釐額は、インドアヘン輸入制限を目的とするというよりも、中国政府の税収拡大を目的としている。中国はお金のために良心の咎めを売り渡してしまったのだろうか。「中国はアヘンを強制されている」という理念に立脚してアヘン貿易反対運動を進めてきたＳＳＯＴは、今後の運動方針をめぐって対立し、分裂した。(19)

2. インドアヘン専売の廃止
――「王立アヘン委員会」(一八九三～一八九五)

分裂後のSSOTは運動方針を「中国に対する強制の排除」から「インドアヘン専売の廃止」に転換した。中国がどれほどアヘンを生産していようと、またインドアヘン貿易から巨額の税収を得ていようと、危険な毒物を生産・輸出しているインドの道義的責任は解消されないという認識である。(20)

SSOTは、一八九一年四月十日の下院討議において初勝利を勝ち得た。ジョウゼフ・ピーズは敗北した一八八六年と一八八九年の下院討議に屈することなく、一八九一年四月十日に再度「インド政府がアヘン収益を得るシステムは道義上擁護できないものであり」、「インド政府はケシ栽培とアヘン販売を認可することを直ちに停止するべきである」という動議を提出した。四時間の討議の結果、ピーズの動議は、反対一三〇を上回る一六〇の賛成票を得た。(21) *The Friend of China* の十二巻三号(一八九一年五月)は、"The Debate on Sir Joseph Pease's Motion" という記事においてこの下院討議を紹介している。

この下院討議は修正案が出されたため正式の議決とはみなされなかったが、SSOTは下院での支持を錦の御旗にしてイギリス政府に働きかけた。*The Friend of China* 一八九三年五月号には、ＳＳＯＴ書記ジョウゼフ・アレグザンダー（Joseph G. Alexander）が首相グラッドストン（第四次内閣）に送ったインドアヘン貿易停止を求める要望書と、善処する旨の短い回答が掲載されている。(22) 一八九三年六月三十日の下院討議では、多数の賛成を得たジョウゼフ・ピーズの動議を具体化する方策が議論され、「王立アヘン委員会」の設置が決議された。この下院討議についても、*The Friend of China* は大きく誌面を割いて紹介している。(23)

しかし、「王立アヘン委員会」（一八九三年六月三十日設置、一八九五年四月十六日解散）の中身が具体化されるにつれて、ＳＳＯＴはそれに大きな不安を抱いた。「王立アヘン委員会」は、インドにおけるアヘン消費は有害であるか否か、インドにおけるアヘン生産と販売は禁止されるべきか否かを調査項目として掲げた。しかし、アヘン消費が有害であること、アヘン専売を禁止すべきことはＳＳＯＴにとってはすでに自明の事柄であった。(24)

ジョウゼフ・アレグザンダーは、「王立アヘン委員会」に同行してインドに赴き、調査の公平性を監視するとともに、現地の宣教師と連携しつつインド各地でミーティングを開催し、反アヘンの世論を掘り起こす工作をおこなった。彼がＳＳＯＴ本部に送った通信は *The Friend of China* に逐次紹介された。インドからの通信には、インドの「現実」に直面したアレグザンダーの困惑が記されている。インドでは、アヘンを食べたり飲んだりすることは古くからの習慣であり、年齢を重ねた人々には有益であると広く信じられている、インドで「王立アヘン委員会」に証言した人々はおおむね政府関係者や医師などの紳士層であり、彼らはアヘンが無害であるばかりか有用でさえあることを強調した、等々。(25)

「王立アヘン委員会」の全七巻におよぶ報告書は一八九四年から一八九五年にかけて刊行された。報告書はインドにおけるアヘン消費はイギリスにおける飲酒と同じであり、適度に摂取されれば害は無い、インドにおけるアヘン生産・販売を禁止する必要はない、と結論した。(26) SSOTは *The Friend of China* 誌上で報告書に対する批判を展開した。(27) また、宣教師などに批判文を書かせ、P.S.King & Son から出版した。それらのうち漢口のロンドン会（London Missionary Society）の宣教師アーノルド・フォスター（Arnold Foster）による反論は大きな反響を呼んだ。(28) フォスターの「王立アヘン委員会」批判は、インドから輸出されるアヘンの約九割を消費している中国に対して委員会がほとんど関心を払わなかったことに向けられている。

中国がアヘンをどう認識しているかに関わりなく、インドアヘン専売そのものの道義的責任を問うという戦略は破綻した。インドにおいてアヘン消費は人々の生活スタイルの中に脈々と受け継がれてきており、乱用とはほど遠いものであった。アヘンの害を証明するのであれば、生産されるインドアヘンの大部分が消費される中国においてでなければならなかった。運動は振り出しに戻ったのである。

3. 二十世紀初頭におけるアヘン追放運動

「『王立アヘン委員会』の報告書は、反アヘン陣営にとって災難であった」とデーヴィッド・オーウェン（D.E.Owen）は述べている。(29) ＳＳＯＴが主導してきたアヘン貿易反対運動は急速に支持を失っていった。「王立アヘン委員会」報告書が全巻出揃った直後の一八九五年五月二十四日、不屈のジョウゼフ・ピーズはインドアヘン貿易の道義的責任を問う動議を再度下院に提出したが、賛成五十九、反対一七六で否決された。(30)

アヘン貿易反対運動の低迷の中で突然、一九〇六年五月三十日の下院討議にて、インド大臣モーリー（John Morley）はインドアヘン貿易を可能な限り早急に停止する旨を言明した。(31) *The Friend of China* 記事を見る限りでは、この急展開は非常に唐突である。ＳＳＯＴは一八九五年五月二十四日の下院討議以来十一年間、アヘン問題を下院討議に持ち込むことができずにいた。モーリーの発言はＳＳＯＴの活動の結果ではない。私はイギリス政府の政策転換の背後には、アメリカの対中接近政策に対するイギリス政府の危機感があると考えている。今後の課題としたい。

イギリス下院でのモーリー発言を契機に、アヘン貿易停止をめぐる中英間の外交交渉が始まり、一九〇八年一月には「中英禁煙協定」が締結された。イギリス政府は、一九〇八年よりインドアヘンの中国への輸出を段階的に削減し、十年間で停止することを確約した。中国もまた国内でのアヘン生産を同様の割合で削減することがこの協定の要件であり、三年後にはイギリス政府が中国のアヘン生産地域を実地調査して、削減状況を確認することも取り決められた(32)。

この期間の *The Friend of China* 記事は、アヘン生産やアヘン消費を一掃する中国の運動の成果を称賛し、中国政府の真摯さに懐疑的なインド政府をアヘン追放運動の阻害者として非難する論調で一貫している。しかし、現実の中国は複雑怪奇であった。中国各地で、財政収入確保を目的とするアヘン専売の試みがなされていた。一九〇八年から二〜三年間はアヘン生産は確実に減少したが、一九一二年以降はアヘン生産が一掃されたはずの地域に顕著な再開が見られた。また、中国各地の開港場において、正規の関税と釐金の納入を済ませたインドアヘンが中国当局に押収される事件が頻発し、外交紛争を引き起こした。これらの複雑な問題に *The Friend of China* は十分な注意と関心を払っていないように見える。

4. おわりに

小稿では、SSOTの機関誌*The Friend of China*（1875~1916）の記事に依拠して、イギリスにおけるアヘン貿易反対運動を概観した。SSOTは、アヘン貿易に反対する運動の具体的目標として、一八七〇・一八八〇年代には「中国に対する強制の排除」を掲げ、一八九〇年代には「インドアヘン専売の廃止」を掲げ、下院で論陣を張った。「中国に対する強制の排除」は、中国政府がインドアヘンの輸入税を財源として重視していることが明白になるにつれて、運動目標としての意味を失った。「インドアヘン専売の廃止」については、インドの人々がアヘン生産・販売・消費を害悪であるとはとらえていないことが明白になるにつれて、運動目標としての意味を失った。SSOTは中国やインドの現実を見誤まり、活動の失敗を招いたと言えよう。

R. N. カスト（R.N.Cust,1821-1909）は、SSOT幹部たちがロンドンのオフィスの肘掛け椅子に座ってアヘン貿易停止を議論し、インドや中国には行ったこともないことを批判している(33)。たしかに、「王立アヘン委員会」に同行してインドへ赴き、その足で中国を訪問したSSOT書記ジョウゼフ・アレグザンダーを例外として、SSOT幹部はアジアに足を踏み入れてはいない。彼らの関心は常にウェストミンスターにあった。

注

（1） D.E.Owen,*British Opium Policy in China and India*, Yale University Press,1962,p.311;Bruce D.Johnson, "Righteousness before revenue :The forgotten moral crusade against the Indo-Chinese opium trade", *Journal of drug issues*, No.5,1975,p307;Virginia Berridge & Griffith Edwards, *Opium and the People*,London,1981,p.176;Paul C.Winther,*Anglo-European Science and the Rhetoric of Empire*,Lexinton Books,2003,p.75

（2） 小川晃一『英国自由主義体制の形成』（木鐸社、一九九二年、一四三頁）によれば、十八世紀初頭においてイギリスのクエーカーは僅か五万人であったという。

（3） 山本通『近代英国実業家たちの世界――資本主義とクェイカー派』（同文館、一九九四年）

（4） *The Friend of China*,No.IV（June,1875）,p.105

（5） *Ibid.,* No.I,（March,1875）,p.1,p.5.

（6） 坂野正高『近代中国政治外交史』（東京大学出版会、一九七三年）、二八四～二八六頁、三三四～三三六頁。D.E.Owen,*op.,cit.*,ChapterIX.

（7） *The Friend of China,*Vol.IV.No.4（April ,1880）, pp.143-149 ; Vol.IV,No.11（June,1881）,pp.320-321;Vol.VI,No.5（May 1883）,pp.131-153

（8） 新村容子『アヘン貿易論争』（汲古書院、二〇〇〇年）、一一四～一一五頁

（9） British Parliamentary Papers（Irish Universiy Press Area Studies Series）,China,Vol.13,*Commercial Reports*,Ichang,pp.43-44

（10）" The Cultivation of Opium in China",*The Friend of China,* Vol.,VI,No.6,(June 1883),pp.163-167

（11）" The Inconsistency of the Chinese Government",*Ibid.*,Vol.VII,No.7（July,1884）,pp.134-136

（12）FO17,　*From Tsungli Yamen to Sir R.Alcock,*（July 1869）

（13）*The Friend of China*,Vol.III,No.10（May ,1878）,p.158;Vol.III,No.19（June 1879）,p.331;Vol.V,No.3（March,1882）,p.77,pp.86-88;Vol.VI,No.8（Aug.,1883）,p.211,;Vol.XVII,No.2（April,1897）,pp.50-52

（14）*Ibid.*,Vol.VI,No.8（Aug.,1883）,p.211

（15）" Deputation to the Chinese Envoys",*Ibid.*,Vol.II,No.9（April,1877）,pp.151-156

（16）"Li Hung Chang on the Opium Trade",*Ibid.*, Vol.IV,No.13（Sept.,1881）,pp.349-351. なお、キャスリン・ロドウィック（K.L.Lodowick）は李鴻章の「中国はモラルという観点からアヘンに反対している」という発言を額面通りに受け取っている（K.L.Lodowick, *Crusaders Against Opium*, The University Press of Kentucky,1996, p.28）。

（17）注（11）に同じ。

（18）新村前掲書、一三四頁。

（19）"The Value of the Agreement", *The Friend of China,* Vol.VIII,No.8（Sept. 1885）,pp.147-153. ＳＳＯＴを離脱した人々は別の反アヘン団体を結成した（Paul C.Winther,op.cit.,pp.83-84）。中国をキリスト教によって改良する方向を取るか、インド政府に対する圧力を強める方向を取るかが主たる対立点であった（Virginia Berridge, *Demons:Our changing attitudes to alcohol,tobacco,and drugs*,Oxford University Press,2013,p.52）。

（20）D.E.Owen,*op.,cit.*,p.311; 新村前掲書、一三八頁。

（21）*Ibid.*,pp.312-313

（22）" The Secretary's Correspondence with Mr.Gladstone",*The Friend of China,* Vol.XIV,No.3（May,1893）,pp.83-87

（23）" The Debate in Parliament",*Ibid.*,Vol.XIV,No.4（July,1893）,pp.116-123

（24） 新村容子「「王立アヘン委員会」とモリソンパンフレット」（斯波義信編『モリソンパンフレットの世界』東洋文庫、二〇一二年三月）、三頁

（25） *The Friend of China*, Vol.XIV,No.6（January,1894）,pp193-213;Vol.XV,No.1,（August,1894）,pp.11-15; Vol.XV,No.3（Dec.,1894）,pp.78-99. なお、インドからの通信はモリソンパンフレットにも収録されている（請求番号X-P-III-a-1669）。なお、アレグザンダーはインド調査終了後に中国にわたり、中国高官と面会している。

（26） 新村前掲論文、六頁

（27） *The Friend of China*,Vol.XV,No.4（May 1895）,p.118-131;Vol.XVI,No.2（April, 1896）,pp.44-69;Vol.XVIII,No.3（July,1898）,pp.50-60; Vol.XIX,No.3（July,1899）,pp.33-34

（28） 新村前掲論文、七頁、十七頁；なお、*The Friend of China*, Vol.XIX,No.3（July,1899）は冒頭にてフォスターのパンフレットを紹介している（pp.33-34）。

（29） D.E.Owen,*op.,cit.*,p.328

（30） *The Friend of China*,Vol.XV,No.4（May 1895）,pp.113-114;Vol.XV,No.5（July,1895）,pp.157-158

（31） " The Opium Traffic",*Hansard's Parliamentary Debates,* Vol.CLVIII（30 May 1906）,cols.494-516

（32） British Parliamentary Papers, *Correspondence respecting the Opium Question in China,1908* , pp.46-48

（33） Robert Needham Cust, " The Indo-Chinese opium question as it stands in 1893, or are the constituional rights of the millions of British India to be sacrificed?",Herford,Feb., 1893（モリソンパンフレットコレクション、請求番号P-III-a-3331）

仁礼敬之の『北清見聞録』と黎明期のアジア主義

久保　亨　KUBO Tōru

はじめに

東洋文庫に仁礼《にれ》敬之《たかゆき》著『北清見聞録』（一八八八年、亜細亜協会刊）という本が所蔵されている。筆者は、日本人と華北との関わりをたどるうちにこの本に行きついた(1)。日本人が華北という地域を初めて意識した頃に書かれた本であり、同時代の中国語を随所に散りばめた、いささか風変わりな叙述スタイルにも特徴がある。しかし、本書の魅力はそれだけではない。異国の習慣や経済に対する新鮮な驚きが書き記され、しかも清国には日本にはない良いところもあり学ばなければならない、との実に率直な感想まで表明されているのである。このような、どこか初々しさを感じさせる文章は、その後、二十世紀になって書かれた日本人の中国案内になると、すっかり影を潜めてしまう。では仁礼は、なぜ、このような本を書けたのだろうか。

1.『北清見聞録』の特徴

本書は、初めて「北清」という言葉を書名に冠した地域経済案内書である。目次を掲げておこう。日本語にはない同時代の中国語も無造作に混じっているが、その理由については後で述べる。

第一編　北京銀行　放帳局　天津塩商　天津糧行
第二編　天津当舗　天津洋行　五金　牙行　応差　貸借訴訟　商事慣例
第三編　関税　厘捐　田賦　契税
第四編　郵政　道路　運輸　打包　商家
第五編　市場　度量衡　貨幣図解　物価　鴉片
第六編　招商局　電報局　鉱務局　国家経済

天津近辺で商売に携わろうとする日本人を対象に、広く有益な実用知識を提供する書となっており、凡例にも「是書ハ原ト北支那商況観察録ト名ケ北清地方商業ノ実況ヲ輯録スルヲ以テ主旨ト為スト雖モ亦タ往々其政治経済ノ概勢ヲ附説シ以テ閲者ノ参照ニ便ス」と、その刊行趣旨が記されている。

では、なぜ、そうした案内書をまとめたのか。中国語で記された自序は、「清国は、最もわが国に近く広大な領域を擁し人口が多く物資も豊富である。したがって互いに有無相通じるところを利用しあってきており、わが国の商人たちの中にも通商に従事し貿易の利を求めるものが少なくない。しかしながら、利益を得ずして撤退し、全財産を失うものもいる。これは十分商況を理解せず、通商に従事しようとするからである」とする。すなわち、日本は清国の豊かな資源と市場を活用すべきであるにもかかわらず、清国の商況を十分理解せず失敗する商人がいることを嘆じているのである。そこで「清国に遊学した折、勉学の合間に商況を視察し、いささか得るところがあった」自分の観察をまとめ、提示することにしたのであった。

そのうえで仁礼はこう続ける。「清国とわが国とは同文同俗にして唇歯輔車の関係にあって、清国の人々は商事に長け、信用制度や契約制度が普及しており、その商習慣にはまことに優れたものがある。彼らのなすところを観察し、学ぶべきところを学び、長所を取り入れ短所を捨てるならば、裨益するところ少なくないに違いない」。清国の優れた商習慣や契約慣行を評価し、活用すべきだというのである。では何を評価するのか。仁礼は、商業活動への強い規制力を持つ同業組合が存在し、それを基礎に商人が官吏の専横に対抗し自らを保護していること（同書一三八―一三九頁）、金融面で相互援助する制度が発達しており、個々の商店が資金面で行き詰まったとしても、倒産までには到らず救済される場合が多いこと（同書一四七―一四九頁）、などを具体的に紹介している。

また語句の一部に中国語表記を用いたことについて、仁礼は凡例でこう説明した。「是書ハ素ト清国ノ時文ヲ以テ起稿セシカ今ヤ和訳ニ際シ未タ適実ノ訳語ヲ査出セサル分ハ猶ホ原字ヲ採用セリ。蓋シ彼此風物ヲ異ニシ又其作用ヲ同フセサルナリ」。もともと同時代の中国語によって執筆したものであり、それを日本語に訳す際、適切な訳語を見出せなかったというわけである。ここで目次の中に含まれる中国語表記について、（　）内に一応の訳語を付しておく。銀行（在来の両替商）、放帳局（融資機関）、糧行（穀物問屋）、当舗（質屋）、洋行（商社）、五金（金属取扱商）、牙行（仲買業者）、応差（徴税人）、厘捐（通行税、雑税）、田賦（土地税）、契税（取引税）、打包（包装）、招商局（当時の清国の汽船会社名）。当時、日本の一般の商人がこれほど難解な書を理解できたかという素朴な疑問も湧く。読者として想定されたのは、明治日本に生まれつつあった商社や銀行の幹部職員層であったかもしれない。

いずれにせよ仁礼は、中国経済を蔑視せず、対等の視線で見つめており、そこから学ぶべき点は学ぼうという立場が随所に見られた点に本書の特徴があった。

2. 清国留学——仁礼敬之の生きた軌跡

筆者の仁礼敬之《にれたかゆき》（一八六一—一八九六）は、次節で検討するアジア主義的な団体の草分け興亜会・亜細亜協会（興亜会の後身）の活動を支えた若手会員の一人であり、興亜会が設けた支那語学校で中国語を学び、清国に留学した人物である。(2) 亜細亜協会から『北清見聞録』を刊行した仁礼敬之の思想も、アジア主義の傾向を強く帯びたものであった。最も簡潔にアジア主義思想を定義するならば、他のアジア諸地域と連携し、欧米列強のアジア進出に対抗しようとする思想、ということになる。(3) とくにアジア主義思想が形成され始めた時期には、他のアジア諸地域と対等の立場に立って、協力を模索しようという傾向が強かった。仁礼が同時代の中国語の修得と使用にこだわり、清国の商習慣や契約慣行などの優れたところは取り入れるべきだと主張した背景には、そのような状況が存在した。

海軍派遣の留学生として一八八三年に上海へ渡った仁礼は、風雲急を告げる華南地方に赴き、福州において清仏戦争（一八八四年）を間近で観察した。仁礼の留学費用が海軍から出されていたこと、仁礼を興亜会に誘ったのは後述する海軍軍人の曽根俊虎であったこと、などからすれば、恐らく清仏戦争の視察は仁礼の留学の重要な目的の一つだったに違いない。(4)福州に滞在し清仏両軍の動きを綿密に記録したその視察内容は、仁礼自身が書いた『清仏海戦日記』（一八九四年刊行、東洋文庫所蔵）に詳しい。その後、仁礼は、一八八四年十月から北京において、また翌一八八五年十月からは天津において留学生活を送った後、一八八六年五月に帰国し、八月から農商務省商務局（商工局の前身）に勤めることになった。この北京・天津留学の期間中に『北清見聞録』を叙述する基礎になった情報を集めたのであろう。

農商務省の少壮経済官僚として活躍するようになった仁礼は、一八九五年から台湾の植民地統治に関わるようになるが、後述するように翌九六年に病を得て客死した。

3．興亜会・亜細亜協会の成立と活動

仁礼が参加した興亜会は、一八八〇年、渡辺洪基（外務省大書記官）、長岡護美（外務省御用掛）、曽根俊虎（海軍中尉）、草間時福（朝野新聞記者）、宮崎駿児（駐厦門領事館書記見習）らによって設立

されたアジア主義的な政治団体である。(5) 旧佐幕派の政治家、外交官、ジャーナリストや非藩閥出身の自由民権運動参加者らが結集し、欧米に対抗してアジアの連携をめざすとともに、明治政府の政策に対し批判的な立場をとることが多かった。興亜会の発会式には中国駐日公使の何如璋の代理も出席している。その後、興亜会を改組改称し一八八三年に亜細亜協会が設立され、一九〇〇年に亜細亜協会は東亜同文会に吸収合併された。

興亜会を設立した一人渡辺洪基（一八四八―一九〇一）は福井県の出身。慶應義塾に学び、一八七〇年に外務省へ出仕し、後に帝国大学（現・東京大学）の初代総長になったことでも知られる。一八七三年、外務省二等書記官としてオーストリアのウィーンに赴任、翌年には臨時代理公使となり、列強間の合従連衡が続く普仏戦争後のヨーロッパ国際政治を身近に体験した。さらに一八七六年、ウィーンから帰国する折には、アラブ、インド、マラッカ海峡、香港を経て、上海、天津、北京など中国各地を一ヶ月ほどかけ視察している。(6) こうして二十代の時、一八七〇年代のヨーロッパ国際政治とアジアの現実に直接触れる機会を持ったことは、興亜会創設当時、弱冠三十二歳の若手外交官であった渡辺洪基にとって、アジアの連携によって欧米に対抗しようとするアジア主義的思想を抱く重要な契機になった。

一方、長岡護美（一八五〇―一九〇六）は肥後熊本藩主・細川斉護の六男。一八六八年、明治新

政府の参与に就任するとともに熊本藩の藩政改革に関わった。一八七二年から七九年までアメリカを経てケンブリッジ大学に留学しており、渡辺洪基の滞欧時代と重なっている。帰国後の一八八〇年、外務省に入省して駐オランダ公使などを勤めた。(7)

もう一人、言及しないわけにいかない人物が、海軍軍人曾根俊虎（一八四七―一九一〇）である。米沢で渡辺洪基に英語を学んだ後、江戸に出て慶應義塾に入り、一八七一年、海軍の軍人になった。翌七二年、日清修好条規の批准書交換等の務をおびた特命全権大使、外務卿副島種臣に従い清国へ渡る。帰国後、再び清国に派遣された際は諜報活動に従事するとともに、自ら中国語を学び修得する。その経験を生かし、日本で中国語教育を開始し、興亜会創設に参加した。孫文と宮崎滔天（滔天の兄・八郎と曽根は旧知の関係であった）との出会いを取り持ったことでも知られる。(8)仁礼はこの曽根に私淑していた。

一九〇〇年に亜細亜協会を吸収した東亜同文会については、多くの研究がある。一八九七年に設立された東亜会と一八九八年に設立された同文会の合同によって一八九八年に発足した団体であり、中国語教育、中国研究から各種情報の収集分析、広報にいたるまで、幅広い活動を展開した。興亜会・亜細亜協会のアジア主義を継承しつつも、日清戦争後の中国をめぐる国際情勢に対応し、日本の権益の維持拡大を一段と重視するようになり、外務省からの資金援助も受け、政府の対外政策との関係を強めたことが指摘されている。

4. 『北支那三省全図』と東京地学協会

一八九四年に『北支那三省全図』[9]を刊行した東京地学協会も、興亜会・亜細亜協会と重なる意図を持った団体であった。[10]興亜会創設の立役者でもあった渡辺洪基が中心となって一八七九年に設立されており、協会自身の紹介によれば、オーストリア国駐在書記官をしていた渡辺洪基がウィーン王立地理学協会会員となり、国の発展において地理学はきわめて重要であり日本にも専門的な機関が必要であると痛感したのが発端という。[11]渡辺は帰国後、榎本武揚、花房義質（朝鮮代理公使）、鍋島直大（イギリス滞在中にロンドン王立地理学協会会員）、長岡護美（同上）らと語らい、協会創設に向けて同志を募った。そして一八七九年四月、北白川宮能久親王を社長、榎本武揚、鍋島直大を副社長、渡辺洪基、桂太郎、北沢正誠、長岡護美を幹事に東京地学協会を創立した。同年、会誌『東京地学協会報告』を刊行、一八九三年には東京大学地質学科内の地学会と合併し、同会の『地学雑誌』を東京地学協会の会誌として発行するようになった。初期の会員は政治家、外交官、軍人らで構成され、会長は、能久親王、載仁親王、榎本武揚、徳川頼倫、細川護立などが務めた。

地理学の意義について、副会長に就いた榎本武揚は、「抑々地学ノ要タル、平時ニ在ツテハ交通貿易ヲ利シ、戦時ニ在ツテハ山河ノ険易ニ依リ攻守ノ得失ヲ攷フ等、治乱共ニ斯学ニ籍ラザルハナシ」(12)と語っている。経済的にも軍事的にもきわめて重要な学問、との認識である。そして、ここで取りあげた『北支那三省全図』についても、上記に続け「戦時ノ用トシテハ、本会ノ蒐集セル材料ニ拠リテ朝鮮全国北支那三省地図台湾諸島全図ヲ発刊シテ会員及ビ公衆ノ需ニ応ズルヲ得タリ」と日清戦争開戦前後の情勢に対応したものだったことを明言していた。協会設立を推進した渡辺洪基と長岡護美は、ともに先に言及した興亜会を設立したアジア主義者である。興亜会・亜細亜協会と東京地学協会創設の底流には、日本をアジアの中で積極的に位置づけようとする共通の問題意識が横たわっていた。(13)

5. おわりに

筆者自身は一九八四年に中国へ留学した。そのちょうど一〇〇年前、仁礼は同じ北京や天津の街角を歩いていたことになる。「百年老店」といわれる古くからの商店、レストランや胡同(フートン)という横丁が、そこかしこに残っていた。

農商務省の少壮経済官僚として活躍するようになった仁礼は、勃興する蚕糸業・絹織物業地帯を走る鉄道として計画された両毛鉄道（一八八八年五月開業、群馬・栃木・茨城間）の創設と経営にも関係した。(14) さらに一八九五年から日本が領有することになった台湾の統治に関わり、同年五月に台湾総督府民政局殖産部商工課心得、翌一八九六年四月に台湾総督府民政局参事官に任命された。一八九五年八月、台北県書記官として、地域の治安維持組織「保良局」の創立大会に出席しているのが確認され、(15) 参事官時代には通訳たちの団体「学友会」発足を世話したりした。(16) その学友会は日本の初期台湾統治に対し、日清提携を強める立場から独自の見解を発表していたという。中国をはじめ他のアジア諸地域との対等な関係を重視した黎明期のアジア主義を彷彿とさせる動きである。しかし仁礼に残された時間は少なく、一八九六年末、ペストに感染し台湾で客死した。(17)

黎明期のアジア主義に見られたアジアを対等の立場で評価しようという発想は、やがて日清戦争・日露戦争を経て近代日本の在外利権が拡張していく中で急速に弱まっていく。それは当時の歴史的環境の下、避けがたい傾向であったかもしれない。しかしアジア地域全体の発展が注目を集める現在、十九世紀末にアジアを対等の立場で評価しようとした試みは、改めて検討するに値するものを持っているように思われる。

注

（1）　久保亨「華北地域概念の形成と日本」（本庄比佐子・内山雅生・久保亨編『華北の発見』東洋文庫、二〇一三年所収）。本稿は、その一部を基礎にしている。

（2）　仁礼は一八八三年三月から七月まで亜細亜協会の事務委員をつとめ『亜細亜協会報告』の編輯も兼任した（『亜細亜協会報告』第一号、一八八三年三月十六日〜第六号、同年七月十六日、巻末頁）。八月に事務員を辞し、十月には上海へ向かっている（同上誌第七号、同年八月二十六日、三頁、第九号、同年十月十六日、三頁、三十六―三十七頁）。

以下、仁礼の経歴は国立公文書館所蔵の文書類と彼の死亡時の新聞記事による。

・海軍卿川村純義↓太政大臣三条実美、普第二〇八六号「留学生徒壱名清国へ派遣致度儀ニ付上請」一八八三年八月二二日（国立公文書館蔵「公文録」第一〇八巻、アジア歴史資料センター・レファレンスコード：A01100257300）

・川村↓三条、普第四一一号ノ二「仁礼敬之清国留学延期ノ儀御届」一八八五年二月二三日（「公文録」第一七九巻、A01100295300）。

・在清国天津 仁礼敬之↓海軍省、「御届」一八八六年五月一二日（防衛庁防衛研究所蔵「海軍省公文雑輯、公文備考類」明治一九年付録二、人事上、C10123968000）

・「故仁礼敬之君」『台湾新報』第九十七号、一八九六年十二月二十七日。

（3）　アジア主義に関する最新の共同研究の成果が松浦正孝編『アジア主義は何を語るのか――記憶・権力・価値』ミネルヴァ書房、二〇一三年である。日本を中心としたアジアへの膨張・連帯のイデオロギーたるアジア主義を解明しようとした共同研究は、結果として、アジア主義の多義性を踏まえつつ、個々の状況と時代の中で、いくつかの重要な共通のメルクマールを認識できることも指摘している。同書序章の、とくに一～八頁参照。

(4) 仁礼派遣の経緯を海軍省は下記のように説明した。「清国ハ我邦ト一葦帯水ヲ距ル隣邦ニシテ、交通ノ繁多ナル諸外国ノ比ニ非ラス。然ルニ当省ニ於テ同国語ヲ話スル者甚タ僅少ニシテ万一有事ノ時ニ際セハ其不便モ不尠儀ト被存候ニ付、今般、興亜会員仁礼敬之ナル者、善ク同国語ヲ解シ学力モ相応ニ有之、志操確実ノモノニ付、留学生徒トシテ弐カ年同国ヘ派遣致度、尤学資金ノ儀ハ当省経費内ヲ以テ支弁可仕候條、至急御裁可相成度、此段上請候也。」(前掲、海軍卿川村純義→太政大臣三条実美)。海軍としての戦略的な狙いを込めた派遣であり、仁礼の中国語の師であり興亜会創設者の一人でもあった曽根俊虎海軍中尉が仲介し、当初から海戦視察の密命を帯び留学した可能性が高い。冨田哲「統治の障害としての『通訳』——日本統治初期台湾総督府『通訳』に対する批判」(『淡江論叢』第二十三集、二〇一一年、二二〇頁)参照。

(5) 狹間直樹「初期アジア主義についての史的考察」(一)～(八)『東亜』第四一〇～四一七号、二〇〇一年八月～二〇〇二年三月、黒木彬文「興亜会のアジア主義」『(九州大学)法政研究』第七十一巻第四号、二〇〇五年、同「興亜会・亜細亜協会のアジア主義——アジア主義の二重性について——」『福岡国際大学紀要』第十五号、二〇〇六年。

(6) 渡辺進編『夢　渡辺洪基伝』私家版、一九七三年、三十三—三十四、六十七頁。渡辺洪基に関する伝記的史料が、縁者によってまとめられた本である。

(7) 長岡護美については、東亜同文会内対支功労者伝記編纂会編『対支回顧録』下巻、同編纂会、一九三六年、九五七—九六二頁、葛生能久『東亜先覚志士記伝』下巻、黒龍会、一九三六年、三六〇—三六一頁。

(8) 曽根俊虎については、前掲『対支回顧録』下巻、二九八—三〇五頁、前掲『東亜先覚志士記伝』三一六―三一七頁、前掲狹間「初期アジア主義についての史的考察」(二)。

(9) 東京地学協会編『北支那三省地図：直隷・盛京・山東三省及朝鮮西岸』東京地学協会、一八九四年。

(10) 前掲、注(5)黒木「興亜会のアジア主義」、七二頁参照。

(11) 渡辺がいた時期のウィーンは、オーストリア＝ハンガリー帝国の首都であった。膨大な地理学・地質学のコレクションを擁し、今もその威容を誇る自然史博物館は、まさに渡辺が帰国の途に就いた一八七六年に開設されている(公開は一八八九年)。帝国統治にとって地理学・地質学が持つ重要性は、二十代の外交官渡辺洪基の脳裏に鮮明に焼き付いていたに相異ない。なお、ドイツの地理学が日本に与えた影響については、浅田進史「ドイツ・中国関係史からみた華北」(前掲『華北の発見』所収)参照。東京地学協会については、石田龍次郎『日本における近代地理学の成立』大明堂、一九八四年、第三章が詳細な考察を行っている。石田著書の参照に当たっては、浅田氏の御教示を得た。

(12) 東京地学協会第十六年会、榎本武揚副会長、一八九五年六月八日、『東京地学協会報告』第十七年第一号、一八九五年九月。幹事を務めた渡辺洪基の言葉や会の活動記録を拾っていくと、協会は、地理的空白地帯の探検という十九世紀ヨーロッパ地理学の最先端の内容をめざしていたことが知られるという(石田前掲書、一〇七―一〇九頁)。

(13) 東京地学協会はイギリスのRoyal Geographical Societyに倣って、その後も海外調査に力を入れた。一九一〇～一六年には、華中・華南地方を対象に独自の調査を敢行、増補追加して『支那地学調査報告』全三巻、化石図譜一巻、全図・地質図四葉などを出版している。東京地学協会は今も存続し、現在は主に地学の専門家によって構成されている。

(14) 『清仏海戦日記』で使った毛鉄道人という筆名も、ここからでたものであろう。なお両毛鉄道の社長に渡部洪基が就いている。

（15）松田吉郎「日本統治初期台湾の保良局について」『東洋史訪』第八号、二〇〇二年。
（16）前掲、冨田哲論文。
（17）前掲、「故仁礼敬之君」『台湾新報』。仁礼はまた『清国商話』を経済雑誌社から一八九五年に刊行している。

仁礼敬之の『北清見聞録』と黎明期のアジア主義

久保　亨

海を渡った皮紙（ヴェラム）文書
——モロッコの契約文書コレクション

三浦　徹　MIURA Tōru

1. 皮紙（ヴェラム）文書の購入

一九八九年九月、東洋文庫は、東京の書店（ビブリオ）を通じて、モロッコの皮紙文書八点を購入した。交通の要衝に位置し、ジグザグの街路網と学問・商工業の都市として知られるフェスにおいて、十六世紀から十九世紀中葉に作成されたアラビア語の契約文書である。大判の皮紙に、特定の不動産（家屋、果樹園、耕地など）の売買や相続に関わる複数の契約証書が、数十年から数百年にわたって記されている。ビブリオ社の説明書には「八枚の仔牛皮紙に手写された…不動産の売買記録」とあり、東洋文庫では「ヴェラム文書」の通称で呼ばれることとなった。ヴェラムvellumとは、パーチメントparchmentと同じく羊や仔牛など獣の皮で作成された書写材料で、狭義では仔牛から作られた上質の皮紙をさすが、見た目では材料の判別はつかない。

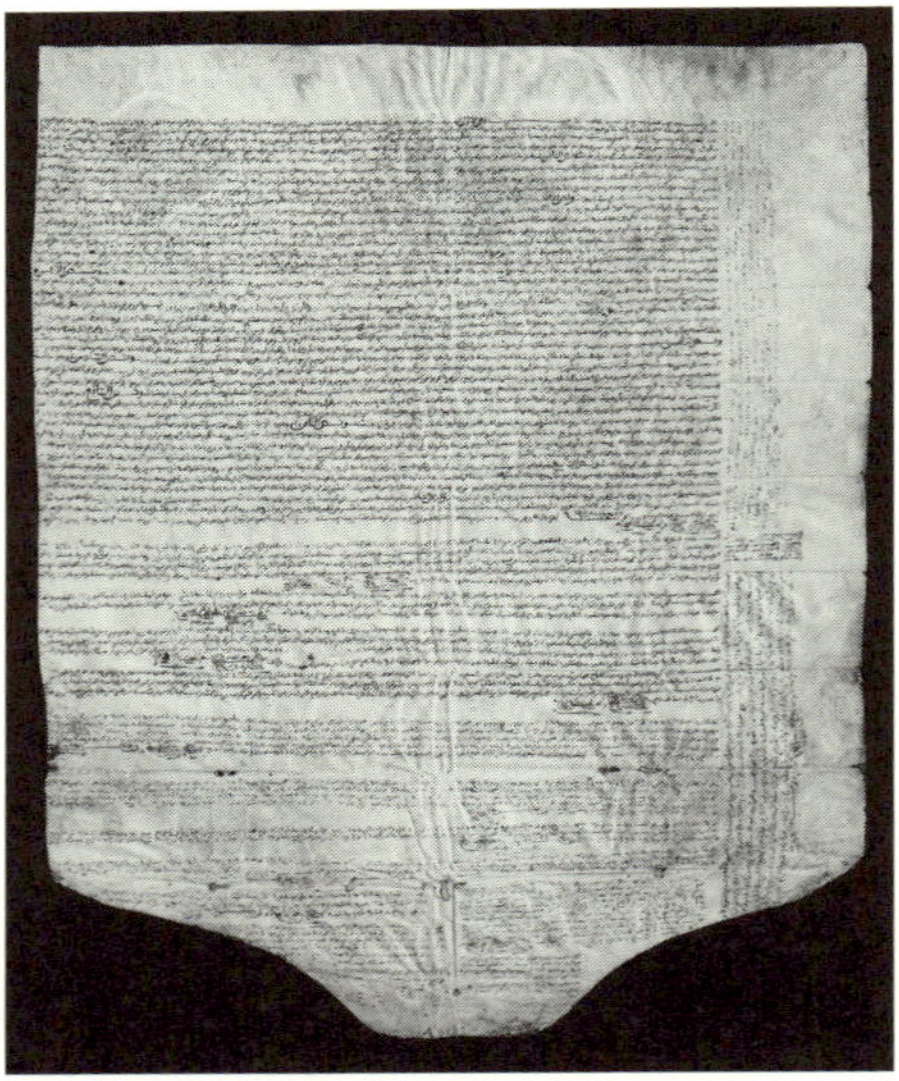

第5文書　15の証書が記され、上下・右左の方向にたたみしわがみられる。

売却元は、オランダ・ライデンにある東洋学の出版社ブリル社で、当時その古書部は、スミッツカンプRijk Smitskamp氏の指揮のもとで、稀覯本の収集・販売を活発に行っていた。ブリル社から送られてきたEight Arabic documents from Fès（Morocco）という標題の英文説明書には、八つの文書の大きさ、作成年代、概要が記されていた。当時出所は不明だったが、その後の聞き取りにより、このコレクションは、ライデン大学のA教授が一九八〇年代前半にフェスで入手し、アラビア語テキストを読み、上記の英文説明書を作成したという。

本コレクションの購入を進めたのは、研究部長であった佐藤次高東京大学教授（のち早稲田大学教授、二〇一一年四月逝去）である。当時は、重点領域研究「イスラムの都市性」（研究代表者板垣雄三）が開始され、イスラーム研究の必要性や関心が高まっていた。東洋文庫は、日本ではいち早く、一九五八年からアラビア語、ペルシア語、トルコ語などの現地語資料（図書）の収集を組織的に進め、八二年にペルシア語所蔵文献目録、八五年にはアラビア語、トルコ語・オスマントルコ語の文献目録（増補改訂版）を編纂・刊行していた。

これらの資料はいずれも刊本であり、国内に所蔵される一次資料としては、京都外国語大学のアラビア語等の写本（二三一点）が知られるだけであった。イスラーム研究の高まりを背景に、東京大学東洋文化研究所は、一九八七年にオランダのイスラーム学者ダイバー Hans Daiber 博士の所蔵する写本コレクション三六七点を購入した（のち第二次として一九九六年に一五二点を購入）。佐藤先生がこの皮紙文書の購入を進めたのは、将来日本において、一次資料（写本や文書資料）にもとづく研究が進展することを見越してのことであった。実際に佐藤先生は、一九八七年五月にシリア国立歴史文書館館長ダード・アルハキーム氏を招聘し、東洋文庫において、同文書館が所蔵するイスラーム法廷文書の講読セミナーが開催された。

2. 皮紙文書の修復・保存と研究

東洋文庫が購入した八点の文書の概要は別表のとおりである。

番号	標題	作成年代	サイズ	証書数	最終的な所有権者
1	イブン・ハイユーン通りの家	1550-78	92×61	10	ザッワーク家
2	サイトゥートの果樹園	1539-1676	80×30	23（両面）	カスリー家
3	サブゥルイヤート通りの家	1583-1637	72×30	5	スフヤーニー家
4	ハバーラートの果樹園	1623-1838	51×27	11	ジュルンディー家
5	オリーブ圧搾所	1670-1722	74×59	15	ラムティー家
6	ワーディー・マーリフの耕地	1712-1823	39×42	5	ジュルンディー家
7	イブン・ハイユーン通りの別室	1683-1741	72×37	5	ジュルンディー家
8	ハバーラートの果樹園	1721-1838	69×51	15	ジュルンディー家

当該文書は、短冊状に折りたたまれた形状で日本に運ばれ、東洋文庫に収められた。東洋文庫では、皮紙・写本の専門技術者である岡本幸治氏に修復・保存を依頼した。岡本氏は、折りたたまれた八点の文書を開き、クリーニングし、水分を与えて柔らかくしたうえで牽引し、平らな一枚の紙状にして、乾燥させた。損傷部分の補修も行った。そのうえで、中性紙で作成したフォルダーに挟み、貴重書庫に収納された。こうして強いたたみしわがついた文書が、しわのない平らな文書となり、写真撮影を行った。一九九〇年十一月に開催された東洋文庫第六十四回展示会で、このヴェラム文書が展示された。また一九九四年十─十一月に江戸東京博物館で開催された「世界のなかの江戸・日本」展で二点の文書が展示され、図録には佐藤部長による解説が載せられている。

皮紙は、最小で三十九×四十二センチ、最大で九十二×六十一センチである。一頭の皮まるまる一枚が使用されているものが三点（文書1、5、8）、背骨にそって半裁されているのが四点、最小（文書6）は切片で、いずれも色の薄い腹側の面が記載に用いられている。

文字は、植物性のインクを用い、すべてアラビア文字のマグリブ書体で書かれている。上部および右に、一定の幅の空白部（欄外）を設け、上から下に順次、文書が記載されている。上部および右の欄外に、文書が記される場合もある。第二文書は、裏面にもテキストが記されている。いずれの文書にも、背面に簡単な標題がふされているが、これは後代に整理のために記されたメモと考えられる。

佐藤先生は、毎年学部学生を対象に開催される東洋文庫見学会のおりに、この文書をみせ、「年々インクがあせていくので、早くだれかがテキストを解読し研究に挑んでほしい」と語っていた。しかし東洋文庫西アジア研究班が、「イスラーム世界における契約の研究」の一環として、このヴェラム文書の研究グループを組織しテキストの解読を開始したのは、二〇〇九年六月のことであった。月例でテキストの講読会を行い、八点の文書の講読を終えアラビア語の校訂テキストができたのは、二〇一二年の夏、引き続き第二ラウンドのテキストの講読・確認を終えたのは二〇一四年春であった。この間にモロッコのブーシャントゥーフ教授を日本に招聘し、アラビア語校訂テキストの点検をお願いした。文書の文字がかすれて読みにくくなっている部分があったが、東京文化財研究所研究員の助言により、紫外線をあてて撮影することで筆跡が浮き上がり、現物よりも判読しやすい写真ができあがった。二〇一五年三月に、アラビア語の校訂テキストと英文による文書解説を、東洋文庫リサーチライブラリー（ＴＢＲＬ）シリーズとして刊行する。

３．イスラーム法廷と契約文書

イスラーム法では、コーランの「あなたがたが期間を定めて貸し借りする際には、それを記録にとどめなさい。あなたがたの仲間から二名の証人をたてなさい。（記録は）正確な証拠となり、疑いを避けるために最も妥当である」（二章二八二節）にあるように、文書契約が推奨され、市場や商店などでの日常的な売買を除き、借金や不動産の取引の場合には、証人をたて、文書契約を交わすことが慣行となった。

契約文書の書式集ができ、職業的な公証人がこれに則って契約文書を作成し、都市にはこのような公証人が店を連ねる市場ができた。さらに十五世紀以降オスマン朝のもとでは、イスラーム法廷において、契約証書の発給と台帳への登記が行われた。オスマン朝時代のイスラーム法廷の台帳は、現在、トルコはもとより、シリア、エジプト、アルジェリアなどのアラブ地域、バルカンの諸国の文書館などに、大量に残されている。また十四世紀のエルサレムで裁判官（カーディー）のもとで作成された契約文書（ハラム文書）など、マムルーク朝（一二五〇—一五一七）やそれ以前の契約文書（証書）もわずかであるが伝世し、研究が行われている。

現在、中東・イスラーム世界に伝世している契約文書は、取引の当事者に発給されその手元に残された証書（アラビア語でhujja）とイスラーム法廷で登記され記帳された台帳（sijill、defter）の二種類が知られている。イラン地域では、カージャール朝時代（一七九六—一九二五）に裁判官のもとで作成・保存されたペルシア語の証書や台帳が私家文書として残されている。また、中央アジアでは、京都外国語大学とウズベキスタン科学アカデミー東洋学研究所の連携事業として、一九九二年から法廷文書の収集・保存・整理のプロジェクトが行われている。収集された証書は約二五〇〇点、またロシア統治期（一八六七—一九一七）の法廷台帳も見つかっている。新疆においても、ウイグル語や漢語による契約文書が日本人研究者の手によって、収集・紹介されている。

法廷台帳を用いた研究によれば、法廷で記録されている文書の多くは、不動産の売買や賃貸借、相続や後見、借金で、訴訟（判決）は一部にすぎない。アラブ地域から、トルコ、イラン、中央アジアまで、不動産取引や相続の際には、契約文書を作成し、証人の証言（保証）をえて、法廷（裁判官）の認証をうけ、法廷台帳に登記する、というシステムが広く成立していたといえるだろう。これらを資料として、法制度（法廷の役割）、社会経済史や家族史の研究が進められている。

他方モロッコでは、十九世紀以前のイスラーム法廷の法廷台帳の存在は知られていない。

4. モロッコの契約文書

このような契約文書や法廷文書の資料・研究状況のなかで、東洋文庫が所蔵するヴェラム文書は異彩をはなつものである。第一には、これまで知られる中東・イスラーム世界の契約文書は、紙（証書または冊子体の台帳）に記されたもので、皮に記されたものはこのモロッコのものがはじめてである。巷間に知られるように中東では、八世紀中ごろに中国の製紙法が伝わり、九世紀には、バグダードに製紙工場が作られ、行政においても著述においても、紙の使用が広まった。紙と皮紙は併用されたが、皮紙がインクを拭き消すことができるのに対し、紙は上書きによる修正や偽造ができないために、行政文書や契約文書の作成に適していた。実際に紙に書かれた法廷台帳を修正する場合には、全文を抹消するか、あるいは修正部分を欄外に書きだして、訂正者が署名するという方法がとられていた。

ではなぜ、モロッコでは、皮紙に契約文書を記載したのだろうか？　これは、本研究を始めるにあたって最初に抱いた疑問であった。考えられる理由のひとつは、モロッコは皮の生産で名高いということであるが、他の地域には皮革の技術や製品がないというわけではないし、モロッコで紙の生産や使用がふるわなかったわけでもない。十二―十四世紀のモロッコやアンダルスは、模様がはいった厚手の紙の生産で知られていた。

同類の皮紙文書としては、モロッコ国立図書館に一九七〇年に国王ハサン二世が行った資料（文化財）収集事業の際にマイクロフィルムに撮影されたフェスに関わる皮紙文書約十点が残されている。またライデン大学B教授は、十七―十九世紀にフェスおよびメクネスで作成された皮紙文書十一点を収集した。これは、東洋文庫所蔵文書とほぼ同時期に収集されたもので、文書の書式等は類似している。現時点で存在が確認できるモロッコ皮紙文書は、あわせて三十点前後であるが、十六―十九世紀にかけて、紙ではなく、皮紙に契約文書を記し保存するという慣行が存在したといえるだろう。

第二の特徴は、本文書のテキストの校訂によって明らかになったことであるが、きわめて厳密な書式と手続をふんで作成されていることである。各文書の内容は、フェス市内あるいは近郊にある特定の不動産（家屋、果樹園、耕地など）の所有権移転（相続や売買）に関するもので、複数の証書を一枚の皮紙に書き綴ったものである。証書には、三つの種類があり、①原文書②他の文書を転記した「転記文書」③他の文書を要約・転写し、裁判官が公証した「謄本・抄本」であり、いずれの場合も文末に当該証書の真正性を保証するため、公証人（アドル、シャーヒド）ないし裁判官の署名が自筆で記されている。署名は、図案化したいわば花押のようなもので、同定はできても名前を判読することは難しい。

文書は、つぎの二つの過程をへて、作成されたと考えられる。第一段階は、ある不動産が相続や売買によって所有権が移転する際に、当該の所有権移転文書（原文書）を記載するとともに、当該不動産の前所有者の所有権を証明する文書を集め、その転記文書や謄本・抄本を、原文書の前後に記している。たとえば、第一文書では原文書にくわえて八点の文書が、第五文書では原文書にくわえて四点の文書が、同時に記されている。第二段階は、その後所有権が変わるたびに、当該文書を記入する。この段階においても、複数の関連する証書を転記することがある。ヴェラム文書のなかでは、「上に書かれた証書にあるように」といった形で、関連する証書に言及することがあり、このような記述は、転記や転写前の元文書にもみられ、ここから元文書の内容や形態を復元することができる。

転記文書や謄本・抄本の作成にあたっては、その内容の真正性を示すために、元文書の証人の名前を記すだけでなく、現存する証人が保証し署名を記している。また、文書のテキストに誤りや脱落があった場合には、証書の末尾で修正や加筆を行った部分を明記し、転記・転写の際にもそれが写されている。今回テキストの校訂をおこなった八点の文書は、きわめて厳密にこのような書式や手続が守られており、またテキストそのものの書き誤りもごくわずかにすぎない。全体として、公証人の高い能力をうかがわせる。モロッコでは、公証人のための契約文書書式集、契約文書のスクラップ集、公証人の署名（花押）のアルバム、などが作成され、今日でも公証人が不動産の取引や婚姻の契約を作成している。ヴェラム文書はこのような高い法文化の一端を示すものといえる。

以上からあきらかなように、ヴェラム文書は、一回限りの取引の証書ではなく、特定の不動欄の来歴（所有権移転）を書き綴るための帳面といえる。時代がさがって記された証書には（十八―十九世紀）、他の文書を前提とし概要だけを記したものもあり、皮紙文書は、個々の取引の際に交わされる証書とは別に、特定の不動産に関して所有権の来歴を示す目的のものと考えられる。現存する紙の文書のなかには、この皮紙文書のように、一枚の大きな紙の両面に複数の証書を書き綴る形式のものも残されている。また、特定の不動産にかかわる複数の紙の証書を貼り合わせたものもある。モロッコの契約文書には、このような「書き継ぎ」の慣行があり、それは法廷台帳のような公証記録がなかったことが関係しているのかもしれない。この慣行は、売買などのときに過去の証文をまとめて手渡す日本の「手継文書」や中国の「上手契」の慣行と似通っている。

先にのべたイスラーム法廷文書研究のなかでは、このような「書き継ぎ文書」の様式は知られていない。この点でも、モロッコの皮紙文書の存在とその研究の意義は大きい。つぎに、文書の内容を紹介したうえで、皮紙文書の用途について考察する。

5. 皮紙文書にみる不動産取引

第一文書はもっとも古い時期に成立したもので、フェス市内のイブン・ハイユーン小路にある家屋の売買に関するものである。当該家屋は、ムルシー家の商人ムハンマドが所有し、その三人の子のひとりアブド・アッラフマーンが成人し、一五五八年に相続人たちの持ち分を購入した証書とともに関連の四点の証書が記されている。うち二点は、購入者が成人であり、他の相続人の後見人であることを証明するもので、それぞれが元の文書を複数回にわたって転記・転写したものので、そのたびに裁判官などの照合・確認をえている。一五六一年にこの家屋を持主のアブド・アッラフマーンからアフマド・アッザッワークが購入し、先の証書を含め関連する計九点の証書がまとめてこの皮紙文書に記載された。最後に十四年後に元の所有者であるアブド・アッラフマーンの姉妹が家屋の所有権を主張して訴えを起こしたが、裁判官によって棄却された証書が記されている。不動産の相続や売買が慎重な法手続きを必要としたこと、それだけに不動産の価値が高く、個々の証書の作成のみならず、それらをまとめた文書の作成によって、紛争を防ぐ必要があったことをうかがわせる。当該の小路は、カラウィーイーン・モスクの東にあり、現在もこの名前が使われている。

第五文書は、十五の証書からなっている。第一証書は、それ自体が十点の証書の写しからなっていて、最初にフェスのジーサ門の内側にある廃屋がラムティー家の三人の兄弟の所有であったことが述べられ、つづいて一六八五年にその子孫からキーラーン家のアブド・アッサラームが購入し、これに関連する文書をフェスの裁判官が新旧の文書を照合のうえ、一七〇九年に一枚の証書にまとめたものである。これは、この年に当該の廃屋と土地を、サラウィー家の商人ムハンマドがアブド・アッサラームから購入しており、この売買証書ともに、当該物件が売却者の所有であったことを証明する四点の関連文書がまとめて皮紙に記され、同一の証人が署名している。

つづく十点の証書は、その後の当該物件の売買に関わるもので、うち九点は同一の証人二名の作成によるものである。当該の物件は、八カ月後にマーン家に売却された。二年後には、当該の土地に建てられたオリーブ圧搾所の半分がラムティー家の女性アーミナに売却されるが、四年後の一七一三年には売却は取消される。一四年にヤマニー家の者が購入するがこれも五カ月後に取消となり、一七年にシキッリー家の者が購入する。一九―二〇年にヤマニー家が先買権によって圧搾所全体を購入し、二二年にはこれを女性アーミナが購入する。このアーミナが先のラムティー家の者とすれば、ラムティー家が所有していた廃屋と土地は、約四十年に間に、圧搾所に姿を変えて四つの家に転売され、最終的にはラムティー家の孫世代の所有に戻ったことになる。転売にともなって経営者も替わったのか、それともラムティー家が物件を賃借して利用を続けたのか、また皮紙文書自体が、売買のたびに購入者に手渡されたのかはわからない。

第二文書は、皮紙の表裏両面に二十三枚の証書が記され、フェスの北ザラーグ山の麓にある果樹園の売買に関するものである。当該物件は、一五六七年にアダウィー家の者が購入したのち、一六七六年まで一一〇年間の所有権の移転（五回の売買、二回の相続）について十一枚の証書が記されている。第四文書と第八文書は、いずれもフェス東郊のハバーラートにある隣接する果樹園の売買に関わるもので、前者は一六五二年から一八三八年までの六回の売買が、後者は一七三一年から一八三八年の九回の売買が記録される。最終的に、二つの果樹園はジュルンディー家のムハンマドが購入し所有している。第六文書のワーディー・マーリフにある果樹園を最終的に一八二三年に購入したジュルンディー家のムハンマドも同一人物とみられ、第七文書の物件の最終的な所有者もジュルンディー家である。すなわち八つの文書のうち四点はジュルンディー家に伝わったものと考えられる。同家は、フェスの名家として伝記史料でも名前が知られている。

これらの文書は、特定の不動産について、その所有権を証明するため、関連する証書を集め、書き継いできた保存用の文書といえる。では、なぜ皮紙に記したのであろうか？　第一は、紙に比べ破損しにくく耐久性が高いことであろう。第二にサイズの問題で、紙漉きの技術的理由から通常の紙は四十五×六十五センチ以下で、長期にわたって複数の証書を記録する大判の紙は得にくかった。他方で、皮紙は湿度三〇％気温二十度の環境に適し、乾燥するともろくなり、湿度が高いと変形やカビが生じる（フェスの平均気温は十一―二十五度、年間降水量五五〇ミリ）。八点の文書は、東洋文庫に到着した時点では、いずれも筒状に巻いたのちに潰れたような折り目がついていたという。ここから推察すれば、筒状もしくはそれを潰した柵形で保存されていた可能性がある。必要に応じて、中味を開いて見せることができたわけであるが、先のB教授の短冊状の皮紙文書のなかには乾燥して開かなくなったものもある。上質の皮紙が得難いものであったことも考慮するならば、皮紙にかかれた契約文書は、単なる不動産の所有権を証明する文書というだけでなく、家のステイタスを示すものとして、作成・保存されたとも考えられる。そもそも最初に私たちがこの文書に関心をもったのは「皮」に書かれていたためでもある。皮にはそのような魅力があるのだろう。

6. 公開と持続

モロッコの皮紙文書は、中東・イスラーム世界の契約文書、法廷文書のなかでも、特殊な位置をしめる貴重な資料である。来春に出版される『モロッコの十六―十九世紀のヴェラム（皮紙）契約文書』は、世界ではじめて、この皮紙文書のテキストを校訂したものであり、一枚の証書とも法廷台帳とも異なる大判の「書き継ぎ文書」という独自な契約文書の類型である。二〇一五年一月から東洋文庫ミュージアムで開催される「イスラーム展」では、本文書を図解・解説付きで展示をしている。

モロッコの国立図書館には未整理の資料のなかに皮紙文書や契約文書が所蔵されていると思われるが、現時点で、皮紙文書の現物を所蔵し、公開しているのは、東洋文庫だけである。おりしも、東洋文庫はB教授の収集した十一枚の皮紙文書を同氏の申し出により入手することとなった。東洋文庫西アジア研究班では、引き続きこの皮紙文書の研究を継続し、本稿で仮説として述べた問題点の答えを明らかにしていきたい。

ヴェラム文書の購入から本研究の出版まで二十五年の歳月が流れた。この間、とくに一九九〇年代後半からの日本での法廷文書研究の関心や高まりがなければ、テキストの解読は到底できなかったであろう。まさに、機が熟し、ようやくにして実を結んだのである。今回の出版や展示が、皮紙文書研究の嚆矢となり、モロッコでの契約文書の収集や公開や研究の進展に寄与することができれば、本研究を見ることなく亡くなった佐藤先生のご遺志に応えたといえるだろう。

付記：本ヴェラム文書の研究は、私を代表者とし、以下のメンバーによって行われ、本稿の内容もそれにもとづくものである。佐藤健太郎（北海道大学准教授）、原山隆広（東洋文庫研究員）、吉村武典（ＮＩＨＵイスラーム地域研究研究員、早稲田大学講師）、亀谷学（国学院大学非常勤講師）。

東洋文庫所蔵のオスマン語及び欧文稀覯《こう》書の白眉について

鈴木 董
SUZUKI Tadashi

1. 東洋文庫とトルコ研究史料

本邦でトルコ研究に携る者にとって、東洋文庫は、重要な拠点の一つといえる。そもそも、岩崎家がモリソン文庫を購入し、これを広く公開すべく、東洋文庫を開設するにあたり、研究者側でこの試みに中心的に関与された白鳥庫吉博士は、明治末年に既に突厥碑文研究において国際的にも先駆的業績を挙げた、本邦におけるトルコ学研究の大先達であった。その学統を承け継ぎ、とりわけ戦後における本邦のトルコ学研究の発展に特段の寄与をなされたのが、小生もトルコ語の手ほどきから始めて、トルコ史研究の御指導をあおいだ、故護雅夫先生であった。護先生は、元朝史研究から発して、突厥史へと研究の中心を移され、突厥史学者として国際的盛名を得られ、トルコ国立イスタンブル大学文学部においても、古代トルコ史をトルコ語で講ぜられた方であったが、その御関心は広く、トルコ史、オスマン史、トルコ語さらにはトルコ近代文学にも及び、これら諸領域においても、多くの先駆的業績を挙げられた方であった。これに加えて、広く後進の指導養成にあたられ、さらにまた、トルコ学研究のための文献史料、特にトルコ語・オスマン語の文献史料の収集に意を用いられた。その際、トルコ語・オスマン語の文献史料の収集の拠点とされたのが、研究員、のちには研究部長として多年にわたり運営に関わられた東洋文庫であった。東洋文庫が、本邦におけるトルコ学研究の一大拠点となったのは、ひとえに護雅夫先生の御尽力によるところが大きいといえよう(1)。

2. 東洋文庫のトルコ語・オスマン語史料コレクション

護雅夫先生が開始された、東洋文庫におけるトルコ語・オスマン語史料コレクションは、その後も歴代の研究員、関連の研究者の尽力も加わり、今日、本邦における公共図書館・研究機関所蔵のコレクションとしては、最大のものとなり、全国のトルコ学研究者により広く活用されている(2)。そして、このコレクションの目録もまた刊行されている。

さてここで、東洋文庫創立九十周年を記念すべく一書を刊行せられるにあたり、文庫長の斯波義信先生のお求めにより、小生も一文を草させて頂くこととなったが、本稿では、東洋文庫所蔵のトルコ学関係の書物のうち、特に貴重な稀覯《こう》書として、オスマン語刊本一点、欧文刊本一点をとりあげ、各々の刊行の背景にもふれつつ、少々、御紹介してみたいと思うのである(3)。

3. オスマン語の稀書、キャーティブ・チェレビの『ジハーン・ニューマ』とアラビア文字世界としてのイスラム世界における活版印刷史におけるその位置

本邦所在の公共図書館のトルコ語コレクション中、随一の規模を誇る東洋文庫のトルコ語蔵書は、一九二八年にトルコ共和国においてアラビア文字表記が廃されラテン文字が採用された、いわゆる「文字改革」以降の、ラテン文字による現代トルコ語の刊本を中心とする。しかし、それ以前のアラビア文字で表記されたオスマン語の刊本もまた、少なからず所蔵せられている。ここで、オスマン語というとき、実際にはいろいろの定義があり、それをめぐる様々の議論もあろうが、ここではとりあえず、オスマン語というとき、単純にアラビア文字で表記されたトルコ語を

さすものとしておこう。このような意味でのオスマン語刊本で東洋文庫に所蔵されている書物のなかで、まず第一に挙げるべき稀書中の稀書は、泰西の初期刊本をインキュナブラと呼ぶのにならい、しばしば「トルコ・インキュナブラ」と呼ばれる十八世紀前半の古刊本のなかでも、とりわけ稀なものとして知られるキャーティブ・チェレビの『ジハーン・ニューマ』であろう。

さてここで、泰西の古刊本については、十五世紀中葉、グーテンベルクが最初の活版印刷を開始して以来、せいぜいで十六世紀中までに刊行された刊本をインキュナブラと呼ぶと思う。これに対し、トルコの場合、ずっと下って十八世紀前半の刊本を、「トルコ・インキュナブラ」と呼ぶのは、いささか不可思議にみえるかもしれない。しかし、このことは、アラビア文字世界としてのイスラム世界における印刷出版の歴史に由来しているのである。(4)同じ非西欧の諸文化世界のなかでも、東アジアを中心とする漢字世界においては、漢字という膨大な数の文字を媒体としていたため、活字ではなく木版の形ではあるが、誠に古くから、印刷出版が、まず中国で行われ始め、その後、本邦を含め同じ文化世界としての漢字世界に属する諸社会でも、木版印刷術が受容され、出版活動が早くより発展していったのであった。

これに対し、トルコのみならず、アラビア文字世界としてのイスラム世界では、活版印刷術の創始されたラテン文字世界としての西欧世界に地理的にも近く交渉も密であり、アラビア文字もラテン文字と同じく表音文字であったにもかかわらず、十五世紀中葉に西欧世界でグーテンベルクによって活版印刷所が開かれたのに、その影響は、少なくともムスリムには、なかなか及ばなかった。

とはいえ、オスマン帝国のムスリムが、活版印刷術の存在を知らなかった訳ではない。グーテンベルクが最初の活版印刷所を開いてから半世紀もたたない一四九三年には、早くもオスマン帝国に、西欧世界から活版印刷機がもたらされたのである。もたらしたのは、レコンキスタが一四九二年に終結した後、イベリアから難を逃れてオスマン帝国に亡命してきた、イベリア半島に在住しラディーノを母語とするに至っていたユダヤ教徒たち、すなわちスファルディムのグループであった。彼らは、当時オスマン領であったテッサロニキに活版印刷機を持ち込み、オスマン当局の許可を得て、ヘブライ文字を用いる活版印刷所を開き、出版活動を始めたのであった。

一五六七年には、アルメニア教会に属するアルメニア人のオスマン臣民が、同じく当局の許可を得て帝都イスタンブルに活版印刷所を開き、アルメニア文字を用いた活版印刷所を開設した。

さらに、十七世紀中葉には、ギリシア正教会のイスタンブル総主教となった改革僧キュリロスが、改革の一環としてイギリスから機材を導入して、当局の許可の下にギリシア文字による活版印刷所を開いた。

それればかりではない。十七世紀中葉にオスマン朝の歴史を著わした、オスマン朝のムスリム臣民、イブラヒム・ペチェヴィーは、その史書『ペチェヴィー史』のなかで、エピソードの一つとして、グーテンベルクの名まで挙げて、西欧人の創り出した新奇な技術として、活版印刷術を紹介しさえしているのである。(5) それにもかかわらず、アラビア文字世界としてのイスラム世界では、アラビア文字を用いムスリムが運営する活版印刷所は、十八世紀初頭に至り漸く開設されたのである。その背景には、イスラム世界と西欧世間との間の関係における大きな変化が伏在していた。

イスラム世界と西欧世界との関係は、七世紀中葉から八世紀中葉にかけて、「アラブの大征服」によってイスラム世界の原型が成立した頃から、十五世紀末までは、おおむねイスラム世界優位で推移してきた。しかし、十五世紀末から十六世紀にかけて、イベリア半島において、レコンキスタの海への延長というべき、西欧人の「大航海時代」が始まると、まずインド洋を中心とする「海のイスラム世界」というべき部分で、力関係の変化が始まった。しかしなお、「陸のイスラム世界」では状況は異なり、とりわけ地中海の周辺では、前近代のイスラム世界の歴史において、前半のアッバース朝に比すべき、イスラム的世界帝国というべき超大国、オスマン帝国が強盛を誇り、西欧人にとって十六世紀は、「トルコの脅威」の時代であった。

しかし、十六世紀末から十七世紀に入ると、力関係は徐々に西欧優位に傾き始めた。そして、オスマン帝国が一六八三年に第二次ウィーン包囲に失敗して以来、後退は顕著化し、一六九九年のカルロヴィッツ条約では、オスマン帝国の対西欧最前線基地というべきハンガリーの大半を失い、一七一八年のパサロヴィッツ条約で、ハンガリーの残る領土も失い、それに加えて、ドナウ渡河の要衝ベオグラードさえ、一時的とはいえ失うに及び、西欧の優位は決定的となった。

このような情勢のなかで、オスマン帝国の対西欧政策においても、軍事より外交に頼らざるを得なくなり、一七二〇年には、仇敵ハプスブルク帝国の帝都ウィーンと、そして、十六世紀初頭以来、対ハプスブルク同盟の盟友としてほぼ一貫して友好関係にあるフランスの首都パリに、友好を深めるとともに情報を収集すべく、使節を送ることとなった。両使節は、帰国後、各々、『奉使記（セファーレット・ナーメ）』を奉呈した。そのうち、とりわけパリ派遣大使となったイルミセキズ・チェレビ・メフメット・エフェンディの『パリ奉使記』は、敏腕の実務官僚の眼を通じた、西欧の文明と文化についての新鮮な観察を含み、オスマン帝国の西洋観の変遷史において画期的な作品となった。と同時に、この使節に、秘書長格で同行した、大使メフメット・エフェンディの子息、メフメット・サーイト・エフェンディ(6)は、パリ滞在中に活版印刷所を訪れ、帰国後、帝都イスタンブルに、イスラム世界で最初の、ムスリムが創設しアラビア文字を用いる活版印刷所を開設することを思いたった。

パリ滞在中には、元来ムスリム出身のオスマン臣民としては殆ど初めてフランス語を学び、帰国後はオスマン帝国のムスリム臣民中、屈指の西洋通として幾度か西欧世界に大使として赴き、ついには大宰相にもなったメフメット・サーイト・エフェンディは、父メフメット・エフェンディと共にパリから帰国した後、ハンガリーのキリスト教徒神学生出身でムスリムに改宗しオスマン朝に仕えていたイブラヒム・ミュテフェリカと協力して活版印刷所開設をめざし、ついに一七二七年、宗教書は印刷刊行しないという条件下で勅許を得、ムスリムが経営しアラビア文字を用いるイスラム世界で最初の活版印刷所を、帝都イスタンブルに開設することに成功した。(7)

後代、イブラヒム・ミュテフェリカ印刷所として知られることとなったこの印刷所は、一七二九年から、イブラヒム・ミュテフェリカの没した一七四七年にかけて、全十七点の書籍を印刷刊行し、その出版物は、ミュテフェリカ版として、オスマン語の全刊本中で特別の地位を占め、トルコ・インキュナブラとも称されている。

このミュテフェリカ版のなかでも、特に稀書中の稀書として名高いのが、東洋文庫にも一本が蔵されている、『ジハン・ニューマ（世界鏡）』である。この書の著者は、泰西では、ハッジ・ハリーファ、トルコでは、キャーティブ・チェレビの異名をもって知られるムスタファ（一六〇九—一六五七年）である。(8)この人物は、実務官僚としての書記、すなわちキャーティブとしてオスマ

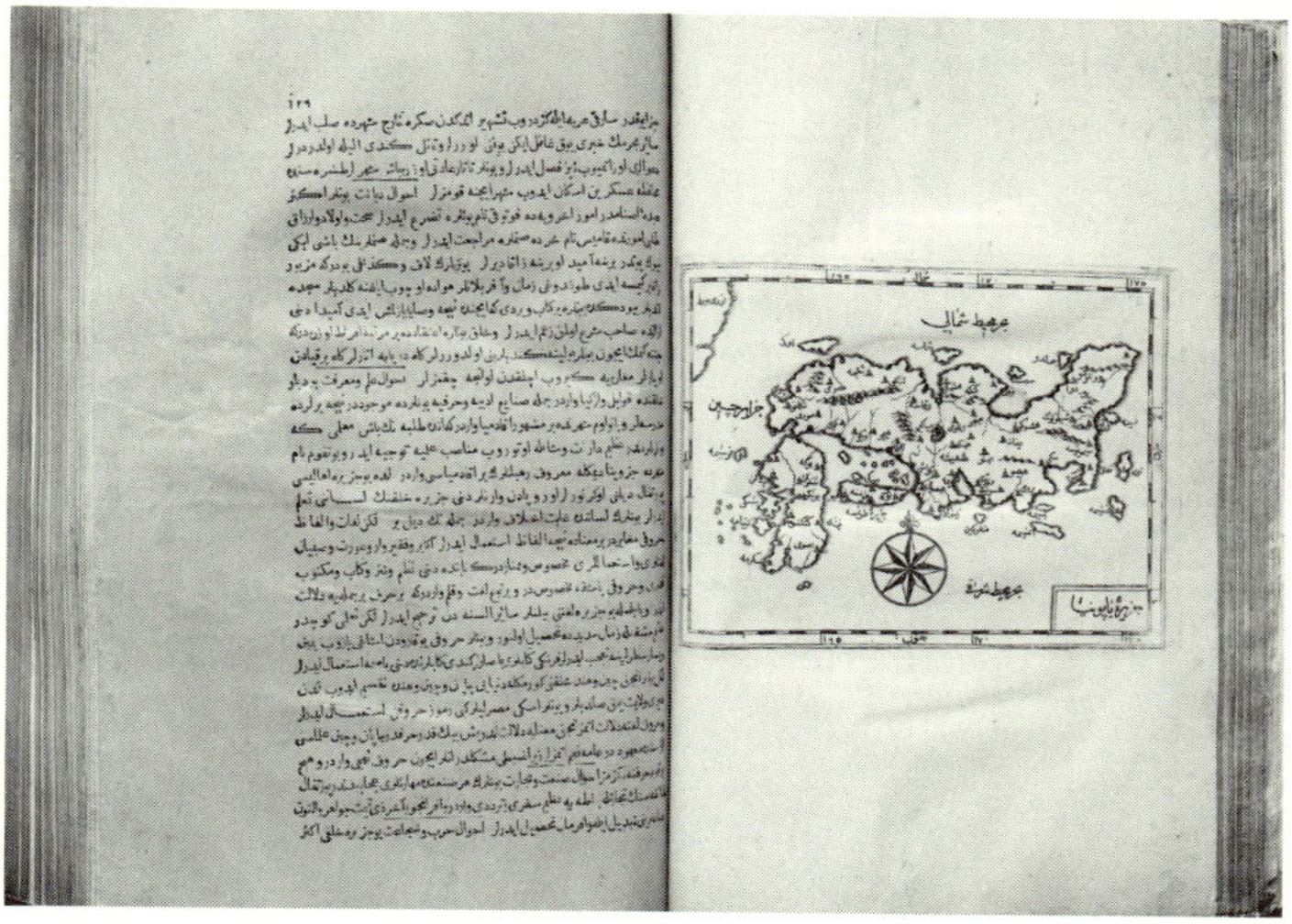

キャーティプ・チェレビ『世界の鏡』

ン朝に仕えたが、官人としてはさほどの栄達はみなかった。しかし、博学多識をもって知られ、様々の分野について多くの優れた著作を残した。その代表的な著作の一つが、『ジハン・ニューマ』なのである。

キャーティプ・チェレビの手になる『ジハン・ニューマ』は、前近代オスマン朝におけるムスリムの手になるオスマン語の唯一の本格的な世界地理書である[9]。キャーティプ・チェレビは、当初、ムスリム系の資料のみに基き、『ジハン・ニューマ』の執筆を始めたのち未完のまま中断した。その後、西欧側の情報を欧文を解する協力者の協力をえて採り入れ、第二の『ジハン・ニューマ』の執筆にとりかかったといわれる。しかし、この書も結局、未完に終った。ミュテフェリカ版の『ジハン・ニューマ』は、刊行者イブラヒム・ミュテフェリカが、大幅に増補改訂し新たに地図の多くもつけ加えたものであるといわれる。それ故、ミュテフェリカ版『ジハン・ニューマ』は、キャーティブ・チェレビの著作の原型とは、大きな相異があり、キャーティブ・チェレビの『ジハン・ニューマ』そのものとはかなり異なるといわれる。とはいえ、ミュテフェリカ版『ジハン・ニューマ』は、オスマン朝の地理学史上、最重要の著作の一つである。そして、書誌上の重要性・稀少性からいえば、オスマン語刊本中の白眉、稀書中の稀書といえる。とりわけ、地図の揃ったものは、誠に貴重である。東洋文庫本は、その意味でも、稀書中の稀書といえよう。

しかも、少なくとも知る限りでは、ミュテフェリカ版『ジハン・ニューマ』は、本邦の公共図書館の蔵書としては、他には、東京大学東洋文化研究所蔵の一本があるにとどまるのではなかろうか。ただここで、『ジハン・ニューマ』には、刊行時に地図が彩色されたものと、無彩色のものと二種があり、東洋文化研究所本は前者に属するが、東洋文庫本は後者に属することを申しそえておく。

なお、東洋文庫本『ジハン・ニューマ』が、いついかなる経違で文庫の有に寄したのかについては、東洋文庫普及展示部専任学芸員の岡崎礼奈氏の御教示を得た。岡崎氏の御教示によれば、昭和四十七年に、英国の東洋学関係の老舗古書肆《し》アド・オリエンテムより購入されたとのことである。旧蔵者については詳かでない。

東京大学東洋文化研究所所蔵の『ジハン・ニューマ』についていえば、オランダの東洋学関係の老舗出版社にして書肆《し》、ライデンのブリルに出たものが他のミュテフェリカ版の諸書とあわせて購入されたのであり、旧蔵者は、ドイツの東洋学者で、オスマン地誌、地理学史研究でも知られる故フランツ・タッシェナー教授であった。従って、東洋文化研究所本は、タッシェナー教授のオスマン地誌・地理学史研究の直接の資料として用いられたものである可能性が高い。これも一言、申しそえておきたい。

4. 泰西のオスマン史関係稀書
——ドーソン『オスマン帝国全覧』初版本

東洋文庫は、そもそも、中国関係の洋書コレクションであったモリソン文庫を出発点としており、中国関係の洋書コレクションとしては、本邦で無比と思われるが、トルコ学・オスマン史関係の洋書コレクションもまた、なかなか充実しており、本邦の公共図書館の蔵書としては屈指の

イグナティウス・ムラジャ・ドーソン『オスマン帝国全覧』

ものといえよう。そのトルコ学・オスマン史関係洋書コレクションのなかで、白眉というべきは、イグナティウス・ムラジャ・ドーソンの『オスマン帝国全覧』の初版本、全三巻であろう。

そもそも、オスマン帝国は、中世から近世への移行期の西欧キリスト教世界にとって、身近な最大の脅威であった。西欧人が、古えのサラセン人、直近のモンゴル人にひき続く東方からの新たな脅威の到来を実感したのは、一三九六年のニコポリス十字軍の大敗北によってであった。当時の西欧キリスト教世界の東南端の強国、ハンガリーの国王で、後には神聖ローマ皇帝にもなったジギスムントの主唱の下、西欧各地からの騎士たちが多数参加して結成されたこの十字軍は、ドナウ川沿いのニコポリスの近郊で、異教の教敵、イスラム世界の西北端アナトリアのそのまた西北端で起こりビザンツ世界を侵食しつつ台頭してきたオスマン朝の第四代君主で、「電光」の異名をとどろかせたバヤズィット一世の軍勢に大破された。ハンガリー王ジギスムントは辛うじて身をもって逃れた。しかし西欧各地から参集した王侯貴族の公達たちで、あるいは戦場に倒れ、あるいは捕われて多額の身代金により辛うじて帰郷しえた者も多数にのぼった。この一大災難により、西欧人たちは、かつてのアラブ人たちにかわる、イスラムの脅威の新たな担い手としてのトルコ人の脅威を実感することとなった。

さらに一四五三年に、東ローマ帝国の衣鉢を継ぐビザンツ帝国一〇〇〇年の帝都コンスタンティノポリスが征服されてビザンツ帝国が滅亡するに及び、脅威感はさらに高まった。(10) そして、十六世紀に入り、オスマン朝第十代スレイマン大帝が、バルカンからドナウを越えてハンガリーに入り、陸路、東南方から北上して西欧世界に本格的に進攻する動きをみせるに及び、その脅威は急迫のものとなった。実際、一五二一年には、ドナウ渡河の要衝ベオグラードが落ち、一五二六年にはモハチュの戦いでハンガリー軍が大破されハンガリーの大半がオスマン支配下に入り、一五二九年には、神聖ローマ皇帝カール五世を戴き、当時西欧で最強のハプスブルク勢力の牙城の一つウィーンさえ包囲されるに至り、トルコ人はまさに、同時代の英国の哲学者フランシス・ベーコンの言を借りれば、「ヨーロッパの喫緊の脅威」となった。

このような状況下で、十五世紀中葉にグーテンベルクにより創始された活版印刷の初期の作品群であるインキュナブラ版の諸書のなかにも、当時、刊本が稀少であったことにかんがみれば、驚くほどに多くのトルコ関係の書物や小冊子が刊行された。その一応の概要は、ドイツ系ルーマニア人のカール・ギョルナー教授の編になる『トゥルチカ』全三巻中の書誌部分にあたる第一巻と第二巻からうかがい知ることができる。(11) この傾向は、十七世紀に入ってからもある程度続いていた。

この時期に刊行された欧文のトルコ史で最も名高いものは、聖職者だったリチャード・ノルスの『一般トルコ史』であろう。一六〇三年に初版が刊行され、(12) 一六一〇年には第二版増補版も出たこの書の、一六三一年版が、東洋文庫に蔵されている。ちなみに、この書の著者ノルスは、トルコ語を解さず、欧文文献と欧文に翻訳された東方文献によってこの書を著したが、これに補遺をつけ加えて二度にわたり刊行したのは、ポール・リコであった。この二つの版の初版は、各々一六七九年と一七〇〇年に刊行されているが、東洋文庫には一六八七年版が蔵されている。ポール・リコは、イズミル駐在のレヴァント会社の総領事としてトルコに多年在勤し、トルコ語も解し、当時、西欧きってのトルコ通として知られた人物であった。(13)

ポール・リコのトルコ通としての盛名をいやがうえにも高からしめたのは、『オスマン帝国の現勢』であろう。(14) 一六六七年に初版が刊行され版を重ねたこの書の一六七五年版が東洋文庫に蔵されている。西欧きってのトルコ通の手になるこの書は、十七世紀末から十八世紀末に至るまで、オスマン帝国の国制についての西欧における権威ある定版の参照文献となった。実際、博学の士、モンテスキューも、『法の精神』を著わすにあたり、オスマン帝国事情については、専らこの書に頼っていた。ちなみに、日本については、ドイツ人のケムペルの『日本誌』に依っていたことをつけ加えておこう。

ここで、オスマン帝国史についての欧文文献の変り種としては、ビザンツ帝国のギリシア系臣民であったハルココンディラスがギリシア語で著わした書物が、『ギリシア帝国の衰亡とトルコ人の帝国創設の歴史』として、フランス語に訳されて、初版は、一五五七年に刊行されている。(15) この書についても、一六六〇年版が、東洋文庫に蔵されているが、この書の特色は、後につけ加えられたものであるが、ニコライ・ド・ニコライの描いた図版が多くとり入れられていることである。

さてここで、いよいよ、東洋文庫所蔵のトルコ学・オスマン史関係の欧文刊本の白眉というべき、ドーソンの『オスマン帝国全覧』初版全三巻に話題を移そう。十八世紀末から十九世紀初頭にかけて、多大の労苦を経て漸く刊行が完成されたこの書物の著者イグナティウス・ムラジャ・ドーソンは、イスタンブル生れのアルメニア系オスマン臣民で、通訳として駐イスタンブル・スウェーデン公使館に長らく勤め、スウェーデン国籍に移り累進してついに駐イスタンブル・スウェーデン公使となり、スウェーデンの勲爵士に叙せられた人物であり、『蒙古史』の著者、コンスタンチン・ムラジャ・ドーソンの父でもあった。[16] 田中萃一郎博士の訳本[17]で名高いこの息子の方が、本邦では知名度が高いであろう。しかし、アルメニア系オスマン臣民として、トルコ語・アラビア語など東方諸言語に加えて西欧の諸言語にも通じ、しかもオスマン臣民として、オスマン朝の国制や社会事情、そしてオスマン文化も知りぬいていたこの人物が、多年を費して著わした『オスマン帝国全覧』は、その出現以降、多年にわたって、西欧におけるオスマン国制・オスマン事情を知るための権威ある定版の参照文献となった。そして、今日もなお、十八世紀末から十九世紀初頭にかけてのオスマン帝国の国制と社会事情を知るための基本史料となっている。

この書物には、全三巻からなるフォリオ版の初版本と、全七巻からなる小型の第二版がある。[18] 第二版の小型全七巻本の方が所蔵図書館も格段に多く、入手も相対的に容易なため、研究者は、第二版を用いることが多い。しかし、書誌上、そして芸術品として書物をみるとき、やはり全三巻の初版こそ、決定的に重要である。そもそも、フランス革命へとむかいつつあったパリで、一七八七年に刊行された初版第一巻は、当時の活版印刷技術の粋を尽した書物であった。一七九二年、ドーソンはこの書物を携えて帝都イスタンブルに帰郷し、既刊の第一巻と第二巻を時の君主であり、オスマン帝国における体系的な「西洋化」改革に先鞭をつけた改革の先駆者でもあり、またトルコ古典音楽における作詞家・作曲家として、また歌い手として、オスマン朝の古典楽器のマルチ・プレイヤーとしても名高く、オスマン古典音楽史上の巨星の一人でもあった、オスマン朝第二十八代セリム三世に拝謁し、直々にこの書を献じている。セリム三世にあっても、御感なのめならず、多額の恩賞を賜った。(19)

第一巻は無事に刊行されたものの、まもなくフランスは、一七八九年のフランス革命以降の混乱期に入り、とりわけ第三巻の刊行は困難を極めた。この間、一八〇七年には、著者ドーソン本人が没したため、生前には刊行することを得ず、一八二〇年に至って漸く、子息のコンスタンチン・ドーソンが第三巻を刊行し全三巻の全巻刊行を全うし得たのであった。

この書は、オスマン帝国の国制と社会事情、文化事情についての極めて貴重な史料であるが、とりわけ初版全三巻には、見事な挿絵が多数付されている。しかも、その挿し絵は、外国人旅行者の旅行記中のグラヴュールなどと異なり、現地人の確かな目でチェックされたものであるところに、特筆すべき価値がある。まさに、東洋文庫におけるトルコ関係洋書中の白眉なのである。

ときに、ドーソンの『オスマン帝国全覧』初版全三巻の国内の公共の場における所在についてみると、管見の及ぶ限りでは、東洋文庫本に加え、いま一本、『コルディーユ文庫』本を見い出しうる。フランス系米人出身の東洋学者で、『シナ書誌』、『インドシナ書誌』等の著作で名高いコルディーユの旧蔵書は、故細川護立侯が招来され永青文庫に加えられ、今日では、慶応大学斯道文庫に寄託せられており、その目録も、刊行されている。このコルディーユ文庫目録には、ドーソン『オスマン帝国全覧』初版全三巻ものっている。しかし、かつて、一九九三年に、小生が拙著にこの書の初版本からとった図版を載せるべく、当時、斯道文庫教授であられた尾崎康先生にお願いして閲覧を申し出たことがあった。ところが、刊本となった目録に登載されているドーソンの初版は、斯道文庫には所在せぬことが判明した。コルディーユ文庫の一部図書には細川家のお手元に残ったものもあるかもしれぬとの由であったが、コルディーユ文庫のドーソンのこの書の行方については、まだ探求することを得ていない。何か御存知の方がおられれば、御教示を乞いたい。

とにかく、現在のところでは、ドーソン『オスマン帝国全覧』初版全三巻に接しうる公共図書館は、恐らく東洋文庫のみであろうということになりそうである。

ここで、東洋文庫所蔵のドーソン『オスマン帝国全覧』初版全三巻が、いついかなる経緯で、東洋文庫に入ったかにも興味を惹かれた。というのも、かつて小生が書生時代に捜しあぐね、旧師、護雅夫先生に伺ったところ、第二版七巻本を某博士が所蔵しておられ、これを東洋文庫のためにマイクロ撮影させて頂いたとのことであったからである。

ところが、これまた学芸員の岡崎礼奈氏の御教示によれば、驚くべきことに、東洋文庫が図書館として公開された一九二四年、大正十三年に先立つこと二年の、大正十一年九月三十日に、丸善書店より購入されていたことを学び得た。となると、東洋文庫を図書館として公開するために準備するにあたり、一方でモリソン文庫と岩崎文庫を核としつつ、モリソン文庫の守備範囲をこえて、広く東洋全般に関わる図書館としていくための努力が、開館に遥かに先立って既に進められていたかと思われるのである。しかも、ドーソン初版の購入価格は、八〇〇円とある。たしか、この頃、高等文官試験に合格したキャリア官僚の初任給が八十円くらいであったようであるから、良書を得るためには思いきった支出もいとわなかったことが知れる。東洋文庫の初代主事として、東洋文庫の創建発展に尽された故石田幹之助先生は、亡父の旧友であり、かつて、大学入学直後の昭和四十一年に、一度、お目にかかる栄に浴したことを思いおこしつつ、今も石田先生が御健在であられれば、この件についてもお伺いしたかったのにと思うのである。

東洋文庫の蔵書のなかで、トルコ学・オスマン史関係のオスマン語と欧文の刊本中の稀書各一点を採り上げ、その背景についても少しく語らせて頂いたが、東洋文庫の蔵書構成からして、やはり東洋文庫の蔵書の中核は漢文・中文の書物であろうかと思われる。今回も、できれば、漢文・中文の蔵書の中で、何かオスマン帝国史にかかわる珍しいものにもふれさせて頂きたいと思ったが、考究もなかなかそこまで及ばず、与えられた紙数もいささか越えたようでもあるので、それはまたいつか将来、機会を与えられればとて、他日に期すこととし、小文の筆を擱くこととしたい。

なお、末尾ながら、本稿寄稿の機会を与えて下さった東洋文庫長斯波義信先生並びに両稀書の東洋文庫への納入経過につき、貴重な御教示を頂いた東洋文庫広報展示専門学芸員、岡崎礼奈氏に、特に謝意を表したい。

注

（1）護雅夫先生の御業績については、護雅夫『古代トルコ民族史研究』第三巻、「別冊総索引・著作目録」、出川出版社、一九九七年。

（2）基幹部分は、二冊の大冊として刊行されている。東洋文庫中央アジア・イスラム研究委員会編『東洋文庫所蔵トルコ語・オスマン語文献目録』増補・改訂版、財団法人東洋文庫、昭和六十年。及び同編『東洋文庫所蔵トルコ語文献目録（補遺）』財団法人東洋文庫、一九七七年。

（3）なお、東洋文庫所蔵のトルコ関係貴重本については、平成二十六年が、東洋文庫の創立九十周年にあたるとともに、日本とトルコとの国交樹立九十周年にもあたり、これを祝し、東洋文庫は、「トルコ――日本・トルコ国交樹立九十周年」と題する特別展示会を開催され、主要な書物が展示された。また、その解説つき目録は、「時空をこえる本の旅」シリーズの第七冊、『トルコ――日本・トルコ国交樹立九十周年』東洋文庫、二〇一四年として刊行された。本稿で以下で言及する東洋文庫所蔵のオスマン語及び欧文の稀書は、ほぼすべてこの目録に載せられている。御関心のむきは、参照されたい。

(4) イスラム世界における印刷術とその歴史につき、邦文では、とりあえず、鈴木董「イスラームにとっての印刷術」凸版印刷株式会社印刷博物誌編集委員会編『印刷博物誌』二〇〇一年、凸版印刷株式会社、四三八―四三九頁。

オスマン朝における活版印刷の受容と発展について、詳しくはSalim Nüzhet Gerçek, *Türkiye'de Matbaacılık*, İstanbul, 1939.

(5) İbrahim Peçevî, *Tarih-i Peçevî*, İstanbul, 1283 H. Vol.I, p.107.

(6) Erhan Afyoncu,"Mehmed Said Paşa", in *Türkiye Diyanet Vakfı, İslâm Ansiklopedisi*, Vol.XXVIII, İstanbul, 2003, pp.524-526.

(7) イブラヒム・ミュテフリカについては、とりあえずErhan Afyoncu,"İbrahim Müteferrika", in *Türkiye Diyanet Vakfı, İslâm Ansiklopedisi*, Vol.XXI, İstanbul, 2000, pp.324-327.その印刷所については、前出註(4)所載文献に詳しい。また、邦文では白岩一彦「イブラーヒーム・ミュテフェリカの人と業績――オスマン・トルコ語による金属活字印刷事業を中心に――」『参考書誌研究』第六十三号、二十四―五十八頁。

(8) キャーティブ・チェレビについては、とりあえず*Kâtip Çelebi, Hayatı, ie Eserleri hakkında İncelemeler*, Ankara, 1955.

(9)『ジハン・ニューマ』については、とりあえずHamit Sādi Selen,"Cihannüma", in *op. cit.*, pp.121-136, 及びOrhan Şaik Gökyay,"Cihannüma", in *Türkiye Diyanet Vakfı, İslâm Ansiklopedisi*, Vol.VII, İstanbul, 1993, pp.541-542.

（10）この時代の西欧人のトルコ・イメージについては、Robert Schwobbel, *The Shadow of the Cresent The Renaissance Image of the Turk*（*1453-1517*）, NewYork, 1969.

（11）Carl Göllner, *Turcica, Die europäischen Türkendrukke des XVI. Jahrhunderts, 1501-1600.* Vol.I-II, Bucarest, 1961-1968.

（12）ノルスとその著作については、Harold Bowen, *British Contributions to Turkish Studies*, London, 1945, pp.20-21.

（13）ポール・リコとその著作については、*idem.* pp.20-23. より詳しくは、Sonia P.Anderson, *An English Consul in Turkey, Paul Rycant at Smyrna, 1667-1678,* Oxford, 1989.

（14）Paul Rycaut, *The Present State of the Ottoman Empire,* London, 1668.

（15）Laomikos Chalkokondylas, *L'histoire de la decadence de l'empire Grec et éstablissent de celuy des Turks,* tr. from Greek by Blaise de Vemére, Paris, 1577.

（16）ムラジャ・ドーソンについては、とりあえずKemal Beydilli,"D'Ohsson, İgnatius Mouradgea（1740-1807）", *in Türkiye Diyanet Vakfi, İslâm Ansiklopedisi*, Vol.IX, İstanbul, 1994, pp.496-497. より詳しくは、Kemal Beydilli,"İgnatius Mouradgea d'Ohsson Ailesi hakkında Kayıtlaı,"Nizâm-ı Cedîd'e dâir Lâyhası v Osmanlı İmparotorluğu'ndaki Siyâsî Hayatı", *Tarih Dergisi,* No.34（1984）, pp247-314.

（17）この訳書は、訳者生前には、明治四十二年に上巻のみが刊行され、訳者没後の昭和八年に未刊だった下巻とあわせて、完訳が刊行されたという。今日では岩波文庫版となっている。このへんの事情については、松本信廣「跋」、ドーソン『蒙古史』田中萃一郎訳補、下巻、第六刷、昭和四十二年、三九九―四〇〇頁。

（18）Mouradgea d'Ohsson, *Tableau général de l'empire Ottoman*", 1st.ed. 3vols., Paris, 1787-1820., 2nd.ed. 7vols., Paris, 1788-1824.

（19）*Beydilli.,* "D'Ohsson, İgnatius Mouradgeu" p.497.（1747-1807）,.

執著者一覧（五十音順）

石橋崇雄（いしばし・たかお）：国士舘大学文学部教授・同大学文学部長、東洋文庫研究員。
池田温（いけだ・おん）：東京大学名誉教授、東洋文庫研究員。
海野一隆（うんの・かずたか）：大阪大学名誉教授。二〇〇六年逝去。
片桐一男（かたぎり・かずお）：青山学院大学名誉教授、東洋文庫研究員。
久保亨（くぼ・とおる）：信州大学人文学部教授、東洋文庫研究員。
斯波義信（しば・よしのぶ）：大阪大学名誉教授、東洋文庫文庫長。
鈴木董（すずき・ただし）：東京大学名誉教授、トルコ歴史学協会名誉会員。
田仲一成（たなか・いっせい）：東京大学名誉教授、東洋文庫理事。
竺沙雅章（ちくさ・まさあき）：京都大学名誉教授、東洋文庫研究員。
新村容子（にいむら・ようこ）：岡山大学名誉教授、東洋文庫研究員。
西田龍雄（にしだ・たつお）：京都大学名誉教授。二〇一二年逝去。
濱下武志（はました・たけし）：静岡県立大学グローバル地域センター副センター長・特任教授、東京大学名誉教授、東洋文庫理事。
原實（はら・みのる）：東京大学名誉教授、東洋文庫研究員。
平野健一郎（ひらの・けんいちろう）：東京大学・早稲田大学名誉教授、東洋文庫理事。
藤本幸夫（ふじもと・ゆきお）：富山大学名誉教授、麗澤大学・京都大学客員教授、東洋文庫研究員。
星斌夫（ほし・あやお）：山形大学名誉教授。一九八九年逝去。
細谷良夫（ほそや・よしお）：東北学院大学名誉教授、東洋文庫研究員。
三浦徹（みうら・とおる）：お茶の水女子大学教授、東洋文庫研究員。
山川尚義（やまかわ・なおよし）：東洋文庫専務理事。
山根幸夫（やまね・ゆきお）：東京女子大学名誉教授。二〇〇五年逝去。
山本英史（やまもと・えいし）：慶應義塾大学文学部教授、東洋文庫研究員。
渡辺紘良（わたなべ・ひろよし）：獨協医科大学名誉教授、東洋文庫研究員。

アジア学《がく》の宝庫《ほうこ》、東洋文庫《とうようぶんこ》

東洋学《とうようがく》の史料《しりょう》と研究《けんきゅう》

2015 年 3 月 31 日　初版発行
2015 年 5 月 15 日　第 2 刷発行

編　者　東洋文庫
発行者　池嶋洋次
発行所　勉誠出版 株式会社
〒101-0051　東京都千代田区神田神保町 3-10-2
TEL：(03)5215-9021(代)　FAX：(03)5215-9025
〈出版詳細情報〉http://bensei.jp

印刷・製本　平河工業社
装　　　丁　足立友幸（パラスタイル）
ISBN 978-4-585-20030-7　C1000